華志文化

華志文化

諸子臺北學

周慶華
◎著

新諸子學的時代使命，所繼起推廣諸子學說有成，人類將不再迷障陷溺，地球也將可以
得著亟須的休養生息機會！而全程則無妨以聚焦發聲的「諸子臺北學」為前導，透過新
方法論的抉擇用來凸顯新民族主義異幟，以期一切順利成行而漸見果效。

書內容簡介

　　先秦所開啟的諸子學說，在歷經數度被後設討論後，已知它所內蘊總體的「綰結人情／諧和自然」特性，在當今特別有對治西方文化緣「挑戰自然／媲美上帝」此一偏矯心態而釀成舉世倫常失序及其能趨疲危機等後遺症的能耐，亟待由「諸子臺北學」來從新發聲力振，庶幾可以在一番轉傳統為開新和藉機探尋前路以再造風華等雙重律動中搴旗得勝。

作者簡介

　　周慶華，文學博士，大學教職退休。出版有《語言文化學》、《反全球化的新語境》、《語文符號學》、《文化治療》、《生態災難與靈療》、《轉傳統為開新——另眼看待漢文化》、《死亡學》、《靈異學》、《解脫的智慧》、《君子學：後全球化時代的希望工程》、《《莊子》一次看透》和《靈異語言知多少》等七十多種。

後全球化思潮叢書企畫

　　西方人所主導全球化的人口、金融、資訊科技和商品等流動現象的全球化風潮，在歷經幾個世紀的衝撞後已經快到強弩末端了。而當今許多綠能經濟的倡議，以及諸如中國、印度、巴西和非洲等的崛起，不啻在預告全球化必須走向下一步「後全球化」了。只不過綠能經濟所強調的再利用和開發新能源等觀念和作為，僅是轉成綠色資本主義還是老套，並非真有助於終結能趨疲（entropy，熵）的危殆；而第三世界的崛起，儼然一切以重構文明或再造文明的新意識在主導經濟和科技的運作，但情況卻無法這麼樂觀，因為西方強權所帶動的全球化就要耗用完地球的資源，第三世界崛起除了拾人唾餘，還得分攤環境汙染和生態失衡等後果，根本沒有什麼遠景可以期待。因此，所謂後全球化的後，它的意義就得越過這一新經濟和西方強權轉弱的假象而從逆反全球化來確立。

　　逆反全球化，在當今已有遍布於世界各地的原始主義、社會改良主義、民族主義、原教旨主義和馬克思主義等在策畫行動，但實際上它們被操作時僅是消極抵抗或不附和而未能極力批判，到頭來都成了全球化的組構成分而欲後無由。畢竟全球化背後的資本主義邏輯和軍事或文化殖民的征服等因由，才是當中的關鍵，反全球化就是要以它為對象；

而如今所見的相關作為卻都是以另起類似的因由在籌謀對策,自然罕有成效可說。因此,只有徹底逆反全球化,才是大家能夠繼續在地球上存活的唯一保證。

　　基於這個前提,後全球化必須有周密且強而見力的思維來領航,以便人類知所從新安頓生命和永續經營地球等,開創性自是此中最大的期待。以致這裏就有了後全球化思潮叢書的企畫構想,凡是直接思索後全球化當如何的,或者可以跟後全球化需求相涉相發的,或者看似有距離實是在引領新一波思潮的專著,都竭誠歡迎。

　　在直接思索後全球化當如何的和可以跟後全球化需求相涉相發的專著部分,乃依需訂題;而在看似有距離實是在引領新一波思潮的專著,則可取例如下:新符號學、新敘事學、新語言學、新詮釋學、新宗教學、新倫理學、新形上學、新儒學、新道學、新佛學、新仙學、新神學、新靈學、新文學學、新藝術學、新美學、新科學哲學、新知識學、新政治學、新經濟學、新資訊學、新電影學、新趨勢學、新人學、新物學、新心學、新宇宙學、新生命科學、新老人學、新環境生態學等。

編輯部

序：轉傳統為開新

　　國學以經史子集別類，子書居一，專門統轄思想觀念。這從先秦發端後，歷經二千多年相關學說始終處於文化領航地位。而以它為對象進行後設論說所形成的諸子學，尤其有促動學術變遷更新的作用。只是這一文化偉業，在前後所遇激盪期／格義期／詮釋期／新格義期等四度遞嬗後，已被西學所橫奪取代，從此闇默不彰，恐怕會長留遺憾。

　　此中甚為弔詭的是，如今人類慘痛面臨舉世倫常失序及其能趨疲危機而無由化解，乃全緣於西方創造觀型文化強為興作資本主義和殖民征服以及發展科技等所造成的，屈服妥協於西學的國人卻無動於衷或不思振作！這種情況很明顯不可能寄望西方人「以水濟水，以火救火」來反向自救，而得仰賴原就不曾帶給地球負擔的印度緣起觀型文化和中國傳統氣化觀型文化復出予以濟渡。特別是體現於諸子學說的氣化觀型文化在尤能有所節欲的運作中可以最見匡世效率（緣起觀型文化的斷欲取向以它來對治創造觀型文化的縱欲作為，不免會落入另一極端，終究難以想像世界局勢可以藉為扭轉回春），何興快點讓它重振再現光采以照耀世人！

　　這是新諸子學的時代使命，所繼起推廣諸子學說有成，人類將不再迷障陷溺，地球也將可以得著亟須的休養生息機會！而全程則無妨以聚焦發聲的

「諸子臺北學」為前導，透過新方法論的抉擇用來凸顯新民族主義異幟，以期一切順利成行而漸見果效。

在研究上，此類觀念選題，多有得力於陳界華教授前後所策畫「重讀中文」／「諸子臺北」／「文本實驗」等學術研討會的激勵，感念在心！我們一羣跨領域的朋友聚義論學，已逾三十載，人生際遇的期程還沒有一事可以跟它比久長，這當足夠傳為美談而值得特予註記了。但願此次所希望轉傳統為開新因應世變且藉機探尋前路再造風華的「諸子臺北學」提倡及其相互努力展演等行動，也會是大家生命中最美好的一頁。

周慶華

目　次

後全球化思潮叢書企畫／5

序：轉傳統為開新／7

第一章　所謂的諸子學／11

第一節　諸子／11

第二節　諸子學／15

第三節　問題意識／22

第二章　諸子學的歷史演變／25

第一節　先秦激盪期／25

第二節　魏晉南北朝格義期／31

第三節　宋明詮釋期／40

第四節　民國以來新格義期／49

第三章　諸子學的當今開展需求／59

第一節　當有區別於前四期的發想／59

第二節　轉傳統為現代的學術更新期待／65

第三節　對比外來學術可優為濟世的考量／74

第四節　「諸子臺北學」允有新著力點／89

第四章　諸子臺北學的緣起／99

第一節　地緣學術藉以揚聲／99

第二節　臺北反轉無特色命運的契機／104

第三節　開啟學術對決的發言位置／115

第四節　一個新的關懷點／126

第五章　諸子臺北學的規模方向／137

第一節　方法論的趨時展演／137
第二節　跨科論述的全程性控勒／146
第三節　發展對治全球化的新話語／155
第四節　以新文化批判落實終極性的臺北觀點／
174

第六章　相關規模方向的踐履／189

第一節　單獨展開且以「臺北」為名言說／189
第二節　融合出擊而針對特定議題進行討論並歸
結為「臺北」關懷／204
第三節　新方法論的抉擇以備未來益世所需／218

第七章　具體論述例示／235

第一節　君子學為人文生態定性重啟功能／235
第二節　逍遙論給自然生態注入活力／242
第三節　天道觀將總綰新跨科論述的核心／253
第四節　強顯新民族主義異幟／260

第八章　剩餘情節／269

第一節　故事內結存／269
第二節　愛且兼攝／知識弱權力／法人性／仙學
再出發／272

參考文獻／295

第一章　所謂的諸子學

第一節　諸子

　　中國先秦有以子名家，且為數逾百（班固，1979：1724～1745）而光耀史冊不輟，早為人所誦念不已。這即使在號稱智者並出的古希臘文明中（David Fromkin，2000），也難舉以為比擬它的盛況；其餘稍欠風采的諸如古埃及文明／古巴比倫文明／古印度文明等（John R. McNeill 等，2007），就更不足論了。

　　這總攝為「諸子」，又添「百家」補述。當中諸訓為眾（段玉裁，1978：91），而百如數或以喻多（後者如百姓／百官／百穀的誌例）；二者連稱為「諸子百家」，則益見語義充足。

　　雖然如此，諸子百家乃屬後起的總結性稱呼。先前在流行相關學說時，大家多互道名姓或逕指屬類（家別）。如《莊子・天下》指出道術為墨翟／禽滑釐／宋鈃／尹文／彭蒙／田駢／慎到／關尹／老聃／莊周／惠施／桓團／公孫龍等所分裂（郭慶藩，1978：461～481）和《荀子・非十二子》訾議它囂／魏牟／陳仲／史䲡／墨翟／宋鈃／慎到／田駢／惠施／鄧析／子思／孟軻等各執一端（王先謙，1978：57～66），以及《孟子・滕文公》力闢楊朱墨翟（孫奭，1982：117）和《韓非子・顯學》盛稱儒

墨為顯學（王先慎，1978：351）等，都據實數出。
秦漢大一統以後，有人為了整合或裁定需求，才常
採用諸子／百家的用語。如《漢書‧藝文志》和《
史記‧秦始皇本紀》所分別記載的：

> 戰國從衡，真偽分爭，諸子之言紛然殽亂。（班
> 固，1979：1701）

> 天下敢有藏詩書百家語者，悉詣守尉雜燒之。
> （司馬遷，1979：255）

至於將諸子百家予以合稱，則更為晚出（幾乎是今
人才這般使用），以符合口語習慣：一來顯示此為複
詞偏義（偏重在諸子）；二來也無妨據以指明諸子有
「百家之多」。

　　用詞的分合，大抵是這樣，這並沒什麼奧義可
說。比較值得注意的是，古人所定稱諸子的「子」
和百家的「家」，都有或顯或隱的特殊意涵，理應要
加以甄辨而不宜含混帶過。首先是子。子向來命義
不一，約可歸為八類：一是父母所孳生（劉熙，1988
：855）；二是男女的通稱（孔穎達等，1982a：94）
；三是男子的通稱（孔穎達等，1982b：793）；四是
男子的美稱（賈公彥等，1982：31）；五是士大夫的
通稱（徐彥等，1982：192）；六是對師的尊稱（邢
昺，1982：46）；七是公侯伯子男爵等之一（班固，

1988：647）；八是人的貴稱（楊士勛等，1982：120）。在此處，眾人所稱子顯然是從第六類義轉來（猶如今人所稱老師或先生）。論者曾述及：

> 我國周秦之際，學者輩出，各著書立說，欲以
> 改制救世，學者不只一人，其書亦不只一種，
> 故以諸子稱之。（蔣伯潛編著，1984：1）

這缺漏少說的部分是：原來名子是各學派中人在紹述或纂集先師言說時的敬稱（如孟子／莊子／墨子／韓非子／公孫龍子等），而後他人才順勢統稱各學派的創始者為諸子且一併視他們的著述為子書。

　　其次是家。家的取義要比較隱微一點，在疏通上無異得超出前人所理解的範圍（畢竟他們都是習用而不知）。從構字來看，家原指人的居屋（兼養豕一類的牲畜），它是專屬於中國傳統氣化觀型文化所重視社會結構的基本單位（精氣化生成人，大家虯結在一起，必須分親疏遠近才能過有秩序的生活；而親疏遠近的區別自然以血緣為最好或最合理的依據）。而這得由婚媾作為中介性的前提來保障「家」的成立。所謂「有夫有婦然後為家」（賈公彥等，1982：169）、「未有家室」（孔穎達等，1982c：545）和「在家則記中饋」（孔穎達等，1982b：923）等，就是「依序」在說明或記敘家的存在概況。後來封建政治的體制日漸完密化，家一轉變成公卿大夫所食采

地（賈公彥等，1982：285）。所謂「開國承家」（孔
穎達等，1982d：36）和「聞有國有家者」（邢昺，
1982：146）等，當中所提及的家都是指涉同一種現
象。這麼一來，家就由婚媾構成的家族性衍化為由
一姓一氏所沾益佔有的政治版圖，從而使得它的自
稱／他稱的別外性（家家有別）終於獲致「一以貫
之」的確立（周慶華，2008：134）。

　　上述這一家義，相對西方創造觀型文化向來以
「人」為社會結構的基本單位來說，顯然有不可共
量的意識形態（世界觀）正在背後促動著（西方人
的受造意識一旦或已然成立，內裏「物物殊異」的
觀念勢必影響到他們的個體化自我定位以及才能創
發的自主性）。因此，我們所習慣稱什麼家的（如哲
學家、作家、心理學家、社會學家和各行各業專家
等），西方人就只以「人」為單位而稱什麼者（如學
者、作者、記者、編者和文化工作者等），彼此實在
有著「借家壯膽」和「自我擔負」的意味上的差別
（周慶華，2008：135）。這個對照可以彰明家從被
取為稱名諸子學派以來自有一段隱命義的過程（比
較子的顯命義它尤能凸出自我文化的殊異性），卻遺
憾它還未被國人兼為洞悉而在重光諸子學上知所進
益的方向（詳見後節）。

第二節 諸子學

諸子學說在先秦發端了，這既屬空前也堪稱絕後（歷代再也不見一個時期有這麼多家學說競出演義），致使後人不禁要為那項恰似晴天霹靂或青松拔地的奇蹟猜想設說，而逐漸繁衍出一門不成文的「諸子學」。

早期大家還相對單純的多只在推測諸子學說的所從來，以及攸關諸子學說性質功能的擬議斷定等。如劉歆〈七略〉和司馬談〈論六家要旨〉所分別指明的：

> 儒家者流，蓋出於司徒之官……道家者流，蓋出於史官……陰陽家者流，蓋出於羲和之官……法家者流，蓋出於理官……名家者流，蓋出於禮官……墨家者流，蓋出於清廟之守……從橫家者流，蓋出於行人之官……雜家者流，蓋出於議官……農家者流，蓋出於農稷之官……小說家者流，蓋出於稗官。（班固，1979：1728～1745）

> 嘗竊觀陰陽之術，大祥而眾忌諱，使人拘而多所畏；然其序四時之大順，不可失也。儒者博而寡要，勞而少功，是以其事難盡從；然其序君臣父子之禮，列夫婦長幼之別，不可易也…

…道家使人精神專一，動合無形，瞻足萬物。其為術也，因陰陽之大順，采儒墨之善，撮名法之要，與時遷移，應物變化，立俗施事，無所不宜，指約而易操，事少而功多。（司馬遷，1979：3289）

後來論者漸多而見解也越發分歧，馴致變異現象逐時滋蔓，幾乎已到不可究詰地步。光是早先所被討論的那些話題，就有諸子不源自王官而別覓出處外溢（如為了拯救政治社會動亂／因應文化教育劇變／對治周文疲弊等）（蔣伯潛編著，1984；胡適，1986；牟宗三，1986a），以及建體立極的認知差異（如將儒家地位抬高以冠絕羣倫／忍對外來佛教西學衝擊而專崇儒門心性德能等）（朱熹編，1986；董仲舒，1988；劉述先，2008）和在格義／新格義兩端徘徊（前者指用諸子思想去對應佛教理義；後者指引西學概念來繹理諸子言說，而二者最終都開啟不了產製新知的作用，相關舉動形同虛擲自費。詳見後章）等，近前細釐恐怕都會覺得觸處違礙，而徒嘆奈何！

縮小範圍來看，真要說諸子學說的產生，事實上還可以考出其他更多原因（不會僅止於上述論者所說的那些）。好比諸子瞬間智能勃發（一如現代科普書所舉證的思想或創造力大爆炸）（Ian Tattersall，1999；David Perkins，2001），或者突然被啟靈了（

周慶華，2006a；2020a），或者像《史記・太史公自序》所示「意有鬱結」才發憤述作的（司馬遷，1979：3300），或者比擬物理學最新混沌理論演繹在「參質共振」中諸子都卯上了為遂行權力欲望和文化理想的旅程（James Gleick，1991；John Briggs 等，1994），這都比前者還要有看頭！再說此一相關出處課題的討論如果沒有「延後效應」可以期許，那麼單獨提它就沒什麼意義了（也就是起源推測得有後續論說給予保障，否則很容易流於無謂）。而這一點，本論述正要引以為戒且將另有論域開闢。

　　前節提到尋繹諸子百家的命義過程，無非是要為重光諸子學的進益投注心力，而這不論是對已發生的諸子學還是對將發生的諸子學，在理上都無妨從自我內具理路（邏輯性）和向外拓展需求（目的性）等屬方法論範疇的要項著眼來反溯。依考察，前出的後設論說大多只涉及給對象必要性的定性定量，而尚未返身激勵出此類論說到底「何以可能」以及「又將焉往」等急切要有的充分性知見。這就得乘機一次把它談個透徹。

　　基本上，諸子學的學術性既是定了，那麼它在方法論環境中所得接受考驗的事項一個也逃不了。先說「學」理：從方法論的立場來說，學概念也是經人創設而可能的（它不會憑空出現），以致所有後出的沿用或改造，都不免要有一段援例增減成分限定的旅程。這在此處所能謹敕搬演的，則約略有下

列的關連塑理次第：首先是緩衝來按照一般的規範，學依它特有的名詞性得框限為學問或學科或理論知識，為的是足以自我嚴肅和可供他人檢驗等。此外，學還可以就它日常慣行的動詞性仍許給學習或仿效或推廣的意涵，而以附隨的方式（非單獨存在）將所有成學的案例當作學習的對象，這樣相關學的形式特徵就算是確立了。

其次是進趨面對在學的名詞性此一核心義確立後（動詞性的附隨義就讓它內著而不表了），跟著要限定它的內涵是一種「有建制的知識」。這種有建制的知識，乃為一切學科成立必有的範限，也就是得備列統括（所說理適用性廣）、組織（系統性強）和合理（前提高度可性）等要素（范錡，1987：13），才有通行天下而不被任意棄置的可能。雖然如此，它卻不合自比有些論者所說可為普遍接受的知識：「稱一個研究範圍為一門『學科』，就是說它並非只是依賴教條而立，它的權威並非源自一人或一派，而是基於普遍接受的方法和真理。」（香港嶺南學院翻譯系編，1996：2）所謂可為普遍接受的知識，嚴格的說也只具有相互主觀性（可獲得有相似經驗或相同背景的人的認同），而不可能具有絕對客觀性（沈國鈞，1987：93；陳秉璋等，1990：241～246；周慶華，2002a：27～28）。因此，這裏也就不矯造類似的宣稱來自我混亂。還有此一界說勢必要以「權宜而不為典要」的標誌面世而難以避免語意上

的弔詭（也就是「權宜而不為典要」的本身不就是一種典要呢）以及既然不為典要「那別人就不一定要聽信而我個人也不一定要強說」等究竟要如何圓說的問題，則以「正視他人的主見，並不必以去除自己的主見為代價；彼此以追求精采為目標，卻毋須隨人在原地踏步」這一我個人所設定過的準則（周慶華，2004a：43～45）來因應，而將所能製造差異的論說與否的檢證及其理智認同或情感迎受的權利留給讀者。

　　再次是極力讓另外得有一帶後設性的隱式限定，來給上述那些對象性的顯式限定作催化劑或終極的保障。這是我作為一個持學者理應不可或缺的心理表白：也就是在本脈絡不是要複述既有同類型的論說，而是試圖展現一種新形態的學問（這才有勉力建構的必要；不然就會淪落拾人牙慧或重炒冷飯而待人譏誚的下場）。把這點確立且予以技術性的懸置後（此理已明今後就不必再重提了），所得再添綴的是這套學成形所必須備有的條件。以當代一些話語或言說（discourse）理論為準的（Terry Eagleton，1987；Diane Macdonell，1990；Sonja K. Foss 等，1996），我所要建構的這套學也是一種話語（一種主張或準則）；而這種話語已經為我所信仰，也成了我所屬意的意識形態，它終將無法脫離我內在的權力欲望範圍。即使如此，在我的構想中，也不能僅止於塑造一種話語而已，當中還得有文化理想作為必

要的支撐（否則世上未必要多我這一種話語）。換句話說，在無所不可建構中，我有所選擇而建構了這一種話語，自當別有一點理想意識在：必要導到對整個世界的局部推移變遷或改造修飾上來發揮作用。這縱然會面臨後現代解構思想的強力挑戰（Christopher Norris，1995；Paul de Man，1998；Jacques Derrida，2004），也毋須退縮。因為解構思想所要解構的體制／真理／秩序等東西，並不是大家所十分樂意見到的；更何況解構思想的不徹底性（也就是解構別人時也蘊涵了自我解構，以致解構的效力就很有限）而使得解構思想本身又成了體制／真理／秩序等這些東西呢（朱耀偉，1994：60；周慶華，2002b：17）！

　　所謂學的成形，就是依上述從新範限及其必要邏輯推演而可能的；而它在成形過程中又受到權力欲望和文化理想意識等條件的制約。倘若其他同類型的論述缺乏這樣的自覺，那麼此處所說的又可以用來對諍或訾議，使得一種話語兼具有自我定位和批判他人等雙重功能（周慶華，2021a：30～31）。

　　上述相關學的限定，如式的除了任何後起諸子學的建立倡議所該如此自我著記，還可以藉來檢視前出諸子學是否有欠缺處。依此可知光是學的內涵乃一種有建制的知識項前出諸子學都還擔當不起，更別說其他項普見的知所強為後設反省關節了（詳見後章）。而由這點反溯上述的進益要求，所要的答

案不啻已經自動浮現了：也就是重光諸子學只因前出諸子學有可戒惕疏漏和借鑑出新等，而今後所繼起諸子學則能賴更精審實效的方法論引路，相關的開展性自是毋庸置疑。

　　至於具體情況，在自我內具理路部分，一個應備的方法論範式也得所有展演，包括「從寓新方法提供於對決舊方法→新方法的前提→新方法的體質性健全要求→新方法的理論建構向度」此一可窺伸展進程結構的完整形態；而在向外拓展需求部分，則總括為藉它來挽救現今世人所面臨的生態崩毀命運，這是西方創造觀型文化於近幾世紀獨盛，將它所漸次深化的一神信仰及其原罪觀念引為猖狂興作資本主義和殖民征服等，把地球搞得一片烏煙瘴氣，至今仍未緩和那裏頭所透顯不斷嚴重的資源短缺／臭氧層破洞／溫室效應／酸雨危害／熱帶雨林減少／土地沙漠化／野生動物瀕臨絕種／海洋汙染／有害廢棄物遍布／軍備競賽／種族屠戮等倫常失序及其能趨疲（entropy，熵）危機。詳細討論，留待後續章節。

第三節　問題意識

由於諸子學在理論上都要有向外拓展這一形同再生的企求（實際上也無不可從相關論說中去考掘探得。詳見後章），所以它總為有如集體經營特徵（一如諸子學說所嵌定派別化的緜延性）早已自鑄範例，大家何妨近便加入輝煌行列而毋須擔心深陷可能的孤掌難鳴窘況（這是今人普遍遠離傳統學問而崇尚西學此一乖違心理所自導自演的）！而這在本脈絡，正是要從還嫌素樸的既有諸子學情境中走出來，將向外拓展需求／自我內具理路兩面兼顧的質地盡情予以鋪展；而可感覺或可察考處，則我已有必要的問題意識內蘊。

所謂問題意識，是指自我後設警覺或檢視所探討的問題憑什麼成立（在此處所關連的是「諸子臺北學」課題何以能夠建立）。它在先驗性的邏輯準繩中，又著實的上衍自理論建構下併連方法意識（得採用那些可靠的方法）和價值意識（研究成果如何廣為發揮作用）而自成一方法論結構。如圖所示：

方法論結構

　　這是說諸子學在最新近的體現中，勢必自成一理論建構形態。而依理所有理論建構都得講究創新（從概念的設定開始，經過命題的建立到命題的演繹及其相關條件的搭配等歷程而完成一套具體系且有創意的論說）（周慶華，2004b：329～334），以致它所該配置的就有問題意識／方法意識／價值意識等環衛部件，在終極點上才能保證繼起諸子學方法論範式的確有範式性（而不是虛有其表或僅夠備參而已）。當中居要津地位的方法意識一節，所要採用的方法則以能製造差異為至高效率所在。本來創新也可以是一些通俗書所示，指向幾無所承的無中生有（Debra M. Amidon，2008；Rich Gold，2008；John Howkins，2010）；只是它在想像中無慮成立，而於實際上卻難以找到案例。馴致所剩的製造差異，也就成了大家所能創新的唯一途徑。至於製造差異，則有水平思考法或逆向思考法可以參鏡，所印證於現實試煉的案例也多有所見（周慶華，2016：320～321）。

　　即使如此，在理序上還是早出的問題意識仍無法不從它來起併連作用，這就得「有所說而後可」（以便能取信於讀者）。原則上，從諸子學的考察到綰結為「諸子臺北學」出采，是一個強方法論的價位限期，它所內蘊的方法意識已是基本的方法論形態，所剩問題意識則要列入準方法論範疇。也就是

說，相關後出諸子學的理論建構也發端於問題意識，交代清楚了才能順利預入方法意識和價值意識的行程。而這則以起興於學術突圍／中繼於試為挺立學科性格／後自信於完成所涉堅實論說等系列悟力覺察來保證（保證問題意識的形現）。原因是今人所普遍疑慮諸子學說致效何處（轉而擁抱西學自遣）的棄置論得加以破解，所要發展新諸子學一事比照近代所出現的紅學／甲骨學／敦煌學／文選學等新潮學問在可散采上本不遑多讓，更何況它從古代以來已相繼累積不少經驗足夠被矅栝來出新光照！有了此一具項問題意識見示，底下各章次所要談的東西也就不慮無處掛搭了。

第二章　諸子學的歷史演變

第一節　先秦激盪期

　　所謂的諸子學分衍諸子／諸子學／問題意識等細節，不僅是在作現象的描述，還進一步涉及寓義的繹理和評斷，這當有助於讀者了解此處所要開啟新諸子學的切恁情懷或不得已苦衷。而因為開新所以必要及其所以可能的理序已定，所以接著就可以先來考察一下諸子學在歷史上的演變。

　　此類考察，除了要以本脈絡所帶出的認知架構（包括學邏輯和方法論結構等）相衡，在現象面的耙梳上還得配合系譜學式的史觀（Friedrich W. Nietzsche，1987；Michel Foucault，1992），才能一舉有效或合理的得出結論來。後者（指系譜學式的史觀）在唾棄連續性歷史觀念後所執意以知識意欲而將史實譜系化的作法（譜系的連綴本無必然性，它僅緣於人的知識意欲而把它作了看似有承續關係的系聯），可以相應本脈絡所要從事的，姑且就加以沿用。換句話說，本脈絡所考察諸子學的歷史演變，也不能不是一個「片段事實的編綴」，可信與否不在它對史上曾有過相關事件的符應，而在它所顯示的內在義理（也就是本脈絡會盡力把它說出個道理來，而期待能因此而具有相互主觀性）。此外，底下所匡列諸子學中的諸子，只以先秦首發的為對象。

縱然後來也有出現近似的著作並被史志一併歸入子書類（尤其是從中古以後傳統圖書已經定格而依經史子集四分，把先前不在子書範圍的非經史集著作全收錄了去）（長孫無忌等，1979；紀昀等編，1986），但那已經不勝別類且不計傳續問題了。因此，僅以先秦各家學說為範限，讓論題中諸子的指涉義確立而不任由它游移不定，以免妨礙論說的進行。

　　這樣就比較方便來談論諸子學的歷史演變。而依順次，最早在先秦時代發生的得先處理。以現有可察見的文獻為例，諸子學說在先秦出現的同時，就有後設討較該學說而企圖予以建制化的風氣了。這所構成的諸子學，跟後來一些溯前去後設討較諸子學說的形態有相當程度的差異。這類差異，主要是當時乃出以相互攻詰的方式，而後來的類似情況就沒有同樣的機緣可供使力（因為他們已不是諸子，無從這般「捉對廝殺」／但攀附所喜愛學派的案例仍然不缺乏）。由於相互攻詰在防衛心理上有促進學說本身的純化（更求精粹）或強傳續（力拚擴大學派規模）的功用，所以不妨將它正面化而許以有激盪學說蛻變的潛在力量（各學派的著作越見繁多，很難說諸子及其徒眾沒有受到來自相異陣營叫囂的刺激）。也因此，先秦的諸子學，所屬期別可以稱它為激盪期。

　　激盪期中的諸子競勝，表面上誰也不認輸（骨子裏或許有暗自改動增益情況）、甚至還會強力反擊

對方的挑釁。著名的例子，如公孫龍喝退孔穿那般
：

> 龍與孔穿會趙平原君家。穿曰：「素聞先生高誼
> ，願為弟子久，但不取先生以白馬為非馬耳；
> 請去此術，則穿請為弟子。」龍曰：「先生之言
> ，悖！龍之所以為名者，乃以白馬之論爾，今
> 使龍去之，則無以教焉。且欲師之者，以智與
> 學不如也，今使龍去之，此先教而後師之也；
> 先教而後師之者，悖！」（謝希聲，1978：1）

這是護住了自己的顏面，但學說本身可被訾議的地
方卻也愈加掩蓋不去：起初孔穿覺得公孫龍所要正
事物的名實過於花俏（什麼不舉，偏要舉「白馬非
馬」為例），跟他先人孔子要正職分的名實（君君／
臣臣／父父／子子）（邢昺，1982：108）該一嚴肅
性相比差距太遠，以致要求對方別繼續在這種「無
關宏旨」的議題中兜圈子。只是公孫龍並未直球對
決設法解開孔穿的疑慮，反而靠著一席遁詞（倚老
賣老）企圖扳回一成。這樣他所未察覺闖入專稱（
白馬）理應隸屬於泛稱（馬）而不如此主張的邏輯
誤區，也就成了自我理論攤在陽光下的創傷（周慶
華，2008：127～142），連他所統學派一併要累代遭
到別人的物議機誚（郭慶藩，1978：263～264；司
馬遷，1979：3291；班固，1979：1737；永瑢等，

1985：2456～2457）！

　　類似這種互看不順眼的情況，在先秦時代可是一大奇觀；只不過演出的姿態稍有不同罷了。這依我個人統計，大約有三種形式：第一是及時互批。公孫龍／孔穿的例子已經見證；而早些的還有孔子／隱士的過招：

> 長沮、桀溺耦而耕。孔子過之，使子路問津焉……曰：「滔滔者，天下皆是也，而誰以易之？且而與其從辟人之士也，豈若從辟世之士哉？」耰而不輟。子路行以告。夫子憮然曰：「鳥獸不可與同羣，吾非斯人之徒與而誰與？天下有道，丘不與易也。」（邢昺，1982：165）

孔子的一番批駁，隱士並沒聽到，即使聽到他們也不會改變避世的初衷；同樣的，孔子對於「不仕無義」／「欲潔其身而亂大倫」（邢昺，1982：166）一類的戒惕也只能自求心安，現實社會可無法保證他的強入世信念可以遂行。既然這樣，及時互批就是急切於演竣一齣滑稽劇而已（起不了什麼大作用）。第二是隔空對批。墨子非儒（孔子）嫌它繁文縟節（孫詒讓，1978：178～189）；孟子（儒）反批墨子是禽獸，還把隱士末流楊朱拉來一塊出氣（因為他的先驅們對自己所私淑的孔子很不客氣）：

> 楊氏為我，是無君也；墨氏兼愛，是無父也。
> 無父無君，是禽獸也。（孫奭，1982：117）

兩造從未謀面現場交鋒，批詞都很重鹹（或是因為隔空的關係，所以罵來毫不留情／毋須擔心話不投機或太過火冷不防被對方猛呼一巴掌）。也由於都是不在場批評，以致很容易升級為派別對峙（罵單人不如將整個學派否定掉過癮）。而這不免會讓議題失焦：也就是學說鑿枘歧異是要靠辯論以取得諒解或妥協結果的，現在卻像似要強迫對方封口，無理霸道至極！在這種情況下，隔空對批就只剩獨角戲一節可以扮演（更起不了什麼大作用）。第三是背地單批。莊子數落道術被諸子分裂／荀子非議十二子，所見如此：

> 天下大亂，賢聖不明，道德不一，天下多得一察焉以自好……後世之學者，不幸不見天地之純、古人之大體，道術將為天下裂。（郭慶藩，1978：462～464）

> 假今之世，飾邪說，文姦言，以梟亂天下，譎宇嵬瑣，使天下混然不知是非治亂之所存者，有人矣。（王先謙，1978：57）

這在被批評者來說（莊子／荀子數落非議的各家，

詳見前章第一節；又莊子縱然也降等意指了自己）
，全無反擊或辯解機會（即使含冤也無處可以申訴
）。像這類把人家一鍋餿煮或一竿子打翻全船的作法
，已經不容理性來爭辯，猶如在歷演一種即興的行
動劇。旁觀者不滿意，也沒得讓你當面挑毛病。

　　換個角度看，以上處於同氛圍的個體或學派團
隊既然喜好相互攻詰而無所避忌，那麼一旦受火辣
激盪有了反應，難保不會在一番私自斟酌損益後再
另覓出路（雖然現在看來諸子們還是各持己見／互
不妥協居多），這是該期諸子學的特色所在。縱是如
此，從作為學應有的邏輯性及其背後所該備具的方
法論結構來說，那也只是在權力欲望加被（大家都
想影響／支配他人）兼及文化理想隱風（大家也都
意識到學術需要寬廣成長）等略顯跡象而已，此外
有關自我統括／組織／合理等高標條件的開列著效
部分，則尚未覯見此中機制已經啟動了（這類衡量
純為發展學術著想，而不因代際差距或該諒解它的
欠缺、甚至從旁予以曲意迴護）。

第二節　魏晉南北朝格義期

　　諸子一出場就彼此爭衡不已，所形成相對比較素樸的諸子學（大家都陷入一逕強調我是你非或我優你劣此類不會有什麼大長進的學術氛圍裏）影響到了後世有意紹繼者。例如漢人對諸子學說的統匯取捨，大抵上就是此一風氣的餘沫。

　　原來百家語遭遇秦火，倖存者全都隱匿於民間，直到漢惠帝除挾書令（班固，1979：90）才又重見天日。這時從事學術源流考鏡的風氣漸起，諸子學說也轉獲重視（僅次於經書被深看程度），相關尋繹斷制的言論四出。只不過它的變異相並不明顯，還不足以稱許它為諸子學新期。理由是：它的考「源」部分，所溯及的諸子學說對應世局觀幾乎是不證自明的（不然諸子學說要為誰發出呢）：

> 諸子十家，其可觀者九家而已。皆起於王道既微，諸侯力政，時君世主好惡殊方。是以九家之術蠭出並作，各引一端，崇其所善；以此馳說，取合諸侯。（班固，1979：1746）

這從諸子生平事蹟中多少都可以找著證據〔如戰國的孟嘗君／平原君／信陵君／春申君等四大公子食客動輒數千人（司馬遷，1979：2354、2365、2377、2395），當中能言談著文以匡政扶弱的不在少數，

該舉動可說是大受社會環境的制約（此外也不保證
沒有其他原因。詳見前章第二節）〕；差別只在各人
所獲致的回報冷熱不等罷了：

> 孟軻……道既通，游學齊宣王，宣王不能用。
> 適梁，梁惠王不果所言，則見以為迂遠而闊於
> 事情。（司馬遷，1979：2343）

> 自騶衍與齊之稷下先生，如淳于髡、慎到、環
> 淵、接子、田駢、騶奭之徒，各著書言治亂之
> 事，以干世主（並多蒙其熱切歡迎），豈可勝道
> 哉！（司馬遷，1979：2346）

像騶衍等人和孟子所受待遇相差有如天壤，這也是
理中合有，強為考索並顯不出什麼特殊意義（倒是
如果能跨界深入去探討裏頭的命定成因還會有多一
點的啟示作用）。至於它的鏡「流」部分，所取則的
竟然僅是那簡易嫌黏的二分法：

> （儒家者流）助人君順陰陽明教化者也……然
> 惑者既失精微，而辟者又隨時抑揚，違離道本
> ，苟以譁眾取寵。後進循之，是以五經乖析，
> 儒學寖衰，此辟儒之患也……（道家者流）歷
> 記成敗存亡禍福古今之道，然後知秉要執本，
> 清虛以自守，卑弱以自持，此君人南面之術也

……及放者為之，則欲絕去禮學，兼棄仁義，……（班固，1979：1728～1745）

這以優劣或長短判分諸子學說，在本質上不啻是自我矛盾：一種論斷依據，怎會得出兩種相對反的評價？事實上，凡是歸為劣或短的各家末流情況，都已疏離原學派宗旨，不宜再劃入該學派的範域。倘若也要把這部分諸子學化（實際上並沒有十足理據能否定它），那麼它跟先秦時代所見諸子互批（以己家為準則而批評他家的不是）於質上又豈有相異處？量上差別只不過論者佯裝超然的在看待諸子學說而已，無從掩飾他們仍舊各有依執。後者，在司馬談〈論六家要旨〉讚揚道家完美無缺（詳見前章第二節）和劉歆〈七略〉特許儒家於道為最高（班固，1979：1728）中就都露了餡。

　　基於上述不出先秦諸子學所從事的此一前提，兩漢的諸子學也就不好單獨看覷，新的期別還得另外找尋。至如它的可能性，則在魏晉南北朝所出現以諸子學說名理繹解外來佛教觀念（用諸子思想對應佛教理義）的格義裏顯朕兆了。這一頗見質異的差別現象，可以比照著稱它為格義期。

　　只是這中間還有一小段剩餘情節必須略作處置：那就是從漢末興起矯藉諸子學說的清談風氣。兩漢經學自新莽時期屬入符命讖緯一類東西魔門（班固，1979：4039～4194；謝貴安，1995：264～266

），末流又專務章句纏礙（王充，1978：128；班固
，1979：3620；嚴可均校輯，1991：545），造成文
士厭學而轉為清談鳴高（余英時，1984；牟宗三：
1985；唐翼明，1992）。但那一「其棄經典而尚老莊
，蔑禮法而崇放達」（顧炎武，1978：41）的時尚作
風，嚴格的說並沒有給諸子學說增添什麼；反倒是
它的取徑窄縮（當時借助諸子學說僅限於道家一脈
而無暇或不屑旁及其他，並且所好也泰半拘泥於道
論中有／無一類的觀念：如何晏〈無名論〉／阮籍
〈大人先生傳〉／嵇康〈聲無哀樂論〉／裴頠〈崇
有論〉等所主張）（錢穆，1983：144～166），壞了
諸子學所應有的伸展輝煌大計，很難予以稱道而視
它為諸子學新期的肇始。

　　剩下來就是格義。格義，是指以中國書中義理
比附佛經中義理。它大約是漢魏以來舊習，但所用
著例卻多以晉時竺法雅的創說為準的：

　　竺法雅……少善外學，長通佛義。衣冠仕子，
　　或附諮稟。時依雅門徒，並世典有功，未善佛
　　理。雅乃與康法朗等，以經中事數，擬配外書
　　，為生解之例，謂之格義。及毗浮、曇相等，
　　亦辯格義，以訓門徒。雅風彩灑落，善於樞機
　　。外典佛經，遞互講說。（慧皎，1987：95）

另有所謂連類一法：「釋慧遠……便就講說。嘗有客

聽講，難實相義，往復移時，彌增疑昧。遠乃引《莊子》義為連類，於是惑者曉然。」（慧皎，1987：138）這種連類法，類似格義的擬配外書，彼此應該沒有本質上的差異。

　　至於格義的法度，在竺法雅／康法朗／毗浮／曇相等人所先行的一向缺乏傳錄，只有釋道安和支遁等人所後行的還有部分可見。如釋道安〈安般經注序〉以《老子》的「損之又損」／《莊子》的「忘之又忘」／《易繫辭傳》的「開物成格」等義比附佛學中的坐禪息念（嚴可均校輯，1991：2374）和支遁〈大小品對比要抄序〉以《老子》的「損之又損」／《莊子》的「忘之又忘」義來講佛經（嚴可均校輯，1991：2366～2368）等，這雖然不足以概括竺法雅等人所從事的「以經中事數，擬配外書，為生解之例〔竺法雅等人所說的事數，據《世說新語・文學》注說乃「謂若五陰，十二入、四諦、十二因緣、五根、五力、七覺之屬」（劉孝標，1978：61），只是不知如何以外書擬配〕，但也已可看出格義學的一般情況。

　　格義學所採行擬配外書的作法，大體上已在方法論的範疇內，自可成為學例而被大家所討較履勘。只不過在它案發後就出現了相反意見，直到現代仍存有附和該相反意見的言論。如慧皎《高僧傳・釋僧光傳》引釋道安說「先舊格義，於理多違」（慧皎，1987：126）和僧叡〈毘摩羅詰提經義疏序〉說

「格義迂而乖本」（嚴可均校輯，1991：2387）等，就是當時所知的見解。至於今人也多認為格義無當於佛教理義，應該以經解經或就經論經，才是正途。這時要看看「凸出之論」，簡直就是奢想。最多只能看到類似下面這種近褒實貶的擬高明話：

> 大凡世界各民族之思想，各自闢塗徑。名辭多獨有含義，往往為他族人民所不易了解……因乃以本國之義理，擬配外來思想。此晉初所以有格義方法之興起也……及釋教既昌，格義自為不必要之工具矣。（湯用彤，1987：234）

這段話只承認格義的權宜性（而不承認格義的合法性），形同是在宣判格義的罪刑。然而，格義所相對的佛教觀念，誰知道它的原旨是什麼？每一個人在譯述或闡釋它時，如果不根據自己已有的知識觀念，那譯述或闡釋又如何可能？既然大家都要根據自己已有的知識觀念去譯述或闡述佛經（本體詮釋循環的規制）（Martin Heidegger，1993；Hans-Georg Gadamer，2007），這已有的知識觀念就不能不是格義所藉來比附的外書。這樣格義就不是吸收外來學術的工具（手段），而是必要的門徑了。因此，上引論者所說的話好像面面俱到，實際卻沒有半句的當。為了說明這一點，不妨先來看看格義被運用的具屬情況。

　　論者多以為格義在釋道安／僧叡等人大力批駁後（釋道安早期也用格義，後來在飛龍山別有見識才反悔），就沒人再去採用了。但從許多跡象來看，格義不僅沒有消失，還一直被沿用下來。這可以分兩點來說：第一，原先以老莊思想擬配佛經理義的風氣仍然存在。如由詮釋《般若經》意見不同而衍生的六家七宗，幾乎沒有一家不用這種格義方法（周慶華，1997a：184～191）。此外，像吉藏的二諦義／玄奘的唯識教雙離空有／天臺智顗的真如／華嚴賢首的法界觀等，也都有跟六家七宗說相似的地方，不能不視為格義方法的曲為引用。第二，除了老莊思想，還有以他家思想擬配佛經理義，這也頗為盛行。如在南方自立涅槃宗的竺道生，就曾用儒家書中「人皆可以為堯舜」／「塗之人可以為禹」等來比擬「一闡提人皆得成佛」。又如釋慧遠／宗炳等人所說的「神不滅」／「生死輪迴」等義，也都由講「形神分離」／「因果關係」的《易繫辭傳》／《淮南子》／桓譚《新論》等書作了先導（呂澂，1985：161～163）。再如相傳為釋慧思所作的《大乘止觀法門》書中說佛的淨心「不為世染」也「不為寂滯」，也是藉《易象傳》「天行健，君子以自彊不息」義所作的解釋，跟原佛教所說涅槃境界永寂不動略有出入（馮友蘭，1967：662）。

　　以上所作的比較區分，都是相對設說（可許以相互主觀性），事實上並沒有所謂原始佛教理義和後

來的取譬引伸，一切都從主體的理解出發。離開了
主體的理解，也就無所謂佛教理義無所謂取譬引伸
。不然佛教從釋迦牟尼證道弘法後，就不會分裂為
各種部派；而各種部派也不會分裂為大小乘。根據
這一點來看過去的格義學，就很容易了解那是吸收
外學不可或缺的途徑。因為佛教東來時所有的譯述
講論，無不要用中國原有的概念（少數音譯，也要
透過解說才會明白），而這些概念不論隸屬於那一家
，都成了譯述講論者的一部分先見；再加上譯述講
論者對存有的體驗及其生命的體會所形成的一部分
先見（David C. Hoy，1988；殷鼎，1990），合而決
定了譯述講論者對佛教所作的譯述講論。而當各種
面貌的譯述講論紛然雜出後，又會刺激彼此的先見
，而採取捍衛或放棄或修正既有的譯述講論。這也
就是佛教在中國也出現了宗派林立現象的原因，實
在沒有什麼好詫異的地方（周慶華，1997a：178～
195）。

　　從詮釋學的立場來說，格義方法既不必廢棄也
不可能廢棄。倘若有人聲言他鄙視格義也不用格義
，那麼他不是無知，就是有意唱反調，勢必無法禁
得起方法論的考驗，畢竟前人既有明說反對格義卻
又不覺用了格義，後人自然也無從免俗。特別重要
的是，此類格量諸子學說名理（其他併列的非諸子
學說部分就暫予擱置）以繹解佛教觀念所成就的新
諸子學，不啻在方法論上擴延了諸子學說的向度，

讓大家知曉或悟及另有一種學問（特指佛學）可以
共構或相互衍展，以完滿對新趣欲求的認知。這已
經超出前諸子學及其遺緒所關注的範圍，無妨嚴予
看待或引為吸收外來學術的借鏡。即使如此，這在
學邏輯和方法論結構上仍然要件（高標條件）匱缺
如故，終究只能當它是歷史演變中的一個事例，而
無法再取來望它重演兌新。

第三節　宋明詮釋期

　　時空轉進到隋唐，佛教傳入中土益熾，相關佛
經翻譯事業也空前發達。僧人課徒所用教材，已經
有比較相應的語言替代範式備著，不太需要再刻意
或明採諸子學說名理應變（而改採其他更切近的概
念充當），於是格義習氣因此自然終結。

　　但緣於格義乃吸收外來佛學的必經途徑（詳見
前節），所有概念的轉換（翻譯時的語言替代）也僅
是表面現象，內裏終究難以汰除那必然存在的詮釋
循環。這樣當一切佛學理解都中土化後，其餘另有
影響層面的隱性格義也在不經意中開張了。好比佛
教講心生萬法／神不滅（或靈魂不滅）等。當中作
為報應主體的，在原始佛教中是指十二因緣中的識
：

　　　　「行緣識」，是表示由業生識；「識緣名色」，是
　　　　表示由識而五蘊結合成為有生命的個體。但在
　　　　翻譯時，作為報應主體的「識」借用了類似的
　　　　字眼「神」來表達。「識」和「神」這兩個概念
　　　　，不論就內涵或外延方面都不是完全一致的。
　　　　在中國運用起來，還將它們跟魂、靈、精、神
　　　　等混同了。（呂澂，1985：161）

這種混同，主要是中土原沒有「識」的觀念，所以

才以諸子書中常見的「神」等觀念去譯解它。此一語言替代所不自覺的隱性格義（在未明言概念取則的情況下），影響所及也已滲入甚多文論生發演變的場域（包括心性論／形神論／真實論／言意論／境界說／妙悟說等，都有該隱性格義的影子）（周慶華，1999a：17～64）。因此，格義期的諸子學實則還有別為設題論辯的價值（毋須全然予以棄絕）。只是放在當前學術環境來看，另有更重要的任務蘊涵而不得不照著前節所示的高標條件加以裁奪，再行讓位給其他議題的討論。

　　所謂其他議題的討論，依順次要談的就是諸子學在歷史演變中的宋明詮釋期（更重要的諸子學在當今開展需求部分，就留待後續章節再行處理了）。大體上，魏晉南北朝以後，諸子學的顯性格義表現逐漸轉入隱性格義表現終而模糊了它次階段的面貌，接著興起的是宋明時期所見有關諸子學說的詮釋。由於這已旨趣移向對諸子學說的從新理解上，所以在沒有更好指稱可區別他者的前提下，不妨就以「宋明詮釋期」權為定名。

　　事實上，詮釋諸子學說一事，從諸子學發端後就陸續出現了。所謂「孔子墨子俱道堯舜，而取捨不同，皆自謂真堯舜。堯舜不復生，將誰使定儒墨之誠乎」（王先慎，1978：351）、「（司馬談）〈論六家要旨〉曰：『……夫陰陽、儒、墨、名、法、道德，此務為治者也，直所從言之異路，有省不省耳。

』」（司馬遷，1979：3288～3289）和「（諸子）其言
雖殊，辟猶水火，相滅亦相生也。仁之與義，敬之
與和，相反而皆相成也」（班固，1979：1746）等，
這些在評價中都夾帶所立基的文本詮釋（即使尚嫌
過於簡略），不啻為後人開啟了理解諸子學說可能的
一扇窗。還有魏晉名士所擅長結引諸子學說為清談
所資（牟宗三，1985），以及自東漢以降學人比擬經
書釋繹所新興的注解諸子風氣（如高誘《呂氏春秋
注》／王弼《老子道德經注》／郭象《莊子注》／
曹操《孫子注》／魯勝《墨辯注》／楊倞《荀子注
》／尹知章《管子注》／謝希聲《公孫龍子注》等
），也都顯現出一種更貼近文本的詮釋形態，實在不
好說只有宋明時期所出現的諸子學說詮釋才算數。
只不過它們在置換概念（語言替代）的過程中，所
展衍新義的成分並不多（仍為文本的脈絡意義所拘
限），對於理應不可或缺的語境開拓，則要等到宋明
理學的勃發才能見著一斑。而就因為有這一轉折，
才把諸子學的第三期演變歸給它。

　　此一期別，統說是被宋明理學所總攝的（分說
則得專就相關的特徵予以揭發證驗）。它是在傳統學
術歷經兩漢獨尊儒術和隋代以來開科取士不離經義
等團渾氛圍中所新衍的（夾在中間的魏晉玄學和隋
唐佛學等差異格局的形現只是過場），大多僅在攸關
儒學的興隆議題上見長（即使如此，它也頗有可觀
處）。好比先秦儒家首發的心性論，孟子主張性善（

孫奭，1982：195），荀子主張性惡（王先謙，1978
：289），各有所據而難以溝通（前者取據在人有仁
／義／禮／智等德行；後者取據在人有好利／疾惡
／好聲色等反德行，彼此很不搭軋）；宋明理學家則
另立天地之性／氣質之性等來收攝安置（天地之性
無不善／氣質之性有善有惡）（張載，1979：42），
意謂孟荀所指的性盡在氣聚成人後的氣質之性範圍
。這樣所多出來先天純理的天地之性一義就成了新
衍（先秦儒家學說所未見而可由外語境的形上道理
所蘊涵）。

　　又好比相關的工夫論，孟子所明列的「盡其心
者，知其性也。知其性，則知天矣。存其心，養其
性，所以事天也。殀壽不貳，修身以俟之，所以立
命也」（孫奭，1982：228）此一涵蓋盡心／知性／
知天等晉昇次第（荀子轉師法聖人禮法一套曲衍的
工夫論就沒人談論了）；到了宋明理學家則一轉歸整
為「只心便是天，盡之便知性，知性便知天」（朱熹
編，1978：15）三者同時朗現而不再強分次第。這
也是新衍（可由心理因素或社會環境有關對比抉擇
或省淨欲求的外語境所蘊涵），恐怕連孟子本人也難
以預料有此簡便行事（但不排除他在潛意識裏有該
項識見）。縱是如此，此一歸整的理據權在「理也，
性也，命也，三者未嘗有異。窮理則盡性，盡性則
知天命矣。天命猶天道也，以其用而言之，則謂之
命。命者，造化之謂也」（朱熹編，1978：299），但

有關至要的「性即理」說卻又分化出「心即理」說
（陸九淵，1979：267），且在窮理（格物）一節上
還見解大為相左：

> 伊川之言，奚為與孔子孟子之言不類。宇宙內
> 事，乃己分內事；己分內事，乃宇宙內事。（陸
> 九淵，1979：386）

> 朱子所謂格物云者，在即物而窮其理也……析
> 心與理為二矣……此告子義外之說，孟子之所
> 深闢也……若鄙人所謂致知格物者，致吾心之
> 良知於事事物物也。吾心之良知，即所謂天理
> 也。（黎明文化公司編輯部編，1988：68～69）

從此心性論判分兩橛，引得後人也跟著議論紛紛（
馮友蘭，1985；牟宗三，1986b；陳榮捷，1995）。
也因此，宋明理學家別有「心統性情」主張的（黎
靖德編，1987：91），對上述二系來說這就全都立顯
支離難合。

　　此外，有關第一哲學的宇宙論部分，宋明理學
家也略有衍繹，而一脫早先較為籠統的說法。如：

> 無極而太極，太極動而生陽，動極而靜，靜而
> 生陰，靜極復動，一動一靜，互為其根，分陰
> 分陽，兩儀立焉。陽變陰合，而生水火木金土

，五氣順布，四時行焉。五行一陰陽也，陰陽
一太極也，太極本無極也，五行之生也，各一
其性。無極之真，二五之精，妙合而凝，乾道
成男，坤道成女，二氣交感，化生萬物。萬物
生生而變化無窮焉。（周敦頤，1980：1～17）

這以一個太極圖（此略）攝入《老子》／《易繫辭
傳》所分別記載「道生一，一生二，二生三，三生
萬物。萬物負陰而抱陽，沖氣以為和」（王弼，1978
：26～27）／「是故易有太極，是生兩儀。兩儀生
四象，四象生八卦，八卦定吉凶，吉凶生大業」（孔
穎達等，1982d：156～157）而更事展演（加入金木
水火土等五種構物成分）及其詳述萬物化生過程等
作法，也能藉為一窺當中已擴及文化背景此一外語
境的新詮釋知見。
　　一般所說的語境，是具有認知作用的，叫做認
知語境。它「既包括了上下文這種語言意義上的語
境，又包括了及時情景這種物質語境，還有個人特
定的記憶、經歷和對未來的期望所構成的心理語境
以及社羣知識、百科知識這些在不同程度上共有的
知識語境」（Dan Sperber 等，2008：譯者前言 14）
。而這又可權分為內語境和外語境：前者是指文本
內具的整體情境（有別於上下文關係所顯現的脈絡
意義）；後者是指文本外鑠的題材／主題／主張所歸
屬於一定的客觀世界以及心理因素／社會環境／文

化背景此類更直接深入的發生學前提等（周慶華，
2009：96～103）。顯然宋明理學家能夠開拓諸子學
說的語境（尤其是外語境），在競比識見上不慮已到
一個新的階段。而就所展現詮釋的理則來說，它所
擴及的語境揭示這一項，也儼然有著從再製經驗向
發現新知強為過渡的態勢，於學術本身的進益自是
不言可喻。換句話說，詮釋是一個理解或解說意義
（包括上下文關係和內外語境等）構知的歷程，而
它得在相關的概念架構中接受考驗。如圖所示：

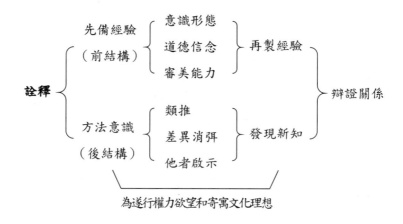

任何詮釋，都要受到先備經驗的制約，但這先備經
驗只能使詮釋再製經驗（沒有長進）；倘若想發現新
知，就得透過方法意識來達成。通常可為先備經驗
的成分，不外意識形態（思想體系或觀念體系）／
道德信念（成就個體人格的行為尺度或規範的意志
）／審美能力（體驗感發趣味的本事）等；而可為

方法意識的成分，也不離類推（以已知推得未知）
／差異消弭（透過各種手段將差異消除於無形）／
他者啟示（接受他人或外靈的啟發而從新認知）等
。前者可以稱作前結構；而後者可以稱作後結構。
這前結構的再製經驗和後結構的發現新知，彼此又
可以構成一種辯證關係（也就是越能再製經驗的就
越有機會去發現新知；反過來越有機會去發現新知
的就越能豐厚再製經驗，彼此相互激盪顯異）。而不
論情況如何，只要詮釋發生了，整個過程就都受制
於權力欲望／文化理想的遂行寄寓需求（周慶華，
2009：55～56；2012a：39～40）。依此架構可察知
，宋明理學家所憑藉的僅是差異消弭一理（能別為
關注牽涉諸子學說的形上道理／心理因素／社會環
境／文化背景等外語境），還無暇旁及其他。即使如
此，它比起一些只會再製經驗的語言替代模式，也
已有所力避陳規而自行據以發現新知（彼此不再局
限於舊諸子學的範域），不啻通過了相關理則的局部
考驗。

　　雖然宋明理學家在詮釋諸子學說時自我體證了
增衍知識功能，而足以使他們在諸子學的歷史演變
上獨佔一個時期，但同樣的這究竟如何關連到嚴格
學邏輯和整體方法論結構等，則依舊狀況甚不明朗
（從他們的力避陳規而自行據以發現新知一點來看
，或許可以認同裏頭也已蘊涵了權力欲望／文化理
想的遂行寄寓需求；但一旦論及整體方法論結構的

後設察覺,那很明顯的他們還是大有欠缺),後續仍
得比照前例予以更有效率的補苴罅漏或重為新展。

第四節　民國以來新格義期

宋明詮釋期的諸子學，多有在對他者的察覺中製造了差異（如心學派取徑於法相唯識學／理學派密會於禪學等），此一隱性的反向格義為它的特色所在，也頗寓有學術推衍出采的新意。但它僅限於儒學且拘囿在心性論一題，無形中又大為縮小諸子學的格局（所受可能的外在環境的制約，詳見前節），不能不見底生憾！想看到有所彌補，則得等到諸子學第四期出現新格義的境況才稍微獲償。

此地所以說只是「稍微獲償」，乃因這最後一期在變通翻新諸子學說上也還不夠究竟：它大抵僅能從認識論立場引發大家對諸子學說的擴大認知而無法在實踐進趨方面找出有力依據，距離發展諸子學說的理想尚差一大截（詳見第三章）。雖然如此，它在方法論的更新擇便上全面改採新格義一途，既可區別於魏晉南北朝的舊時格義作法又能迥異於宋明理學的單家詮釋，即使不到聳人聽聞地步也足以讓初學者刮目相看了。因此，同樣給它獨佔一期（且是特別重要的一期），也就不虞會遭致他人的強力反駁。

由於這期的諸子學是背向舊時格義而行，以致在對比上就有論者所作「正向格義」和「反向格義」的區分（余治平，2016：101 引劉笑敢說）。又基於格義乃隸屬跨文化詮釋學範圍自有一定的實質內

容，使得它在被運用時不免會有隱旨被窺見、甚至
有的還亟欲賦予它更滿溢的調性。好比底下兩段言
說所透顯的：

> 塔克於 1990 年出版《比較哲學與學術底哲學：
> 論西方學界對龍樹的解釋》，檢討自畢爾奴夫以
> 降西方學界對龍樹哲學的各種「格義」；不同於
> 「疏釋」，塔克指出，「格義」是「一種對文本
> 的『讀入』」，透露出詮釋者的立場往往多於對
> 文本的客觀意旨的解讀。（林鎮國，1999：181
> ）

> 所謂「格義」或「正向格義」，應該指用本土民
> 族的語言、文字、傳統解釋外來的思想、觀念
> 和文化現象，應該是一個從新理解和文化再生
> 的過程。所謂「反向格義」，則是正向格義的一
> 種顛倒，指用外來的思想、觀念和文化，甚至
> 用非本土的語言、文字，從新解釋本土文明既
> 已形成的歷史傳統。（余治平，2016：110）

這就把格義所可能的兩面介質（隱旨和更滿溢調性
）表露無遺了。只不過此地無意核實（只要指名）
，所以會在「點眼存義」後煞住而專就自我所設定
的題項繼續談下去。也就是說，接著要明告的是民
國以來的諸子學所知已經不再流行以諸子學說名理

繹解佛教觀念，而（簡化的說）改以西方觀念繹解
諸子學說名理（引西學概念來繹理諸子言說），形成
一新期才有的對立取則態勢。這是一個學術順勢更
迭和挽救民族顛危等雙重律動下的反應，無異將諸
子學推上了另一波高峯。

　　前者（指學術順勢更迭），是在心學末流虛浮而
滿人入主中國大興文字獄促成樸學盛行此一氛圍中
所逐漸演竣的（也就是大家在歷經長期樸學的浸染
後，總會有異軍主動或被動突起另謀發展終而帶動
學術改向的風氣）（錢穆，1987；余英時，1988；金
性堯，2012）。後者（指挽救民族顛危），則是緣於
自 1840 年鴉片戰爭失利後，國人被西方列強的科
技成就威懾得不知所以，因而以恐懼民族即將傾覆
的心態尋隙藉復振傳統文化來試予救渡（唐君毅，
1974；柳詒徵，1978；張灝，1989）。這中間還跟另
一西化派對決過（帕米爾書店編輯部編，1980；周
陽山等編，1981），也大意自我錯亂沈淪過（魏承思
，2010；周非，2012），但整體的志業氣力並未退墮
消歇。

　　在相關學術轉向的過程中，還間雜有用佛教觀
念繹解諸子學說名理的現象（牟宗三，1977）。它本
在魏晉南北朝格義期就已見跡〔據說支遁最擅長此
道。今《世說新語・文學》注中就有一段在當時為
「諸名賢尋味之所不得」的〈逍遙論〉，正是以佛教
的空觀闡釋《莊子》的逍遙義：「夫逍遙者，明至人

之心也……至人乘天正而高興，遊無窮於放浪，物物而不物於物，則遙然不我得。玄感不為，不疾而速，則逍然靡不適，此所以為逍遙也……苟非至足，豈所以逍遙乎？」（劉孝標，1978：55）〕，而宋明詮釋期後半段發展（指理學派／主張性即理說和心學派／主張心即理說的分野）所出現密會於禪學和取徑於法相唯識學等更可測知該反向格義隱忍不住想伺機大肆發揮了（只差沒有明說罷了／也因為這樣論者罕孳興趣去探討該反向格義究竟帶出了什麼）。但這些都僅取佛教一家試煉，不但成果難豐，而且在學術競比平臺上也鮮能激起別人矚目深究（大家的視野還是會向其他學域去開拓），剩下來就是民國以降學者們所戮力從事的顯明反向格義西學一項了。

　　這部分，大致有用西方的存有論／形上學（如 Immanuel Kant 的認識心／Georg W. F. Hegel 的絕對精神／Karl Marx 的唯物辯證等）談儒家／道家（間雜解構理論），用西方的認識論／邏輯學談墨家（墨辯）／名家（間雜分析哲學），著作繁多，舉要也容易（牟宗三，1971；鄭樹森編，1984；李匡武主編，1989；馮友蘭，1991；張岱年等，1991；楊儒賓等編，1996；賀麟，2005），宛如諸子學說正在大為重振；但仔細看卻又不然！學者普遍在對列繹理後又斷言諸子學說的複雜精微度遠不及西方相關論說，這就形同要以西學為馬首是瞻，似乎又失落了什

麼〔反向格義西方存有論／形上學者有的還能覷隙反為揪舉西學漠視生命的缺漏（唐君毅，1965；牟宗三，1970；方東美，1981）；反向格義西方認識論／邏輯學者則一味肯認西學為強項〕！換句話說，格義西學的結果把諸子學說變成人家的附庸，這樣的談論又有什麼意義？難怪上述有部分學者以曲通方式（如自我暫抑道德心／良知坎陷去接軌人家的認識心而開出西式科學民主一路）想要主宰言說市場的（牟宗三，1971；1986a；1986c），才在發難階段（還不見實際踐行）就撻伐聲四起〔承繼或迴護的也有（蔡仁厚，1984；杜維明主編，1997；劉述先，2000），但畢竟是少數〕：

（良知自我坎陷）由於辨認不出「德行之知」和「聞見之知」的分合所在，無法說明「聞見之知」的相對自主性。（傅偉勳，1990：51）

康德所謂的有限性無論在經驗界和先驗界均為事實。有意超越於此或忽略於此，使得牟宗三哲學有主體化約主義之嫌和主體過度膨脹之嫌。（沈清松，1987：393）

現代新儒家力圖將科學理性也收攝於仁心……但由於「道德中心主義」的阻隔，科學理性精神並沒有能夠在現代儒學中紮根，新儒家所自

期的開出科學民主新「外王」的時代使命也就
不可能真正完成。（李翔海，2000）

「良知」無論在原始儒家還是宋明理學，都是
指主體的道德意識……這和近代（西方）科學
方法和認識論，從結構到功能都是兩碼事……
中國歷史上許多科技發明得而復失，以致最終
絕傳的事例，一個重要原因就是和傳統文化中
的價值觀念有關。（包遵信，1989：11～12）

（新儒學）一套「整體性」的符碼，推不出無
限衍義；一個排斥衝突性元語言的文化，是恐
懼「評價漩渦」的文化；一個毋須對立制衡的
意義進程，必定引向災難。（趙毅衡，2012：505
）

這所一致詆諆對方虛矯或痴心妄想（抑制道德心並
開不出認識心且無助於現代化），受怨責已經不輕，
如果我們再繼以深譴諸子學說（推及其他各家）依
照所論則不如讓它復返先秦時代就好（何必帶到現
今），那麼連他的系列皇皇鉅著就得逕付流水而白費
了一番論述的心機（這比什麼都要令他難堪）！
　　諸子學說在格義西學派的推波助瀾中本有再度
擴延學術的作用（從會通中印到會通中西），但現在
卻流於主從易位而反不利諸子學說藉機躍起的下場

，確是堪予哀嘆！這也使得始終穩著在作注解的另一支系諸子學無端地甭詭起來：就是主流都這般不再給諸子學說特好評價了，那自己幹嘛還不死心在強作注解的工作（找誰討好）？這很明顯是諸子學說的生死關頭，稍有不慎而不知甄辨取捨的，恐怕一切會像大樓轟然倒塌徹底成了廢墟！

　　後者（指注解諸子學說），一直是潛流，隱式風氣從東漢開啟後就不曾長期斷過（詳見前節）；尤其在有清一代盛行樸學的量度中，相關釋繹書不必預警地紛出競勝，自行蔚為奇觀（要者如劉寶楠等《論語正義》／焦循等《孟子正義》／王先謙《荀子集解》／魏源《老子本義》／郭慶藩《莊子集釋》／王先謙《莊子集解》／王先慎《韓非子集解》／孫詒讓《墨子閒詁》／畢沅《墨子注》等）。這原也有功於諸子學說的傳續〔且從事者也不妨自詡此乃再造文化的類神聖偉業（毛子水，1986；謝冰瑩等，1987）〕，但它有如開蒙啟教的定版作法，卻無形中拘囿了諸子學說的自由伸展（也就是一經塾師說數般釋繹成案，文義再也難以別為衍生）。特別是今人還仿語際翻譯在注解外又出以今語代古語的白話語譯（如本地三民書局／海峽對岸中華書局分別創設「古籍今註新譯叢書」／「中華經典名著全本全注全譯叢書」不懈在實踐的），所受限程度逾常反少有人給過諫諍。

　　此事理當要開啟的後設思辨是：從該類新譯書

的體例來看，它所包含語體或半語體的今注（註）部分，跟古來所見傳／說／故／訓／記／注／解／箋／微／章句／集解／義疏／正義／疏等統稱為「注疏」（胡楚生，1980；張君炎，1986；楊端志，1997）的行文方式相當，原則上也只是以今語注古物或以淺語釋奧義而聊供讀者參照罷了；但它所新加且用力特勤的今譯（新譯）部分，就別出新裁且取義大不相同了。向來這種句句對譯的情況，只存在於語際翻譯中（如早期佛經的翻譯和近代以來洋書的翻譯等就是），幾乎不見有白話翻譯文言的前例。因此，今人的這方面勞務是否多此一舉，也就得好好的予以省視一番。

　　依實情，文言／白話只是語用不同（並無語音／語構／語意等涉及語言本質的差異）（張漢良，1986：122），如今以後者翻譯前者，在難懂的部分已經有注解代勞了（姑且不論它和原語的對等性），何必再同語反覆一遍（同語包括不需注解的部分）？況且注解本就不盡注解（注解在語言替代過程中的選擇性，早已自我宣告了不在渴望「等值」而在提供「延異」的想像），接續的定版式語譯豈不是自行窄化或事屬盲闖？此外，語譯所保證的僅是自我語言的完構而無法連帶保證所譯語儘有可能意義的過渡（包括文本的內涵指涉／形式結構／音韻格調／內外語境等，都無從在語言轉換中全數穿透顯豁）（周慶華，2000：141～175），它的執著作為豈

不是吃力不討好？以致從這一勞而無功的面向研判，所有古文今譯能不陷入上述「多此一舉」窠臼的恐怕也難以找出一家了（周慶華，2008：93～102）。而這也許要改採另一思路來進行裁奪救助：不論諸子學說也在常理上（可設想的）隱藏了原語生產者多少的蘊旨及其可能的「言不盡意」困擾〔如《莊子・天道》所載輪扁語斤故事所徵候的（郭慶藩，1978：217～218）〕，最終都可以一轉成為語譯再製者尋徑「別為歷險」的參照對象，彼此一起致力於文化創發又創發的神聖志業。縱使後者（指譯語再製者）所從事工作難免有佛經翻譯行家鳩摩羅什嘗暗諷的「嚼飯與人」）（慧皎，1987：39）此一難堪情境要面對，但只要精為「嚼飯」嚼得有新意，「與人」還是可以增進對方知識經驗上的成長，仍然不失為美事一樁（周慶華，2008：102～109）。此一衍項可許以異日再行研擬「促其昇華」的對策，現在要接著說的是它也得跟這一波的諸子學密切連繫，以便找到比較好的出路，才能顯示它確實有助於諸子學的再啟新猷（而不是在各做各的後都流於無謂）。

　　以新格義期諸子學所更知在方法論上擴延諸子學說的向度來看（會通中西學問已改採比較細密的演繹策略而可予人新勘諸子學說所需的另類資源），自然也能讓大家比照著知曉或悟及別有一種學問（特指西學）可以共構或相互衍展，而益為滿足對

新趣欲求的認知，無異已經接近本脈絡所縮結學術
開新應有的規格了；只是它的倒退一步（也就是它
原先是要對決西化派而弘揚國粹重擎民族輝光大纛
的，如今繞了一大圈反倒跟對方軋在一處，這樣諸
子學說豈不真的成了「過街老鼠，人人喊打」／只
不過格義西學派打輕點而已呢），卻又在學邏輯和方
法論結構上新犯要件迅即流失的弊病（在尚未見著
合適或有效的對策提出卻先自我喪失了信心，這樣
所定的救亡圖存壯舉還能寄望誰呢），相關的汰舊換
新事業當然得繼為展演了。

第三章　諸子學的當今開展需求

第一節　當有區別於前四期的發想

　　諸子學演變到新格義期所歷經學術規制一樣輕
許不了的折騰，顯然是要代為改弦更張才可望脫困
而尋著從新出發的途徑。這既預設了學術自身邏輯
（如系統的互相連接／按部就班運用方法等）（
Walter M. Brugger 編著，1989：470）的緜延性要求
難以觸時中斷，又核實了歷代相關咕畢制藝的罅漏
而能由新體來繼衍，可說沒有理由不在這溯源末端
乘勝追擊予以窮揭白露。

　　後者（指相關咕畢制藝的罅漏），已經透顯於四
期諸子學的系譜追踪中。它在最後階段的短縮於跟
西學對等／優為共構或相互衍展一節，即使不被西
化派反譏收編，也會在自我矮化裏無以重振見光，
毋乃可惜至極！近百多年來西學橫奪取代中學的氣
勢高漲不去，本有機會透過格義西學派扳回一城的
，如今卻恰似身陷谷底而求援一籌莫展，又該代為
嘆惋！事情實在不應當這般無厘頭收尾。

　　試想這終局諸子學消蝕於西學如果已有新知識
產出（參見本章第四節），那也不是全不在所可容許
的範圍，問題是國人始終或顯或隱屈服於西學霸權
的籠罩，幾乎沒了自我開新的能耐，這樣棄捨諸子
學說的可寄予重為引路厚望也就無以再從別處找替

代了！基於不讓此類迫降而自廢武功一直成真前提，理該振作強拚一個專屬最新諸子學世代的功業，深沈藉來自渡（喚回內蘊的學術魂靈）且希以渡世（挽救現今世人所面臨的生態崩毀命運）。而這新綰的學術在積力上，自然得有所區別於先前各期諸子學的成就。

　　前面提到今人語譯諸子學說「稍有不慎而不知甄辨取捨的，恐怕一切會像大樓轟然倒塌徹底成了廢墟」乃為諸子學說的生死關頭（詳見第二章第四節），這在面對先前整體諸子學所欠缺上倘若不再加以變通，那就更要現底了。本脈絡既然同樣意識到「當有區別於前四期的發想」，而相關的準備工作也已就序，那麼先略為舉證一二控實前四期諸子學的大為不足自是時候。而這主要有兩個對諍性指標可搭配前面一再出示的學邏輯和方法論結構等要件來發微：

　　第一是諸子學說文本化後，論者不管是要純作詮釋還是在詮釋後添增評價，他都得面臨一個「空白難填」課題的考驗（考驗不過的就得喪失闖蕩學術界的資格）。原因是這文本未必得全應當代讀者反應理論所說是「空的架構（有待讀者賦予意義充實）」（Elizabeth Freund，1994）或解構理論所說該「指意（文本意義）無限延後」（Christopher Norris，1995），但它所見可認知的成分廣衍到難以想像的地步（也就是它在備列第二章第四節所說的內涵外延

／形式結構／音韻格調／內外語境等義項外，又有
無數細目衍蘊著，任誰也無能給予盡數掀揭）（周慶
華，2009：91～120），這樣論者每每「一次性」或
「一音定錘式」的詮釋（或兼及評價）豈能據以宣
稱諸子學說正如所見？（經過後設思辨）既然不能
如此肯斷，那麼回頭來看諸子學說不就成了一個難
以饜足的欲壑（永遠在向你討「再多一點說詞」或
「更精準一點解讀」的便宜）？因此，前四期諸子
學所或顯或隱自信已經做的那些激盪／格義／詮釋
／新格義等，嚴格的說都打水漂去了！

　　第二是諸子學說實際付諸論述後（不論是詮釋
或是兼作評價），持說者也得禁得起另一個隱性理論
架構的檢證（檢證不了的該論述的實效性就得大打
折扣或要從根本上自行放棄）。理由是詮釋這一理解
或解說意義構知的歷程固然可以約定俗成範限在上
下文關係（內涵外延）和內外語境而暫時排除形式
結構和音韻格調等（後者可由美學審鑑去處理），而
它所以可能也緣於有先備經驗和方法意識等作用在
作保證（詳見第二章第三節），但對於該意義究竟如
何獲致以及怎麼看待所詮釋結果等，則又缺乏有效
的依據（沒依據就不保證它們的可能性）。換句話說
，這裏面理應有一個隱性的理論架構提供相關活動
所需的資源後，實際的詮釋才能順適無礙的竣事成
就，而這在諸子學的持說者那裏都尚未見有能如此
後設思辨的（形同是還沒通過該一隱性理論架構的

檢證），所詮釋（或兼及評價）結果自然都還包裹在一團迷霧中而清晰不了輪廓！

　　將上述兩個對諍性指標結合在一起自繩，繼起的新諸子學可以發展出更高明或更有效的見識（從而道地的有所殊異於前四期諸子學做過的一切）：就是先肯認詮釋一個對象所以可能是由權力欲望／文化理想等綜合決定的（而不為任何客觀條件所制約；然後再以權宜性的策略運作定調（詮釋結果則「權宜而不為典要」）（詳見第一章第二節），並且容許他人的對諍或取代，以確保自我繼續堅持和異時汰換的權力。

　　前者（指繼續堅持），是因為有一個「我」在；而我在所顯現的「我在做」，也就難以不將它定位在別他或只有我能的層次。這種緣於主體性建立的欲求，雖然也只能以「暫且凸出」標誌，但有它總比沒有好（沒有人會辛辛苦苦的作了詮釋後，著實的宣稱「沒什麼」／「你們都不必當它是一回事」等）。縱是如此，在認定可繼續堅持的詮釋，它隨後的接受籲請，還是有可能變成一種「自我辯證的戲劇性獨白」式的對話終場（路況，1993：32）。這種自我辯證的戲劇性獨白所摶成的識見，明顯少了真正的訴求對象，自然也會有實不必「如此費心」的疑慮；但實際上卻可以樂觀一點。也就是說，詮釋一旦缺乏穿越超影響國度的洞見和實力（但存獲得接受迴響的想望），它就會異化成為廉價的薑售物品；

反過來，詮釋只要能綻放出異質色彩，有關對它的堅持就會如擎巨纛而實在新人耳目了。所謂繼續堅持，理當是要有這一配件的後設基礎，才開始產生它可被討論的課題性意義。至如結果也有可能導致別人「望而生畏」地步到底要如何看待的問題，這就得以讀者也有義務尋求突破而不斷試為消弭差異以為升級的觀念來姑且給予解答；它在已經自立了的前提下，大可不必因為少了知音而貶損存在的價值。因此，「為什麼是我不是你」的自許或自詡意欲，也就緣於有這種高格條件的支持而得到了保證。

　　後者（指異時汰換），是由於繼續堅持也得有自我成長的空間來緩衝或昇華，才能避免盲目的一意孤行而徒然留下「不知長進」或「無所升轉」的遺憾！這本來也包括別人的取代在內，但那已無可替對方決定，所以這裏就只剩「自我面對」一義。自我面對該汰換策略就汰換以為看待詮釋結果的方式添一面向，這在理論上是繼續堅持的權變；而在實際上則是視野開闊的必要承負，好讓詮釋一事永遠保有活化或新生的可能性。這能給主體保留自由驅動更迭的空間，就不致會扼殺詮釋的靈活性或基進性。因此，異時汰換和繼續堅持在這裏就有了相互辯證的關係。換句話說，異時汰換可以為另一波的繼續堅持作準備；而繼續堅持久了，也會亟思異時汰換，彼此都不能離開誰而單獨存在。也因為這樣，主體要透過異時汰換來繼續堅持詮釋的新衍或進

化，那就可以順理成章的上路了。顯然這是要以不斷「延後效應」來看待詮釋的結果，目的在讓詮釋能夠經由主體的自我評估而隨時展開它成長的旅程。

　　將繼續堅持和異時汰換這般模式化後，在相當程度上就有為保障個別詮釋系統不因變數多而削弱競爭力的考慮；它所內蘊的文化情結依然要不斷地乘隙浮現出來。也就是說，在權力欲望／文化理想可能也無法避免的強力制約下，詮釋的志業性始終會保有它突進伸展的空間；而繼續堅持和異時汰換就是一個類誓詞性的再現（周慶華，2009：162～169）。

　　當有區別於前四期的發想，為諸子學在現時開展需求的優先標誌，理據已陳述如上。這在具體衡評相關論者普遍缺乏十足橫攝通貫性的觀照上，諒必自有一定的效力，畢竟他們對於自我理論完備性的宣示和跟他家的別異性詳舉此一橫向統理，以及在歷史上的演變於當今還可以有的（反面）意義和價值此一貫徹察覺，都頗見疏漏掉義而有待對決更迭。而這進入緊接著的新階段，則是整體學邏輯和方法論結構等高標條件上場要來總收了（詳見後續相關章節）。

第二節　轉傳統為現代的學術更新期待

當有區別於前四期的發想，是諸子學的當今開展需求所內蘊的（可寄予重為引路厚望且別無他學能取代它的地位）（詳見前節），它在學術流變中仍以競比而必要躍出立場潛隱或透顯此一欲力，終而從自我挺出或被他人揭發裏相對上得到確立。即使不然，也還有可經由我這一繼起的論者讓它成真。對於此類交纏辯證的理屬關係，就點項到這裏（不再繁為舉證），餘半則是要把該需求性的另一外鑠或擴延面向循例藉機予以帶出。

這總提是「轉傳統為現代的學術更新期待」，分述則得從下列三方面來鋪陳：首先是傳統已被抑制退藏於密（西學凌駕強暴的緣故），復振亟待有時而允為安身立命的希望所繫，致使轉傳統為開新就成了一大契機。其次是當今人還未有足夠能耐新啟思路時，轉傳統為開新便是唯一可考慮的；否則大家會安於現狀或偷懶成性而無所進取（不察自己有此特殊傳統在眼前）。再次是轉傳統為開新的另面作用是激勵新一波思路的創發（越能轉傳統就越有機會促動新思路的興起）。前者為先導項，預埋後續將會有事發生；後二者保證傳統大有現時復振的需求，則是依理不能沒有該事發生，而取以為對照系的無非是 Alfred N. Whitehead 所說的「一切西方哲學都是 Plato 的注腳」（Peter Kunzmann 等，2007：39 引

）（西方哲學不斷翻新乃 Plato 思想被轉化而成了激勵項）。雖然諸子學前四期的演變除了儒家心性論有類似現象（後人論述心性課題都可視為是孔孟學說的注腳／且追躡多新說少），其餘都顯得略有斷裂於佛學／西學介入干擾的痕跡，但這仍無礙諸子學說所塑傳統本身已經不斷在被或顯或隱轉化製造差異中。

　　傳統依論者的界定，一方面指一個社會在特定時刻所繼承的建築／紀念碑／景觀／雕塑／繪畫／音樂／書籍／工具以及保存在人們記憶／語言中的所有象徵建構等；一方面指圍繞一個或幾個被接受／延續的主題（如宗教信仰／哲學思想／藝術風格／社會制度等）而形成的一系列變體（Edward Shils，1992）。這種說法縱使會遇到「傳統是被發明的（而非真實存在的）」嘈雜聲（Eric Hobsbawm 等，2002），以及當接受者正信誓旦旦要對它有所詮釋衍義時也可能面臨旁人「反對詮釋」的叫嚷（Susan Sontag，2003）或「詮釋不過是一種戲劇性獨白」的類嘲諷（Hans-Georg Gadamer，2007），但就一個界定本無不可隨人轉義（都受制於權力欲望／文化理想等心理社會因素）而為可權予認同的情況來說，這樣加以援引也未嘗不是一件省力的事（不然就得再費心別為界定而不見得能比它更有攝進用於論說的概念效率）。而由此，諸子學說也就要順勢把它列入上述（形上）的系列變體傳統構成部分。

　　有關的思辨，不妨就從這裏展開：在整體上必須先權宜性的肯定如果沒有諸子開啟各種思想（統攝認取性知識／規範性知識／賞鑑性知識等）的先河，那麼後人也就無從逐波依循／難可製造差異創新，它是知識的發生論前提（先備經驗），也是知識的差異論座標（方法意識）。這是從宋儒所發「**天不生仲尼，萬古如長夜**」（張伯行輯訂，1982：84引）的讚嘆而比擬的，意謂世不出諸子則中土文化恐成一片荒漠。前者早已有子貢／孟子所分別警醒過的「**夫子之不可及也，猶天之不可階而升也**」（邢昺，1982：174）／「**自生民以來，未有盛於孔子也**」（孫奭，1982：56）等在發露；而後者則是我們從諸子以後中土文化已經定型可據以推演沒有他們的創體在先大概也不會有後人的深根生葉，這可是一大榮光（也是一大幸事）！

　　此外，諸子學說所摶成的文化傳統，不啻可衍為大家無盡汲取的資源（並研判它還有另予製造差異出新的甚多機會），以致善待它自然就成了探尋前路以再造風華的不可或缺途徑。裏頭的思路約略是：依經驗，所有的言說和書寫幾乎都是為了跟人交流溝通而形成一個語用的態勢。這個語用的態勢，再藉由相關的語言符號的選擇／組構／修飾等手段，就又進入了符號生產管控機制的範疇；以致在現象詮釋層面上所有的言說和書寫就不能不是語用學兼符號學式的（可衍生出「語用符號學」新學科）

。反過來，也正因為有言說和書寫的存在，所以才導致語用學和符號學在類型發生學上的相繼成形（周慶華，2006b：4～5）。此一後縮的語用符號學不論是顯現在言說還是顯現在書寫，它都得比照其他新興的學科來新構成形。這種新構性，本來有著告別舊學（純語用學或符號學）和開啟新學等一體兩面特徵，但這裏會更看重它的轉舊學為新學的衍變歷程。也就是說，語用符號學不是（也無從）完全創新，它所需要的構成元素或相關配備，還是得從舊學裏去蒐尋題材並予以轉化；這樣的語用符號學建構就不可能以全新面貌示人（周慶華，2008：114～115）。

通常所說的創新，大多帶有獨一無二性；但有關它的標準卻很難找著或根本不存在，而不免使該說法含有想當然耳或一廂情願期待的成分，畢竟所謂的獨一無二性並不像大家所設想的那樣容易判定。如自然科學中所有新事實或新理論的出現，縱然排除作偽的部分（William Broad 等，1990；Dasie Radner 等，1991），也難以指出它完全前無所承（國立編譯館主編，1989；郁慕鏞，1994；張巨青等，1994）；又如人文學科或社會學科中所有新作品或新文本的裁定，也會因為隱藏的罅隙難彌（也就是各作品或各文本都處在相互轉化或相互指涉的情境中而沒有所謂的獨立性）（Mikhail M. Bakhtin，1998；Julia Kristeva，2005）而不得不發生動搖，也同樣暗

示著憑空創造或獨立構設的困難。因此，倘若依舊
要給創新保留一個殊異別類的空間，那麼它就只是
能夠呈現局部差異（而不是全部差異）；這樣仍然無
妨它是可以或必要追求的目標，也就是相關努力的
進境所在（詳見第一章第三節）。

　　換個角度看，創新的性質約略是「個體或羣體
生生不息的轉變過程以及知情意三者前所未有的表
現；而它表現的結果使自己、團體或該創新的領域
進入另一更高層的轉變時代」（郭有遹，1985：7）
；但它卻僅能著重在擬似而非全然的朗現。因為創
新這種憑空創造或獨立構設的命題原為有神論所使
用，指上帝由空無中造成事物；後來轉用為一般使
某些事物中產生一種原來沒有的新東西的行動（
Walter M. Brugger 編著，1989：135～136）。只是這
種轉用仍然要差一間，而無從肯定是「無中生有」
（上述「前所未有」說，也應當這樣定位）；否則它
就會被誇張的等同於獨創(丹青藝叢編委會編，1987
：260)。但正如前面所提到的，這在理論上說說容
易，真要實際上去找這種獨創性作品可會折煞人！
因此，本脈絡所謂的創新，就僅是能呈現局部差異
的創新，它依舊要自我面對一個前後轉化或衍變的
問題（周慶華，2008：115～116）。

　　既然這種必要的轉化或衍變舊學需求已成定局
，那麼它還有什麼可以考慮的？這就得從兩方面來
說：第一，這裏所謂的舊學不能盡是本學科所被模

塑那些可能會嫌單薄的東西，它還得擴及整個傳統所有可以汲取的資源；第二，現有的語用學或符號學都是西方人所開發出來的，繼起的論說如果還是要以西方文化為模本，那麼它的創新勢必會欲新無由，馴致得改從別的文化傳統去善加利用而別出新意。而比較現有的可以跟西方創造觀型文化併比的中國傳統氣化觀型文化和印度佛教所開啟緣起觀型文化等，中國傳統氣化觀型文化特別有一種蘊藉深長的色彩而不妨優先加以採擷融鑄（周慶華，2008：116）。

　　把這點結合前面所引述的傳統觀，自然可以進一步明白這在所有文化傳統都能夠條理出各自的語用象徵和符號的變體鏈（而難可溢為論斷彼此的是非）；但當有的文化傳統被自我傳統中人棄置以及被其他傳統中人壓抑的時候，就會造成一種文化傾圮且可能集體覆亡的危機。前者（指文化傾圮），是指原有的文化平衡感不再了；後者（指可能集體覆亡），是指壓抑者的變本加厲荼毒以及終究會遭遇反彈的廝殺難保不一起走上相互毀滅道路。因此，從新召喚一個被淡忘的文化傳統來緩和傾圮的潮流和可能集體覆亡的命運，也就是為確保人類前途的一件勢必所趨的重要事；更何況中國傳統氣化觀型文化內蘊如氣流動般的韌性和柔美還未被世人所好好的體認和欣賞呢（周慶華，2008：117）！

　　轉化諸子學說此一表徵氣化觀型文化傳統為現

在所以成了學術更新的期待，也是上述語用符號學式的。而這會比前出任何一期諸子學轉化諸子學說為當時學術的衍異更具急迫性，因為它是在西學逼仄的艱困情境中特別亟欲浴火重生，背後深刻的文化理想寄寓尤為所執著（可藉為淡化權力欲望的赤裸性）。

　　在該伴生險惡的西學逼仄（使得自我文化傳統被抑制或退藏於密），所可以簡要系譜追踪的是：它主要是西化派極力迎將並主導新文化進程所釀致的（此中固然也有一部分原因來自西方人的強行傾銷和暗黑的威脅利誘等，但倘若不是西化派的屈服拜受，西學也不可能那麼快速兵臨城下且攻克我方的眾多據點）。該派從十八世紀中葉國門被西方人的船堅砲利轟開後就漸次成形：先是發起洋務運動「師夷之長技以制夷」或「中學為體，西學為用」；再來則有五四新文化運動迎接德先生（Democracy，民主）和賽先生（Science，科學）而全盤西化的舉措，最後乃結穴於晚近海峽兩岸隨順全球化浪潮而攀附西方資本主義的驥尾等，無不是他們在包辦一切的策畫推動（周慶華，2016：24）。如今國人所過的生活幾乎已全數疏離傳統且茫無所適（都在受西方文化的左右而無能走出自我專屬的道路）。放眼所見的，不僅整套體系如政治／經濟／社會／教育／軍事等不斷地盲目在仿傚別人，而且連內在的脾性和對人的溫情也隨著妄擬西方法制刻酷而快蕩然無存了

（周慶華，2016：16）。

　　國人普遍不察西方一直存在著兩個觀念系統：
一個是貶低個人的創造精神，並且將自身發揚光大
的希望寄託於羣眾集體／民族的創造力（如資本主
義工業體系的集中化或 Wladimir I. Lenin 式的集權
）；一個是跟集體主義相抗衡作為一種哲學思考的個
人主義。前者會授予國家以一種特權的地位；後者
則顯現出對特殊人物／超人／上帝選民的崇拜（
Claude Delmas，1994）。這都有西方文化的特殊因緣
在制約著，很難易地重演。但不料自從鴉片戰爭以
來，一連串的重挫利失，使得國人對自我文化的信
心大為潰決，轉而全力擁抱對方而妄想倖存。只是
當中的難度很少人去正視，導致前者僅僅學到皮毛
；而後者則根本沒有機會契入。原因就在人家有個
萬能的神在誘引，不論個人或集體都可以尋隙去發
展超常的本事，終而榮耀或媲美了他們所信仰的上
帝（詳見後續相關章節）；而國人末流卻大多只會關
起門來鬥力消磨志氣，渾然不知自我所屬傳統向來
也有高華道德和卓犖才情的一面（周慶華，2016：
16～17）。

　　這是說我們從未擅長於藉戡天役物成就自己而
顯示生來特能仰體上帝造人的美意（從而大意荼毒
了寰宇而崩毀生態），但才份的優為發用卻能營造出
一種雍容華貴且無所耗費的諧和美感來；而一旦忽
視此旨強為棄我從他後，永遠學不會西方人的科學

迷情和哲學逞思（兼民主量制）的命運就註定了（周慶華，2016：17）。因此，轉化特別能體現自我文化傳統精髓的諸子學說以為學術更新的期待，也就在此一自渡（救亡圖存）以挽回民族尊嚴的起點上要積極的予以展開了。

第三節　對比外來學術可優為濟世的考量

　　除了轉傳統為現代的學術更新期待，諸子學的
當今開展需求還有一個屬終極性的變項，就是在對
比外來學術上可優為濟世的考量。前面說過「尋繹
諸子百家的命義過程，無非是要為重光諸子學的進
益投注心力，而這不論是對已發生的諸子學還是對
將發生的諸子學，在理上都無妨從自我內具理路和
向外拓展需求等屬方法論範疇的要項著眼來反溯」
；而「依考察，前出的後設論說大多只涉及給對象
必要性的定性定量，而尚未返身激勵出此類論說到
底『何以可能』以及『又將焉往』等急切要有的充
分性知見。這就得乘機一次把它談個透徹」（詳見第
一章第二節）。此中的向外拓展需求部分，也就要見
證在本「對比外來學術可優為濟世的考量」上。
　　先前已間斷點出「（諸子學派的隱命義）遺憾它
還未被國人兼為洞悉而在重光諸子學上知所進益的
方向」／「（今後諸子學的向外拓展需求）總括為藉
它來挽救現今世人所面臨的生態崩毀命運」／「（問
題意識）原因是今人所普遍疑慮諸子學說致效何處
的棄置論得加以破解」等（分別詳見第一章第一、
二、三節），有如為本節作了預告，現在就得綜合來
予以接續完論。首先，這以「可優為濟世的考量」
作為對比外來學術的前提，所針對的主要是西方具
有的一切。整個思路始於正視一個事實：就是從近

代國人屢次遭受西方文化大舉入侵後，已經洩氣的棄我從他，在政治／經濟／社會／科技等層面紛紛尾隨別人渡日，殊不知那正是全然向小人端危墮的活法，永遠也參不透君子為何物而無從高華。理由就在：西方人有造物主的信仰，所摶成的創造觀型文化既肯定上帝造物的權威又想媲美上帝而不斷走上盲目逞能創新的道路。它在現實生活方面，誤認平等受造意識就能以個人為社會結構基本單位且專事民主制度的營造；而在文化發展方面，也大意透過挑戰自然去窮究事物而極力昌皇科學實務。這表面上是在締造塵世的上帝國，實際上卻是政治分贓敗德和殺伐掠奪殘酷的發端！顯然民主和科學的介入摻和已無從保證也無法促成理想大同社會的實現，那裏面蘊蓄變本加厲的小人行徑只會深化能趨疲危機而讓人更加憂愁沒有明天！因此，從新恢宏自我所屬體現於諸子學說以縮結人情／諧和自然為特長的氣化觀型文化，相關的「雍容華貴且無所耗費的諧和美感」（詳見前節）此一美德生活就能成為一個爭勝點，終而對治且超克了西方創造觀型文化所見挑戰自然／媲美上帝此一失策作為的末路（周慶華，2020b：31～36）。

　　其次，本來氣化觀型文化在德業上（內在修養的認知踐履則不妨有分歧）很顯眼最迫切是要實現仁聖治理而護住尊尊等級系統的完整性，以回應氣化成人有質差得分辨善後的觀念；跟西方人在同為

受造者意識下試圖保障大家等值參與性不成衍變成權力制衡的民主作法，可說是相差十萬八千里！而科學是西方人一併藉為仰體上帝造人美意所發展出來的，它在優選觀支持下兼供應資本主義和殖民主義所需的資源，從而體現原罪意識必有塵世急迫感的理念：一來圓了西方人自我尋求救贖的美夢；二來又順便取得宰制支配他人的好處。而這豈是沒有一神信仰且不務跨域無限征服逞威的國人所能想像體驗的（周慶華，2016：29～30）？正因為國人無緣體驗西方文化的蘊義而又不肯放棄那無效的追隨，導致自我原有嚴整闊朗的顏面從近世以來徹底的沈闇下去。殊不知這般委屈求全向西方靠攏所得付出的代價，就是國人不再了解自己所屬文化傳統是怎樣縣延輝煌了幾千年，以及中間還締造了漢唐盛世和融化過蒙滿異族統治等；只由於暫時被人家的船堅炮利轟開了大門，感受到一股從未有過的強勢文化衝擊，就打心底拜服而不分青紅皂白的妥協於對方，試想大家終究成了什麼人！也就是大家不在意自己所深陷「不過是短短一個多世紀中國傳統氣化觀型文化就從世界除名，而大家卻還烙印著黃種人的印記，在西方人看來依舊是次等民族」這種尷尬的處境，仍一逕瞎捧西方人的科學民主成就而亦步亦趨緊隨在後以討得影附的榮光，風骨固然不論了，更嚴重的是這條路走下去連安身立命都沒得討較（周慶華，2016：24、34）！

再次，順著說，就是西方人那一在現實生活方面，誤認平等受造意識就能以個人為社會結構基本單位且專事民主制度的營造；而在文化發展方面，也大意透過挑戰自然去窮究事物而極力昌皇科學實務。這表面上是在締造塵世的上帝國，實際上卻是政治分贓敗德和殺伐掠奪殘酷的發端，國人顯然都不曾好好的正視過。比如有關民主逞能部分，它縱然是西方人經過漫長的試煉而帶終結性的歷史選擇；而它的無可批評，也僅是像 Winston Churchill 所曾維護的「*等到所有的政治制度都實驗過了，才能說民主是最壞的一種政治制度*」那樣（Jared Diamond，2006：596 引），並非本身是最後的真理。更何況它在所潛蘊人人有機會分一杯羹而又不想讓異己者常享好處的情況下，定會發生美國某一脫口秀藝人所諷諭的「*（民主制度下的）政客就像尿布，必須經常更換*」那般（Eric Grzymkowski，2015：332），始終都在玩「你上我下」相互扯爛汙的遊戲，而使社會永無寧日！此外，它在不上道時，還會引起如 Winston Churchill 所發「*民主只是大多數白癡來排擠天才的合法程序*」這樣的慨嘆（焦桐主編，2009：10 引）。還有晚近更因普遍強讓民粹附在民主後面威脅攻擊菁英或建制派當了「*晚宴中的爛醉者*」（水島治郎，2018：244），令人厭惡痛心到要哀悼「*民主已死*」，種種「*反民主*」、「*反對選舉*」和「*別讓法西斯復辟*」等呼聲溢目盈耳（Joshua

Kurlantzick，2015；John B. Judis，2017；Jason Brennan
，2018；David Van Reybrouck，2019；David Runciman
，2019），大有世界末日的景況，如何也由不得人不
思及一己將要在政治環境中覓得什麼樣的寄身！又
比如有關科學創新部分，大家的迷信也僅因它有所
助益現實物質生活的改善，卻看不到裏頭隱藏了兩
個大問題：一個是科學技術的成就預設了西方民族
或種族的優越感，將科學技術視為是進步主義的象
徵，並且合該成為一普遍性和必然性的世界潮流；
一個是科學技術現代化帶來了能源枯竭、生態破壞
、環境汙染、溫室效應、臭氧層破洞和核武恐怖等
後遺症。前者不但無法驗證，還有誤導的嫌疑（證
諸許多第三世界國家受鼓舞實施科技現代化的終局
，幾乎要瀕臨崩潰破產的邊緣，可以確定這點）（陳
秉璋等，1988：29～43；黃漢耀譯著，1991：2～13
）；而後者則一旦惡果造成了，全世界的人從此就沒
有一個能夠逃過能趨疲法則的制約及其不可再生能
量即將到達飽和臨界點而讓地球陷於一片死寂危機
的威脅，更別說在這個過程中所連帶興作的資本主
義和殖民征服激起大家為了爭奪資源以維持自我存
在優勢，早已磨刀霍霍的雙向殺戮，所有毀滅性的
武器一再被研發出示，而使得全體人類不斷地籠罩
在極度駭懼的氣氛裏（周慶華，2020b：35～36）！
正緣於國人沒有認真正視過西式民主科學所釀致衍
生的弊端禍害，以致就自我卡進前面所說的「從近

代國人屢次遭受西方文化大舉入侵後，已經洩氣的
棄我從他，在政治／經濟／社會／科技等層面紛紛
尾隨別人渡日，殊不知那正是全然向小人端危墮的
活法，永遠也參不透君子為何物而無從高華」和「
顯然民主和科學的介入摻和已無從保證也無法促成
理想大同社會的實現，那裏面蘊蓄變本加厲的小人
行徑只會深化能趨疲危機而讓人更加憂愁沒有明天
」這道無間系絡而不得脫身！這時要把諸子學說被
迫潛隱的主流君子學召喚出來（詳見第七章第一節
），就只欠一個幡然悔悟和決心而已。也因此，召喚
諸子學說，只為了一個非關心理的究極目的：挽救
倫常失序及其能趨疲危機（以確保大家還能安然存
活於世上）。而這所可追溯敗德惡果的根源，則在西
方創造觀型文化那一系的妄想盲動；它的始作俑破
壞倫常已牽連至廣而短期內難有回復秩序的一天。
但如果任由它猖狂發展下去而不思化解良方，那麼
大家就勢必得眼睜睜看著自己在濁惡洪流中隳頹消
蝕餘生。也因此最能穩當持世或修補殘缺的諸子學
說（尤其是君子學），在此刻不啻就有了極佳復振的
理由（周慶華，2021a：53～56）。

　　進一步細究，則是古來可見西方的創造觀型文
化、印度佛教開啟的緣起觀型文化和中國傳統的氣
化觀型文化等三大體系〔三大體系分別緣於對上帝
（造物主）、佛（涅槃寂靜境界）和道（自然氣化的
過程或理則）的終極信仰而制式化（周慶華，1997b

：69～139），彼此難可融通，也無從究本窮源（該
終極信仰的差異，准用當代科普書所說的，那也許
是在一場思想或創造力大爆炸後各自形成的）（詳見
第一章第二節）〕，在各自生發的時代基本上都相安
無事；但當西式那一系得著便利或找到途徑（仿效
上帝對萬物的宰制）獨大且不斷向外推擴後，其他
兩系就面臨強遭壓縮退卻的命運，如今不是自我屈
就仍在尋隙苟活（特指緣起觀型文化要藉西方科技
捷徑和資本主義勢頭等去圖謀倖存），就是老早便抑
制自己而隨西方的一切在起舞搬弄（特指氣化觀型
文化從近代被西方船堅炮利轟開大門後全面妥協淪
落的情況），結果是養壯了創造觀型文化單系的氣燄
，讓它肆無忌憚的橫掃全世界而釀成史無前例的生
態大浩劫（這在西方人未必會意識到是自我文化出
了問題所造成的，但對於那浩劫實情則無疑是人人
也都能事後察覺）（Jared Diamond，2006；Ian Burton
等，2010；Naomi Oreskes 等，2016；Stephen D. King
，2018；Jeff Booth，2021）。大家知道，原先發軔於
古希臘時代的科學和民主，一個興趣在天文學、物
理學、數學和邏輯學等知識的建構，而將相關事物
的存在後設追認到眾神中造物神的決斷（Plato，
1989：94～95；Aristotle，1999：9、16、452）；一
個致力於城邦公民自治體制的塑造（公共官員透過
直接選舉、抽籤和輪流等多種方式產生）（David Van
Reybrouck，2019：84～95），彼此都僅限於內部的

構作試驗，並未擴及他方社會，只能算是創造觀型
文化的雛型。後來基督教竄起，逐漸把科學和民主
收攝於單一神的啟示作用，從此科學研究和技術運
用及其器物發明等一轉變成是為了媲美上帝的能耐
（兼榮耀上帝在先）；而民主體制的充實發展也被連
帶推上了深凜平等受造和原罪意識必要權力分享制
衡的旅程。當中又因宗教改革促成資本主義和殖民
主義的興起，一場窮耗地球有限資源和支配荼毒他
方社會的整體生態災難於是連緜不絕，終而流露了
定式創造觀型文化猙獰或實欠美妙的面目。此一面
目可先透顯於一個簡圖（周慶華，2012b：141）：

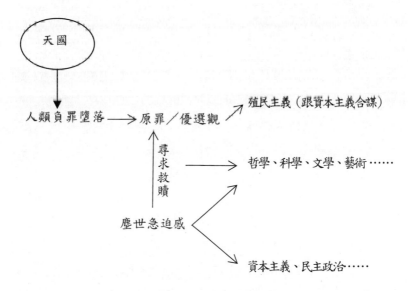

然後則可從中覷見該生態災難所以連緜不絕的全球

化過程。這已經有很多人在掀揭批判（Thomas L. Friedman，2000；David Held 等，2005；George Ritzer，2006；André Fourçans，2007；Pankaj Ghemawat，2009；Tony Schirato 等，2009；Stephen D. King，2018；Michael O'Sullivan，2020），但都未能細審它深層的動因。也就是掀揭批判全球化的人莫不知曉全球化不是到了晚近才開始，它從十九世紀以來漸形發生的跨國貿易和資金勞工的流動、甚至幾度的金融危機時期就出現了。這是無可懷疑的事；但當真要說有全球化的事實，則還可以遠推到十六世紀宗教改革後一併興起的殖民主義和資本主義。基督教新教徒憑著他們「因信稱義」的信念，脫離舊教會的束縛，由於社會地位低落（而非上層的既得利益者），必須以快速致富的方式來改善處境，所以造就了資本主義的勃興；爾後為了更能取得存在的優勢，併同地到世界各地掠奪資源和建立根據地而促使殖民主義的隆盛（當今的美國和加拿大，就是被新教徒征服後建立的國家），而全球化也就從此時陸續展開，迄今都不見平息當中藉別人資源來實現自己致富美夢的狂悖氣燄。而新教徒所以會走到這個地步（舊教徒後來也紛紛受到刺激而跟著張揚起來），關鍵就在他們所信守的原罪觀念。換句話說，原罪教條的訂定（香港聖經公會，1996：168），勢必會影響到新教徒贖罪的恐懼（駭怕回不了天國）而恆久的不安於世（John Bowker，1994；矢內原忠雄

，1992；林天民，1994）。而緣於贖罪的必要性，一種深沈的塵世急迫感也悄悄地孳生，終於演變成要在現世累積財富兼及創造發明（包括哲學、科學、文學、藝術和制度／器物等的建樹翻新）來榮耀上帝並藉以獲得救贖（Max Weber，1988；Reinhold Niebuhr，1992；Alvin J. Schmidt，2006）；尤其在資本主義和殖民主義矯為成形後，更見這種過度的煩憂〔相對的，同樣源自希伯來宗教的猶太教和伊斯蘭教，在它們流行的地區，由於沒有強烈的原罪觀念或甚至沒有絲毫原罪觀念（袁定安，1996；馬鄰翼，1996），以致就不時興基督教徒所崇尚的民主制度、科學至上和資本主義／殖民主義等行徑，相關的成就自然沒那麼耀眼〕。因此，它所體現的創造觀這一世界觀，就正好支持了它要以創造來回應上帝造人而人負罪被貶謫到塵世後尋求救贖的必經途徑。但可嘆的是，非西方社會中人原不是這種信仰，卻在人家一番傾銷後迎合了上去，導致世界日漸一體化在窮為耗用地球有限資源。就因為西方創造觀型文化這一總為戡天役物式道德觀所實踐處無不連帶鼓動大家一起窮耗地球有限資源而引發能源枯竭、生態破壞、環境汙染、溫室效應、臭氧層破洞和核武恐怖等後遺症，所以必須力敵強為逆反全球化而重過簡樸的生活，才有可能扭轉失序的倫常及其能趨疲危機。既然要逆反全球化，那麼全球化就不能看著它延續，而必須讓時序推進到後全球化時代

。這在當今已有發生於世界某些角落的原始主義、社會改良主義、民族主義、原教旨主義和馬克思主義等在策畫行動（汪信硯，2010），但實際上它們被操作時僅是消極抵抗或不附和而未能極力批判，到頭來都成了全球化的組構成分而欲後無由。畢竟全球化背後的資本主義邏輯和軍事或文化殖民的征服等因由，才是當中的關鍵，逆反全球化就是要以它為對象；而如今所見的相關作為卻都是以另起類似的因由在籌謀對策，自然罕有成效可說。因此，只有徹底逆反全球化，才是大家能夠繼續在地球上安穩存活的唯一保證。很明顯所謂「讓時序推進到後全球化時代」，乃是從現今漸漸廣見的逆反全球化思潮加碼（也就是知道轉批判西方人遺禍地球的根本原因而敦促他們調整信念）後所期待實現的。縱然還不到時候，但在實質上只要相關的有力理念啟動了，遲早就會看見迴響。基於這個前提，後全球化的「後」思維就得有東西來填補逆反全球化所會出現的思想空缺。而這在我們必要凸顯主體的立場，一定是先由自己採取行動來回應。因此，情況緊急，所能想及最方便致效的新變途徑，則無慮是在復振深化可以衍為舉世滔滔暴亂安全閥的君子作務（諸子學說的重心）。這以具義禮孫信此一高格的節操面世，而後能夠上契為施展推己及人和博施濟眾的仁政（該博施濟眾乃指將現有資源予以最高效率的運用，而迥異於西方人一味戕天役物以便享福的功

利作為），全然可以體現一個但務縮結人情／諧和自然的節欲式氣化觀型文化形態，在轉化緩和西方那一強顯挑戰自然／媲美上帝縱欲式創造觀型文化的壓迫壓力和迷狂興作上特別有可預見的效率。也因此，即使當今海峽兩岸都棄守己身所屬自有優越性的文化傳統，看似就要跟隨他人流墮到底了；但只要這文化因素還在，再加上自我意識的普遍覺醒，總有一天會看到它從新昌皇，並且滴水穿石般的渡化了這個世界（周慶華，2021a：56～61）。

　　有關開啟新諸子學在對比外來學術可優為濟世的考量上，旨趣就盡在此處。這付諸實踐，不啻可以發揮於起點能維護自我文化尊嚴而終點可救助整體世界沈淪的強甚功能。所謂「強甚功能」，這自是依對比結果而論斷的。在相對西方創造觀型文化上，東方的氣化觀型文化和緣起觀型文化肇因於對精氣化生萬物和合性的信念和緣起引發痛苦煩惱的認知，分別以縮諧倫常自然和尋求解脫為務，從未也不可能卯上戮天役物及其殖民馴化異教徒的行程。然而，這一切本安於所處的局面，卻在創造觀型文化左衝右突踐踏中頓失自我的領屬，轉而尾隨撿拾對方的唾餘，一起誤蹈能趨疲即將到達臨界點的末路！而論及轉折點（使諸子學說翻回具強甚功能），也就從此地開始。且看底下這個事實：在創造觀型文化中人興作資本主義而帶動舉世人口／金融／資訊科技／商品等流動的全球化熱潮裏，科學研究

、技術運用和器物發明等成了該資本主義（及其殖民征服）的幫兇自無疑問，而民主政治的選舉受制於企業財團（需要它們的財力支援）或唯恐經濟不成長（那將會導致政權旁落）更為資本主義加添羽翼，這所造成倫常失序及其能趨疲危機，已是人類最大的夢魘（即使是信奉創造觀型文化支裔的社會主義國家，也都挺不住裁切資本主義的初衷而齊力反向相迎，徒然深化該夢魘）。這時無法仰賴創造觀型文化另出對策以化解危機〔那只會是「以水濟水，以火救火」：當今為資本主義找解方的，不論是想要以實際也是耗能的綠經濟代替，還是別作反緊縮的新富餘打算的，都不免於此一深化災難模式（Juliet B. Schor，2010；Mark Blyth，2014；John Plender，2017；Robert B. Reich，2017；ULRIKE HERRMANN，2018）〕，而得返身重拾原無所耗費不會增加地球負擔的另二種文化來救急，庶幾可望恢復世間的秩序。當中又以氣化觀型文化裏的君子作務最足夠藉為緩和這種危機而為希望所繫（緣起觀型文化因不務世事而難可汲取支應）：它以先成有德君子，然後才跟用世連結，施行推己及人和博施濟眾式的仁政以成就王道，從而保障了政治的清明、民心的歸向和萬物的和諧等效益，一道營造出一個可能的大同社會。大家只要謹守這個信念，無論現存習取的是什麼樣的政治模式，諒必也都能夠加以扭轉而向良性方面伸展，直到改造成最合適的體制為止。由於這

一理想還有待努力實現，所以後續試為補白也就成
了氣化觀型文化的新挑戰：不許失敗；否則大家得
繼續深陷生態劫難中終致覆滅！至於在此一為了希
望所繫而強為復振君子學過程中所得面對的挺住不
易和奧援難覓等雙重考驗，則無妨以不計一切自我
激勵向前展望和以做中求為莫可替代方案自許或有
水到渠成的一天等非凡策略來應變。前者（指以不
計一切自我激勵向前展望），得將所有過往經驗作為
挹注該一動力的資源，而不時興近代以來傳自西方
別有用心的拼圖或再現一類的考索旨趣；至如因應
任何強敵的施惠或買辦者的誘惑，所要有的骨氣就
藏在「不食嗟來食」的故事裏。那縱使是發生於我
們自己文化系統內的人性掙扎，但也不妨據以聯袂
拒外，畢竟想確保尊嚴則非如此不可：

> 齊大饑，黔敖為食於路，以待餓者而食之。有
> 餓者蒙袂輯屨，貿貿然來。黔敖左奉食，右執
> 飲，曰：「嗟，來食！」揚其目而視之，曰：「予
> 唯不食嗟來之食，以至於斯也。」從而謝焉，
> 終不食而死。曾子聞之曰：「微與！其嗟也，可
> 去；其謝也，可食。」（孔穎達等，1982a：196）

文末所綴曾子那段話，無妨把它看作是教化者的老
婆心切。倘若當真要那般貪生苟活，那麼先前強護
堅持的顏面已失，而往後恩報的念頭噬心也將沒有

了時，痛苦恐怕更甚於剎那的忍餓殞命！相仿的，
當今的處境國人不加倍培養「不食嗟來食」的格調
，又豈有更合適的應對方法？後者（指以做中求為
莫可替代方案自許或有水到渠成的一天），在對照上
當今有所謂賽局理論，告訴人一些諸如囚犯困境、
公共財悲劇、搭便車、膽小鬼賽局、自願者困境、
兩性戰爭、商場爾虞我詐、軍備競賽和獵鹿問題等
，都是雙方未能協議合作所釀成的（William
Poundstone，2007；Len Fisher，2009）。如果把這點
通到全球化現場，那麼似乎也可以預告「只要你願
意追隨全球化的腳步，你就不會被孤立而慘遭淘汰
的命運」。問題是：比起人類如此無節制全球化下去
而很快就會滅絕來說，逆反全球化只不過是從富裕
轉清貧，那又算得了什麼？再說逆反全球化一旦形
成一股浪潮，被孤立的國家越來越多，豈不是可以
反過來有效的制衡全球化操縱者的瘋狂舉動？可見
逆反全球化的未來充滿著希望，大家沒有理由越過
它而還能思考人類的前途問題。這雖然還難以預期
成效，但因為自己都已盡力從事實踐，至少不會再
有遺憾長隨。其餘的，就姑且聽憑天意去裁定了（
周慶華，2021a：61～63）。

第四節　「諸子臺北學」允有新著力點

　　基本上,「當有區別於前四期的發想」／「轉傳統為現代的學術更新期待」／「對比外來學術可優為濟世的考量」等系列敘例,已經把〈諸子學的當今開展需求〉子論題說透了,現在還要再出「『諸子臺北學』允有新著力點」一個敘例,全是緣於實踐本身得有個據點或去處。換句話說,在交代〈諸子學的當今開展需求〉的過程中,所述「當有區別於前四期的發想」／「轉傳統為現代的學術更新期待」／「對比外來學術可優為濟世的考量」等已至為充分且自行構成具層次感的一體三面關係〔也就是先有第一項,再衍生第二項,最後則終結於第三項(表面如此分衍遞進,實際則是一起搏就)〕;至於「『諸子臺北學』允有新著力點」也列入所需求範圍,乃是為了補足屬地的緣故(也就是終究要有可發聲生效的地方)。

　　縱是如此,所補足的屬地性也不免要有一定程度的限制(無從中性化),因而此中又夾帶著臺北觀點的新視野蘊意。有關的思路是:臺北乃依便選中(不然國內找不到比它更合適的地方),只希望它可以像他處因各有一羣人聚集研發殊異學說而以地名派〔後者,如維也納學派(邏輯實證論)、哥本哈根學派(量子力學)、法蘭克福學派(批判理論)、布拉格／莫斯科／巴黎學派(結構語言學／記號詩學

／符號學）、倫敦學派（系統功能語言學）和芝加哥學派（社會學）等，都是因地得名〕。倘若有新諸子學介入，那麼它在耕耘有成中當然也能夠自成一個學派〔臺北學派（諸子學說）〕。因此，「諸子臺北學」的倡議起步，也就是異日豐收名就的希望所寄。還有臺北的屬地性所期待發揮研討宏揚諸子學說一項功能以外，另一項探究開發新學說功能也要一併上場，讓二者在相互辯證中不斷推動學術的發展。這是說探究開發新學說可允為遠程目標，而它得透過研討宏揚諸子學說來激勵產出（傳統別無更好的參照點）；同樣的，探究開發新學說略有成效或進展後，也可以反過來深化或擴大對諸子學說的研討宏揚，彼此形成一種辯證關係。

當中探究開發新學說部分，很遺憾的現今大家幾乎都侷處在世紀知識創發變奏曲中，著實蘊涵有一段當代東西方知識分子的沈淪史值得警惕！而相關的救贖行動，則亟待儘早開啟。這一點，細數（見證）乃有數端：首先是概念界定。（一）世紀／當代：離己身最近或最新知識創發年代。（二）知識分子：依能耐大小定性分類（詳見次項）。（三）變奏曲：轉高華／轉卑下（沈淪乃卑下／救贖可為高華）。

其次是知識分子類型。（一）依功能畫分：1.創發或生產知識的人（一等），如哲學家／科學家／文學家／藝術家等；2.繼承或傳播知識的人（二等），如教師／演員／編纂者／出版人等；3.駕馭或運用

知識的人（三等），如官僚／法務人員／軍人／警察／消防員／企業主／行會負責人等。（二）三類知識分子可以部分互涉，如圖所示：

相涉是因為各類知識分子在某些時刻可以交換角色扮演（即使二、三等知識分子要扮演一等知識分子難度高了點／剩下的就是他們也有可能偶爾靈光一閃而創發了一些類知識或小知識）〔按：坊間所見相類似的書（Raymond Aron，1990；Edward Shils，2004；Richard A. Posner，2004；Frank Furedi，2012），在界說知識分子部分多含糊其辭而難以依循，不如我此處所規模劃分的〕。

　　再次是世紀知識創發的變奏曲。（一）格局變小：所創發知識看似在拓寬邊界實是自我侷限。（二）鑽牛角尖：垂直式思考使問題變得更嚴重。（三）妄自尊大：自以為掌握了全局卻無見於癥結盲點。

　　再次是當代知識分子在知識創發上的沈淪現象。（一）哲學：（新興）建構實在論（Fritz Wallner，

1997；沈清松主編，2002）所整合科際不足（格局
變小）。（二）科學：詩性宇宙論／遺傳工程／網路
科技等（Jeremy Rifkin，1999；Jerry E. Bishop 等，
2000；Larry Downes 等，2015；Sean Carroll，2017
；古明地正俊等，2018）把世界變小變扁平了（格
局變小）。（三）文學藝術：數位化（須文蔚，2003
；吳垠慧，2003；葉謹睿，2005；張政偉，2013）
美感大為消退（格局變小）。（四）政治：妥協於民
粹（Joshua Kurlantzick，2015；John B. Judis，2017
；水島治郎，2018）功能銳減（格局變小）。（五）
經濟：綠色資本主義（Michael Woodin 等，2005；
Daniel Goleman，2010；Van Jones，2010）風險加劇
（鑽牛角尖）。（六）社會：大數據監控（Bruce
Schneier，2016；Cathy O'Neil，2017；Marc Dugain
等，2018）餘波盪漾（妄自尊大）。（七）教育：媚
俗／庸人主義批判（Frank Furedi，2012）半吊子（
類妄自尊大）。

　　最後是可能的救贖途徑。（一）他力救贖：神靈
／外星人／智能突變介入改造。（二）自力救贖：跨
界／跨文化／跨環境生態自我昇華（周慶華，2002a
；2005；2006a；2010；2011a；2011b；2012b；2020b
；2020c；2021a；2021b）。

　　創發知識（探究開發新學說）得有憑藉或參考
座標，而諸子學說可提供借鏡的資源諒必不少（只
是遺憾國人並不太在意這個區塊）。於是諸子臺北學

的倡議就無異為它找到一個新著力點（不妨允許它有這個特權；否則將難以另覓他處持異立起）。也因此，前面所揭露的「這終局諸子學消蝕於西學如果已有新知識產出，那也不是全不在所可容許的範圍，問題是國人始終或顯或隱屈服於西學霸權的籠罩，幾乎沒了自我開新的能耐，這樣棄捨諸子學說的可寄予重為引路厚望也就無以再從別處找替代了」（詳見本章第一節），在這裏就有了足夠取信或說服人的理由（上述當代知識分子在知識創發上的沈淪現象，多舉西人為例，實則國人尤然，這就毋須在此從新連結另作解釋）。此外，前面還敘及的兩個對諍性指標（包括「諸子學說文本化後，論者不管是要純作詮釋還是在詮釋後添增評價，他都得面臨一個『空白難填』課題的考驗」／「諸子學說實際付諸論述後，持說者也得禁得起另一個隱性理論架構的檢證」等），一樣也會在諸子臺北學啟動後併為逐步來自我印證且歡迎同好一道試為印證。

　　總結的說，倡議諸子臺北學乃是允許它有新的著力點；而此著力點就在上述可發揮「研討宏揚諸子學說」／「探討開發新學說」等兩項功能的機會上。這裏為了更貼近此一旨意，無妨再略作引證，以見確是不徒託空言（非妄擬）。在後者部分（指探究開發新學說），相關的考量除了上面的闡述以外，還可以針對構成新學說的知識性本身給予張皇幽眇一番。通常知識普遍被認為是在一定認知條件下成

立的。而該認知條件乃總攝著知識這個客體和認知該客體的主體及其相關的能耐，以致所謂的知識就最優先被設定為自然存有。這一自然存有，可以透過合理支持而使它成為真的信念（朱建民，2003：135～137）。這種信念，不啻表徵了主體對客體的意識的佔有。因此，從認識的角度來說，「知識是一個被認識的事物的意識的佔有，並以它為不同於自己的」（趙雅博，1979：72）。在這個被持說者所模塑稱許的界定中，蘊涵了「一切的知識肯定認識主體和被認識的客體的相異」、「一切的知識都是由認識主體對被認識的客體的生命佔有」／「一切的知識都推定一個意識的開始」等三個知識的特徵（趙雅博，1979：72～75）。雖然如此，是否真有自然存有作為客體來保證知識的存在性，卻成了懷疑論和認識論兩個陣營中的人相互爭辯的對象。當中持認識論立場的人，不外有「不予理會」／「極力反駁」等兩種態度在對待懷疑論的懷疑知識可能性論調（趙雅博，1979：254～255；黃慶明，1991：4）。這究竟有沒有護住知識的客觀存在地位？依我看還是沒有！理由是認識論在提出一個證成知識的程序時，還得有另一個證成來保證。依此類推，勢必導致知識的證成無限延後困境（周慶華，2004c：49～51）。它的解決辦法，不是用這種方式跟懷疑論蠻幹，而是從根本上回返對知識是「人所創設」的自覺上來因應。換句話說，一切知識的存在都是人所創設

（創發）的；它的權宜安置符碼或斷言短長，可以
預存假設而為他人所同理檢證認同（相互主觀性）
，卻無法要求它有什麼絕對性或客觀性作為辨認的
標記（周慶華，2004c：91～103）。也因此，像邏輯
實證論者所要縮小知識範圍而堅決主張的「只有在
經驗上可以檢證的語句才有認知意義」（Alfred J.
Ayer，1987），就幾近「無稽之談」！裏頭存深的盲
視不僅是「為何有意義的事物應該侷限於經驗上可
以檢證的事物？這在文化史上從來就是行不通的。
這種限制原則將來也無法大行其道。實證論者所謂
的檢證，是構成意義的可能條件之一；但它並非唯
一的可能條件」（Louis Dupré，1996：64～65）這類
話語所訾議的過度獨斷，還有連邏輯實證論者所會
用到的每一個語詞也是先有人創設才有後續約定俗
成的使用（邏輯實證論者不能在這些約定用法以外
別作檢證）也沒有獲得絲毫的察覺。根據這一點，
知識就是創設使它可能的；原先被認為的自然存有
，事實上也都是心理存有和社會存有（另外還有特
別的藝術存有）等（周慶華，2007a：30～33）。在
這種情況下，倡議諸子臺北學要藉以探究開發新學
說，就得有更強或更周延的自我後設思辨：也就是
在創設（新）知識的過程中幾乎不可能無中生有，
它大致只能製造差異（詳見本章第二節）；而製造差
異如上述就得有憑藉或參考座標，於是諸子學說便
成了可就近加以採擷借鏡的對象。一旦錯過不理，

想從別處找資源恐怕要枉費心力了（如果連其他資源都不找，那麼「空空如也」更糟糕）。

　　至於前者部分（指研討宏揚諸子學說），它本可在探究開發新學說中一併完成（採擷借鏡諸子學說少不了也要研討宏揚它），但此處還願意提供另有一個歷史連續體的理由不容忽視前提（不純粹僅源於並無更好的參照點該一原因）來幫襯。這是說依經驗歷史這一時間流從未中斷過，它包裹著人生命的一切，從初始貫通到將來，沒得你我妄自割裂分化的空間（更何況此中還可能有如佛教所說生命或靈體或神識一直在流轉沒有止息，又將如何區別過去的我／現在的我／未來的我呢）！因此，從歷史終結神話的角度來看，諸子學說既然是在我們過往的時代存在，它勢必也會一再或隱或顯的作用於現今我們身上（只看大家有沒有認真察覺罷了），馴致從新返身細省實感諸子學說所映現或蘊蓄在我們生命中的成分，而在相對上試著予以擴大效應好因應時變，也就成了我們此刻在進益欲求上責無旁貸的一件要事。正如一位論者所申說的：

　　歷史總是「現在」的歷史，「我們」的歷史。「歷史的終結」不僅是失去了「歷史」，同時也失去了「現在」，失去了「我們」自己。每一個可能的瞬間都是決定性的「臨界點」，我們隨時可能踰過歷史的終結，突然置身在失去任何意義

和價值的「後歷史」和「後現代」，彷如置身在
昆德拉小說所描寫的那種令人極度眩暈的失重
狀態，一種我們的生命所無法承受的「輕」。(
路況，1990：193)

不想身陷此一「生命所無法承受的輕」泥淖的人，
及時奮起重返諸子學說的情境而為諸子臺北學添注
活力(以便給自己此生所能榮光存活找出路)，大體
上也就理詳義明而「捨此莫由」！

第四章　諸子臺北學的緣起

第一節　地緣學術藉以揚聲

　　縱然諸子臺北學所出臺北一名乃因有屬地需求而依便選中，但就新諸子學也當想久駐比照成一名派的進層渴欲來說，還要有更多的相關說詞予以寓言美飾，整個命題才能顯豁通達，讓人不生疑猜（少費思量）就可以肯認接受它。因此，在闡發過了〈諸子學的當今開展需求〉，緊接著還得交代〈諸子臺北學的緣起〉，把將來所要成就新學派的因由一次說個透徹（第三章第四節所述的形同是「初為發凡」而已），以便大家前來證驗認同。

　　這自然是期待知識分子多來共襄盛舉（同時也得在同好率先聚義論學中打開風氣），但對於知識分子這個羣社常引發外界的某些誤解似乎也有必要先作一番說明：依據前面所述，知識分子最好是限指持有知識的人（不論他所持有的知識是自己創發的還是繼承運用他人所創發的）（詳見第三章第四節）；此外倘若有別為差異價值性賦義的，那麼該作為約略都是夾帶著某些特殊的目的或用意。好比有人把知識分子限定在有良知的社會人士（葛荃，2002：5）或能獨立／工具／改革政治權力的人（魏承思，2010：26），取向就是為了讓他們大為左右政治／社會的運作。這如果也要隨著「寄望成真」，那麼讓

（引入）他們參與諸子臺北學的營造，很有可能會橫生掣肘而有礙宏圖大展，因為裏頭所嵌進的那些特定道德（如忠誠／馴服／抗拒政權等）執著，都很容易在有意無意中自我縮小格局而耽誤到諸子義理廣衍益世的行程。理由就在那是在「大處不廢／小處挺立」此一前提下必然要放行的，但目前的情況是大處無有（舉世倫常失序及其能趨疲危機未解），光小處挺立（在內部執著特定道德）是起不了什麼作用的。這一說明是否有助於外界自我袪疑解惑不得而知，但至少表明了將要推出的諸子臺北學所期望集聚的知識分子不再感懷或愁煩一己在現實社會的浮沉，而是有著能夠著眼全體人類存亡絕續的大立命格局，然後新學派才可大可久（否則只關注小我的成敗得失很難擎得新學派所計慮要別出異采的大蠹）。

　　有了這項要求，諸子臺北學所選擇臺北的屬地性就不宜只因別無更好他處可取代以及允許有新的著力點予以一次定案，還得再進前明白提點它於對外宣稱上所能彰顯的殊異色調，而讓新諸子學的必要在此地緣起有個合理或合適的交代。關於這一點，不妨從近代自我學術持續失落而得復返可顯反殖民有尊嚴的航道此一脫困意識說起：大家知道，西方文化入侵中土社會，傳教士扮演的角色特別吃重。有人觀察到，從十九世紀後半葉開始在臺灣一地就頗見傳教士的踪跡；他們四處游走活動，所帶給

臺灣人改變思想／信仰等格局的影響力不可小覷。
所謂「我們發現：在異鄉／故鄉、東／西方海島的
地理對照鏡像中，他們看到了天鄉的隱喻疊映體……
……我們又發現：蘇格蘭傳教士眼中的臺灣人內外未
明……因而基督教所帶來的，更是啟發了臺灣人民
內在靈性的思維向度。而最根源的視域是：西方所
帶來的線性時間在福爾摩沙遇到些許在地傳統勢力
的扭曲阻撓，基督教『在地／屬天』的雙軸時間觀
在這樣的異地就更透顯出來」（王成勉主編，2014：
214），就是一個明證。而作為西方人主要發聲媒介
的學術侵入或植入臺灣所取得全面性宰制果效，更
是驚人！後者是說，臺灣四百年來歷經葡萄牙／西
班牙／荷蘭／日本／美國系列西方勢力在政治／經
濟／社會／學術等有形無形的高度支配（日據時代
日本人乃引西式規制治理臺灣而可歸為同類），早已
無主體性（自主性）存在。尤其是學術殖民，一向
以水銀瀉地的姿態在臺灣取得幾乎是絕對性的主導
權；而布散所及，無一不顯現西方文化入駐主客強
遭易位的跡象。這在我們本身，則是百般無奈以隨
後跟進或揀枝暫棲的心情在自我排遣。正如前面所
點出的：「如今國人所過的生活幾乎已全數疏離傳統
且茫無所適。放眼所見的，不僅整套體系如政治／
經濟／社會／教育／軍事等不斷地盲目在仿傚別人
，而且連內在的脾性和對人的溫情也隨著妄擬西方
法制刻酷而快蕩然無存了。」（詳見第三章第二節）

這一仿效說，還得附加「不全是主動迎合」一個按語，內裏不知道已經遭受多少壓力被迫要如此追隨。姑且以晚近的情況為例，一位論者說到：

> 放在學術思想界的領域來看，臺灣的知識結構依然承續了冷戰時期的基本格局──親美反共……所謂的民主化運動和政權的轉移，不但沒有改變反倒深化了對於美國在政治、文化、學術層次的依賴……在學術上，官僚體制大力推動、學官全力配合的出版評鑑方案，以 SCI 及 SSCI 作為丈量標準，其象徵意義是將臺灣學術正式宣告納入／從屬於美國，以美國商業體制的發明作為丈量臺灣學術的標準。（陳光興，2006：338～339）

所謂納入／從屬於美國，不啻道出了此間殖民結構一方受制的陰影忒濃〔事實上「SCI（Science Citation Index）和 SSCI（Social Science Citation Index）只是美國私人公司 Thomson 提供的商業服務，收集了很多學術期刊的資料庫，便於顧客找尋資料。在國際學界它不具有學術評價的權威性，存在的目的也不在此。但在第三世界地區或是資本主義後發地區，如臺灣、南韓及中國大陸，卻被當成是丈量品質的客觀指標，這顯然不是 SSCI 本身的問題，而是第三世界學術官僚體制管理主義的產物，透過學官的搭

配才得以形成」（陳光興，2006：339）。臺灣知識分子屈服於美方權威有如驚弓之鳥，才會這般有風追風／無風逐影的胡亂應對以自我脫卸無能樹異的愧惡〕。論者在這段論述尾端還有對包含臺灣在內的整個亞洲致意殷殷：

> 我們期待持續推動亞洲區域中的批判性連帶，發揮國際主義的精神，透過具體分析以及對比，從新認識各地客觀的處境和改變的可能性所在，逐漸形成亞洲另類實際的共同視野，從新介入全球的學術生產。我們相信，透過這個運動，才能證明全球化的想像不應該只是簡單的美國化，而是應根植於在地經驗、多元參照思考和具有豐富、開放性格的的民主實踐。（陳光興，2006：418）

所謂諸子臺北學，不就是要把這個說法引為同路出觀（供人懷想品味）；只不過那還在張羅「共同意見」（找方案）階段，而諸子臺北學的倡議早已有新諸子學此一明確據點而成竹在胸了。換句話說，臺灣以臺北為代表，而臺北則要自己研發新學說參與世界學術競比的行程，相關的議題討論才會有著落（歸宿）；而這已選定新諸子學作為試煉對象，假以時日臺北勢必會有地緣學術可以藉為揚聲，屆時大家就毋須再仰人鼻息或看人臉色過活了。

第二節　臺北反轉無特色命運的契機

　　把諸子臺北學推向臺前，而讓臺北有「地緣學術藉以揚聲」，這也是翻轉臺北命運的一個機會，相關的信理保證將在後續章節隨機提出，此處會先作前導例舉以及催熟一個不得不爾的更深因緣。後者（指催熟一個不得不爾的更深因緣），乃基於屬地臺北平凡而有待獨特學術充實煥光來升級價位。這時新諸子學研討風氣的開啟，就正是「事屬難得」（無異是在對症下藥），從而使得此一「臺北反轉無特色命運的契機」也實際成了諸子臺北學緣起的一道命題（能被著實或真切的察見）。這比地緣學術藉以揚聲的理由還要深刻一點（更顯內面）；同時也因為棄捨此路已無其他管道可以遵循（不可能反向研發西方學術去跟西方人比能），所以它的因緣性就這樣「還要深刻」和「不得不爾」了。

　　至如前者（指前導例舉），這既得自我如實呈現又要一併證成後者確有匱缺（而有待此處所帶出的東西來給它充實煥光），可說是雙重負擔。紓解途徑，大概要從成證後者開始（顛倒次序就不好談論）：臺北作為一個即將取則的地理概念，基本上是有一定風險的。就以人口數來說，臺北市和新北市合為大臺北地區，總人口也才六百多萬，這相較於世界現存人口動輒一、二千萬的他處大都市顯然規模小多了，無法以量儔人。再以都市應有某些特徵來

說（不能光看人口數定勝負），人家會關注耶路撒冷（宗教之城）／蒙特婁（語言之城）／新加坡（建國之城）／香港（享樂之城）／北京（政治之城）／牛津（學術之城）／柏林（寬容之城）／巴黎（浪漫之城）／紐約（抱負之城）等（Daniel A. Bell 等，2012），而不會念及臺北，因為它們不是有盛大的文化景觀，就是內蘊著特殊的精神氣質，而不被秋波橫掃的臺北則一樣也談不上。換句話說，都市如有位論者所指陳的，它不僅是摩天大樓的陳列展覽，更是人類文明的誕生地／多樣的人文內涵造就不同的都市風貌；而連接每個時期獨領風騷的都市（如巴比倫／雅典／底比斯／羅馬／迦太基／耶路撒冷／亞歷山卓／開封／長安／廣州／大馬士革／巴格達／君士坦丁堡／奈良／威尼斯／阿姆斯特丹／里斯本／鐵諾奇特蘭／孟買／倫敦／巴黎／基輔／聖彼得堡／首爾／芝加哥／洛杉磯／紐約／柏林／東京／香港／新加坡／北京／上海／雪梨／馬尼拉等），就是一部世界史的縮影（Joel Kotkin，2012）。臺北如果也比照著扮演一個角色（實際上臺北也被論者包括進去了；只不過並未深說），那麼它又能給出什麼東西可以讓人作這高度「有機」的連結？

　　很明顯的臺北至今還沒有從模糊面目中清晰輪廓過來。畢竟作為一個名地方，不論是在世存有還是社會建構，大致上都需要有可被觀看、認識和理解世界的憑藉（Tim Cresswell，2006）；而臺北倘若

也想名聲響亮，那麼它又有那些特殊存有／建構可
為依憑？所謂「完整一個現代臺北市的出現，並非
人口增加、市地擴張的自然結果，而是現代權力在
空間上運作的社會產物（臺北是一個流動的空間）
」（蘇碩斌，2010：259）和「（臺北的風格地景乃是
）一個創意又失意、騷動又感動、生活充滿古代又
充滿現代地舒服著的城」（李清志等主編，2011：封
面文案）等，像這樣摹繪出來的臺北難道就有希望
？大家當還記得臺北曾被德國《明鏡週刊》形容為
「近似豬舍」的混亂城市，所嚇著外人的就是內部
擁擠凌亂的建築及其大肆的旁伸加蓋等，如今又改
善了多少？即使臺北已逐漸被歐美媒體譽為「天鵝
蛻變甚具創意的城市」／「最被低估潛力的城市」
之一，而讓有些人慶幸著「承接了上一代美援經驗
轉化的基礎，這二、三十年來無論在朝在野、在官
方在民間，一路來始終走著自己闖蕩的路。尤其是
處身在臺北，我們共同創設了從都市設計到歷史保
存、社區參與式規畫、公共藝術、徒步區、夜間照
明、街道家俱、商圈營造、廣告物美化……等等全
臺首創的機制和行動」（李清志等主編，2011：133
），但整體上臺北（擴及全臺）還算不上是一個宜居
的城市。關要就在（居住環境欠佳還可以忍受）專
家學者所指出來的「（探討城市是如何導致社會和文
化的不平等上）在基於階級、性別、人種和民族的
結構性壓迫和邊緣化過程中，城市景觀起到了共謀

的作用」（Deborah Stevenson，2015：7）／「在問題面，則有遭逢貧窮、破敗和威脅的城市，是社會控制界線突破處。一方面，城市是新奇事物的坩鍋、混雜的場所，以及新認同的創生地；城市是新觀念的搖籃。另一方面，各種人羣匯集一處的這個過程，又造成了衝突毫不寬容和暴力相向」（Doreen Massey 等，2009：1）／「大都會幾乎一成不變地承載了各種負面看法：有礙健康、過度擁擠、黑暗陰鬱、喧鬧嘈雜、違法犯紀、道德淪喪、無法無天、難以抑制、寰宇主義」（Simon Parker，2007：76）等，這對臺北來說一樣也逃避不了要去面對解決卻又顯不出有何高明處（可以被外人引為典範）。也就是說，好的不好的向度，臺北都沒有表現出積極因應的態度（更別說有什麼成效可令人耽戀回味了）。也因此，如果此地還有人像往常曾有過的欣喜於一些小確幸〔好比有創意文化園區／數位藝術創作／傳統工藝技術／多種活動產業等專屬製造（行政院文化建設委員會編，2007），或者幻想「中國的希望在臺灣；臺灣的前途在大陸。中華民國在臺、澎、金、馬成功的經驗，將成為中國大陸走向自由、民主的催化劑」（張京育，1987：序3）等〕，那麼他就得睜眼看另外一些涉及「臺灣如何成為一流國家」／「臺灣必須面對的真相」等對諍性言論（李鴻源，2014；2019）的挑戰（自身的國土規畫／災害應變／政府組織／政策擬定／危機處理等都觸處捉

襟見肘，又如何反過來影響海峽對岸呢）！試問這在中樞臺北豈是一個不必從新度量／規模／進益而隨便它如如存在著的都市樣子就可反向予以辨認的？

臺灣從四百年前開始有史乘記載以來，歷經多次政權遞嬗、人口流動和經濟起伏不定等變數影響，始終無法沈潛穩著以發展深具特色的文化力；尤其晚近半個多世紀儘受制承接西方資本主義強權所委託高汙染耗能的器物製造，大家競相奔走在家庭和工廠間，如雄蟻般忙亂苦幹，不但無心於閒暇致思，而且還徒然惹來病痛愁煩難以排解（本地罹癌／腎功能障礙／身殘癱瘓的人口都高居世界第一位）（洪秀瑛報導，2017；《聯合報》，2020），每天彷彿在面對世界末日，了無希望（連起步不久的民主制度運行也因為對外一逕聽命於宗主國的支使以及對內爭鬥不斷且社會分化對立嚴重，更讓人灰心至極）！即使曾經有海峽對岸遊客的禮讚「**臺灣最美的風景是人**」（《新周刊》主編，2013），但那也僅是對比於他們社會主義國度所缺乏的良善好客一面而發論，並非可推及全世界在顯能（更何況那話背後還隱含有「臺灣除此就沒有什麼長處了」的貶低心理，無從教人開懷）。也因此，想改變臺灣淺碟子社會的處境，必須有足以更換體質的具份量學術深耕來填補充實；而這則有賴傳統最早揚威的諸子學說的復振新衍，以激起另一波奇異思想的勃發，所望

才庶幾可以臻致。

　　所以要從諸子學說著眼鑄力，乃因為傳統思想除了中古有佛學介入和近世遭遇西學摻和外，全是諸子學說的一脈持續，由此啟元縱然不為正本清源至少也是特見方便途徑。而臺北的屬地性（可以輻射全臺），就緣於它早已佔著臺灣政治／經濟／社會的中心以及可為整體文化的發散地位置，最合適選來試煉成效。這在近幾年，類似的發想已有學術社羣在嘗試努力，企圖塑造一個獨特且有臺灣風格的學術文化（陳瑞麟等，2016），卻無法從內部形塑概念而未經評估就要大為借助歐美理論（這又如何彰顯有專屬的特色呢）。他們從沒想到（或不知）有便捷的傳統文化可以使力，豈不是自我錯失良機到不禁要令人代為嘆憾！

　　為了印證此一反向品管（也就是改為借助諸子學說）可從，無妨回到開頭所設前導例舉子題上。這所該繼以發微證成諸子學說大可再作用於現今學術衍展部分，姑且就以傳統文化中非主流的卜筮一事為例來略作闡釋（餘則詳見第七章的細為揭露）。今人多有偏執西方學術流亞唯物論觀念，常以此類靈事神祕無稽而不肯細究，平白錯過不少可藉以開啟時代益世濟危的新命題。此中的關鍵在於所有神祕事物固然從實證科學角度可以否定它們的存在（Françoise A. Leherpeux，1989；Thomas Kida，2010；Sean Carroll，2017；林基興，2016）；但這種否定

也只是緣於它的檢證不易或事涉虛幻，而無法對它的質從根本上予以清除。也就是說，科學可以檢證的事物的質和被宣稱為無法檢證的神祕事物的質是相通的，它們都能夠經驗，也都能夠操縱。倘若有人不承認這一點，那麼他就得面對有很多事物也仍無法檢證（如最小的物質和最大的宇宙之類）和有些人已經能夠感應神祕事物的弔詭難題；更何況科學界也逐漸在探索該類神祕事物而開始有成果發表（Karen Farrington，2006；Freddy Silva，2006；Jim Tucker，2008；史威登堡研究會編著，2010；Ariel A. Roth，2014；Alfred L. Webre，2017），旁人豈能一味的斷然否定它的存在？而事實上，這裏面還有一個要不要檢證的科學心理學的問題。原則上，在科學領域不僅相關知識的源頭無從確定（科學知識都有先肯定的預設或隱知，而新發現也需要大膽的想像和猜測），連所有檢證過程也欠缺可靠的保證（不論是事實的觀察還是真實的研判或是實際狀況的體驗，都是非難明）（Richard D. Precht，2010；Jim Holt，2016；Ronald Dworkin，2016），所以科學知識也得排除有所謂絕對客觀的檢證標準。至於常人還對科學知識抱以可給予檢證的信念，那也不過是大意以檢證本身最多具有的相互主觀性為絕對客觀性罷了。這樣有關神祕事物的檢證，也就沒有理由宣稱它不可能。舉凡人的感知、信念和後設思辨能力等，都可以成為檢證神祕事物的依據；而它同樣不具

絕對客觀性缺憾的自我察覺，則不妨轉由高度相互主觀性的追求（而期待更多具有相同背景或相似經驗的人的認同）來勉為彌補。換句話說，在一般的科學領域，對於無窮廣闊的銀河星海和極為細微的物質成分（如原子／電子／核子／中子／質子／介子／引力子／光子／超子／層子／膠子／中微子／陽電子／夸克／超弦等非肉眼所能看到的東西），都能夠依經驗和想像而推測它們的可能性，為何獨獨不能順從人有感知、信念和後設思辨能力等並為稟靈性徵而去推想其他同質的神祕事物（外靈）存在？因此，神祕事物已經不是一個可不可以檢證的問題（因為它當然可以檢證），而是一個要不要檢證的問題。這要不要檢證的問題，所考驗的是我們廣知的意願和能耐，神祕事物本身不一定會越級強求（但它可能會隨時蠢蠢欲動向人討情／亟盼人能練得高段點好去認可接納它）（周慶華，2020c：18～19）。於是在理則上所有神祕事物都可以這樣定位：第一，神祕事物內涵的超常經驗和非神祕事物內涵的現實經驗會有延伸或迴環的關係；第二，神祕事物內涵的超常經驗和非神祕事物內涵的現實經驗會有共據同一前提的關係；第三，神祕事物內涵的超常經驗和非神祕事物內涵的現實經驗會有同稟終極性的影響或支配欲望的關係。依此神祕事物的深一層性質得以經驗現象的延續直貫性／解釋法則的共通系統性／權力變數的一體適用性來跟非神祕事物構

成一個緊相牽繫的關係網絡（周慶華，2006a：29～
33）。因而試為探討神祕事物不啻能夠彰顯它成為最
新認知的範疇／道德昇華的憑藉／豐富審美的資源
等效應向度，在當今學科區劃系統中可以產生相交
集或相激盪或相躍進的作用，而使得神祕事物和非
神祕事物從未被知解有關係或不確定有什麼關係到
實際有關係或關係非比尋常的理路儼然成形。這一
關係網絡的確認，所徵候的是一個新學問情境的誕
生（我們得更自覺神祕事物並非全然脫離非神祕事
物而逕存）。如此局部的循環論證，所意示的是學科
基本邏輯規範的信守以及試圖藉由素材分布不同來
製造學科的差異等涵義；而這正是在為神祕事物作
過分辨後必須再為它深定性質的（周慶華，2006a：
28）。

　　基於這個前提，實際的卜筮所能被集中擇要發
露的就是它那深蘊的特殊精神實質（相通於現實界
所有行動可以同為潛藏的）。這特殊精神實質起自一
個具體情境：為了決疑而透過一個能通靈的中介者
作法以請示神意，然後轉告命筮者所占筮結果以為
抉擇依據。而該中介者，向來有巫覡一類通俗的稱
呼：「古者民神不雜。民之精爽不攜貳者，而又能齊
肅衷正，其智能上下比義，其聖能光遠宣朗，其明
能光照之，其聰能聽徹之，如是則明神降之，在男
曰覡，在女曰巫。」（韋昭，1974：401）所謂「明
神降之」，是指神靈降臨給訊息取聽或直接借體言宣

示意（劉還月，1996：85；宇色，2011：268）。整個歷程，在中介者所能演示的不外有藉舞容、祝禱和符咒等儀式以召請神靈臨場垂示（段玉裁，1978：203～204；陳壽，1979：232；何休，1982：30）。至於扮演該中介者的人，在進入（晉身）官僚體系後，則又別有史祝宗卜等職位且在傳承上另加一些必要的養成程序〔這相沿流傳於民間的，則有坐禁／習術／持咒／訓體等考評流程，以確保通靈人媒介身分的穩定性或持久性（林富士，1995）；蔡佩如，2001；陳信聰，2010 年）〕。而這則有要典《周禮》敘儀性／《儀禮》著儀式／《禮記》發儀義等嚴予定調後，莫不顯示它已經成為傳統禮俗中重要的一環；同時也有如《周易》予以完結相關微妙體驗的形構（周慶華，2021b：32～34）。結果則是整體情境具現著為實質「綰結人情／諧和自然」所展演一可大顯高華的綰諧式倫理。這種倫理的實踐（足以使人生德業具豐而崇高化），表顯層次體現於人對泛神敬仰轉求助以獲語示解困；而內隱層次則體現於人本身已有對自然人情和諧性的維持經驗（才會連類更為訴請神示而通綰兩界以臻致整體的平和）。這些再凝聚蘊自氣化觀此一世界觀及其背後有關道的終極信仰，從而活出一幅中國傳統特有的文化圖像，大可相區別於他者的異質演展。這一綰諧式倫理的普遍化踐履，就是卜筮內蘊的精神所在；而當今國人在面對西式文化強勢凌駕以及舉世瘋狂追

隨西方人所興作帶動全球化致使能趨疲危機深化的窘境（周慶華，2012b；2020b；2020d；2021a），則特別有必要重為汲取它以為因應變局所資（一方面據以自我掃除心中陰霾；一方面藉為對諍西式文化的蠻橫壞事），可說是價值非凡（周慶華，2021b：34～35）！

　　卜筮一事除了在傳統經書中詳為載記（如上述所形現於《周易》／《周禮》／《儀禮》／《禮記》等都斑斑可考），於諸子書（如《論語》／《子思子》／《莊子》／《尸子》／《荀子》／《呂氏春秋》等）中尤為多所援引證立（胡自逢，1980），並且在已成家別（如儒家／陰陽家／道家等）後的流裔裏繼為紹述而繁衍成事涉相術／勘輿／律曆／醫術／奇門遁甲／方外煉火等密議的盛大景觀（屈萬里，1984），非主流的卜筮都蘊涵有此一精神實質（縮諧式倫理），那麼主流所體現於諸子典籍明著的「縮結人情／諧和自然」知識特徵就更不用說了。因此，新諸子學在所屬地臺北開啟，勢必可以藉由對自我文化傳統的深刻認知（並起而行動）而反轉它一向缺乏特色的命運。這個機會千載難逢，如果不及時把握，那麼再來就不知道何年何月才能找著足以取代它的殊異花樣。

第三節　開啟學術對決的發言位置

　　從西方文化一系於近代獨大且橫掃全世界以來，所有他方的在地文化凡是不願被迫追隨而成了人家附庸的，都得藉著自我傳統所體現智能的復振予以抵拒（反殖民），而有關的具體行動則是據式「開啟學術對決的發言位置」。此一對決首要在於揚聲，其次則在為揚聲找到一個據點。這個據點，無疑的來自西方文化所造成舉世倫常失序及其能趨疲危機而等待填補救助禍害的空檔。因此，揚聲和找據點也就成了即將展開學術對決的一體兩面。這所帶有某種程度的神聖志業性，應該沒有更好理由可以用來否定它的絕決態度或狂野作法。這是諸子臺北學另一個緣起因由，一樣有可關注細審的地方。

　　大家知道，任何一種新學術（新學說）的研議及其實踐，都寓意著跟既有學術的決裂（才有自我標榜的必要）。這種決裂也許要先經過一番略顯曲折的從對話→對諍→對決等程序才得以成形，但最終它定然是備有自我可稱名且對外能顯異的姿態始終這般暗許或明著。前者（指從對話→對諍→對決等程序），是說原來對話是指任何語言（論說）結構體的深層結構（有別於語音／語詞／語法這些表層結構以及描述／詮釋／評價等表達方式這些次表層結構），它存在於語言的發處和所要到達的終點中。只不過這種情況經常緣於有特定目的預設而淪落「自

我辯證的戲劇性獨白」終場（路況，1993：32），基本上沒有可期待增廣見聞或有益內省的誘因和實質。因此，這就無妨從新計慮而轉向對諍。所謂對諍，是指對話雙方或多方以彼此所欠缺或不足的部分作為對話的重點，相互提供諍言，以便進一步的合作或發展奠定基礎。換句話說，對諍式對話的目的不在改造自己或改造對方，也不在為自己增添東西或為對方增添東西，而在為彈性應世作準備。這所顯示的是當自己原有的東西不足以應世時，不妨以對方所有而可用的東西權為應付，過後又恢復本來面目。也因為對話各造彼此有這種雅量和權變情況，人類文化就儼然有另一條支脈在活躍（倘若能產生連鎖效應，那麼將有更多支脈出現），終而促成整體人類文化的進展或成長。本脈絡所準備研議的新學術跟現今所見的舊學術從對話式對決轉向對諍式對決，自然也可以如上述這樣提供諍言以彰顯對方所欠缺的部分。只是被對諍的對象既然已經思慮不周了，要它補東補西也未必能夠挽救什麼；更何況這類舊學術本來就應該汰換了，對諍僅是在它不勝修補時為它注入一股強心劑，終究無力改變太多既有的格局。於是對諍無非在為決裂作準備，最後仍然要自我推出新學術來顯能。而到了決裂出現，前面所說的對話和對諍很明顯都成了藉口或幌子，目的是在反向戲仿一個凡事都強調對話或互為主體的後現代生活劇。也就是說，方法論內蘊的新學術

跟舊學術的對決，所以要以對話→對諍→決裂這一由隱到顯的進程來表明，主要是為了一併藉為顯示一般不願堅守自己立場或只顧自說自話者的對話籲求或缺人對話的化約問題（缺人對話這部分，連對話意識都沒有，更是化約中的化約），因為他們都不清楚開始對話就是準備決裂的起點（否則何必這麼辛苦的「要表明自己的立場」呢）！雖然如此，決裂並不代表是對他人說法的全盤否定，而是在整個過程中依舊會保留准予對話或對諍的空間；最後即使如我所演出的這樣「反過來決裂而去」也無所謂，畢竟大家都是在為方法論的前景謀畫且希冀獲得接受者的認同，彼此並沒有立足點上的差異（周慶華，2021a：66～67）。

　　後者（指備有自我可稱名且對外能顯異的姿態），是說轉諸子學說為開新一事，依照前兩節所述已足夠在所屬地臺北踐履過程中先馳得點，以致稱名／顯異等萬事俱備，此刻要跟西學（既有學術）決裂自然在理論和實際上都不致有什麼難題。倘若要先找試煉對象（細舉則詳見第七章），那麼有個主體說的辨析不妨取以為見證。當代談論主體的課題，相關的見解已經分歧到令人目不暇給。首先，它可以指人在認識、判斷和意義選擇上的自主性，也可以指行為或活動的促動者或實施者。目前無異等同於西方的人文主義（Mortimer J. Adler，1986；Isaiah Berlim，1990；王一川，1988；俞建章等，1990），

但能不能如期彰顯卻還頗有疑問（Karen Armstrong，1999；周慶華，2003；曾慶豹，2004）；後者則普遍為哲學以外的學科所沿用，只是細部爭議仍然時有所聞（周慶華，2002b；2004c；2005）。其次，有關接著的主體又是誰塑造的問題，古典馬克思主義、精神分析學、新馬克思主義、結構主義和解構主義等等又各有所說。當中古典馬克思主義認為主體是社會環境建構的；精神分析學認為主體是潛在性欲結構的；新馬克思主義認為主體是意識形態形塑的；結構主義和解構主義認為主體是語言塑造的（而解構主義更進一步認為該語言是分裂性的）（譚國根，2000：1～9；周慶華，2003：177～178）。這不啻要讓主體從根本上支裂瓦解，從此不復有所謂的真實主體的美好想像。再次，哲學界對於主體的性質思考，藉它來回溯收攝前面兩種論說所涉及的功能／發生一類的問題上，也不見得有效：

就字面來說，主體一詞，英語為 subject，有「丟在下面」及「置於下面作基礎」的意思；因此跟底基及實體二詞意義相近。主體的存有學意義，跟上述意義頗為相符，指作基礎的、「負荷的」、「攜有的」實在存有物，因此本質地表示出跟主體所負荷而在主體身上的實在事物的關係……存有主體的一個特殊情形是心理主體，就是負荷它的行動的自我……這時主體概念

就跟客體概念相對立：它可以指心理物理主體，就是指由肉體及靈魂所組成的人的整體；或者可以指心理主體，就是意識到自己的自我。（Walter M. Brugger，1989：512）

這把主體區分為存有性的主體和心理性的主體（狹義的存有性的主體），看來是沒有疑問的；但仔細加以推敲，存有性的主體的存有情況事涉的究竟有多深多廣卻又得不到解答，所作的區分形同白費。事實上，這並沒有所謂固定的存有情況（周慶華，2003：6～11；2005：6～8）；只要有人賦予它一種存有形式，該存有情況就會變換一次容顏。因此，最後大概只剩那個能夠意識到自己的心理性的主體還可以稍微被確立下來。但因為有多重發生源的困擾（見前），所以這種稍微可以確立下來的自我主體又不禁要鬆動起來。而這或許就是我們藉以再向前展望的契機（也是一個好藉口），看看新諸子學還有什麼發展的餘地。從主體會被多重的變數所塑造那裏，我們應該警覺的想到未來的新諸子學不妨從中選擇來變化轉進，也許才能突破既有的格局（也就是超越前人所建立的一些「大家雖然不能細談但可能都會想到」的論述規模）。換句話說，新諸子學在所有可能的自期上照理是還難以廣涵的，只有等到這一續論出來後才有規模可說。而這可能要從下列幾方面來思考彌補：首先，新諸子學在對比他者文化系

統的差異表現，暫且如此相信後第一要追究的是「交流」（而不說幾乎不可能的「融合」）互信的問題。比如說我們傳統文化所示，因為氣化的關係，所以萬物同質（都有靈體／精氣），而人有可能見鬼神（人和鬼神的差別只在一有肉體一無肉體）。這所見於諸子書的從殷勤祭祀→親見目睹→修煉同趨等則多有載記（孫詒讓，1978；郭慶藩，1978；邢昺，1982）；而演為習俗中類如藉由施法而跟死去親友會面的觀落陰情事也時有所聞（蕭登福，1990；鮑黎明，1998；張開基，2000）。這跟西方文化中也早就流行的替人治癒腫瘤／癱瘓等痼疾的神醫（Steven R. Conklin，2004；O'MARA Foundation，2005；劉清彥譯，2001）彼此固然不可共量（一個相信「人」死「靈」還在同一個空間而可以再相逢；一個相信人可以得自「神／上帝」這一全能者的助力而能夠發揮神效，彼此很難互換），但如果各自勉為試著去鑽研對方的靈術而期許有對勘互較的一天，那麼相互隔閡、漠視、甚至壓抑排斥的舊習豈不是可以改觀了？這一點縱然未必會獲得兩種文化系統中的人普遍雅為接納，但從當今世界局勢如此的不均衡發展來看（創造觀型文化太過強霸凌越），直覺的就想到這才是改變不合理支配情勢的一種必要的嘗試（否則要靠什麼努力才有希望呢）。其次，在後現代／網路時代這一時空不斷裂變以及新的創意不斷以重組加料的方式產生等形塑出的非系統／去中心／

超鏈結思潮的衝擊下（周慶華，2003；2004a；2005
），先前的諸子學（如本脈絡所條理出來的）不無要
略作調整才能從新出發。也就是說，這裏有一個他
者所製造的陷阱，我們得小心提防無謂的掉落下去
。而這要從西方自十四世紀文藝復興開啟的人文理
性結合十六世紀基督教宗教改革出現的塵世急迫感
（新教脫離天主教教會後所強調的因信稱義觀念，
逐漸演變成要以在塵世締造財富和創造發明來榮耀
上帝或當作特能仰體上帝造人賜給他無窮潛能的旨
意而不免會躁急懾迫；尤其在資本主義和殖民主義
隨著矯為成形後，更見這種過度的煩憂）和十七世
紀的政治啟蒙運動（緣於宗教改革後許多人體認到
受造的平等性，沒有人可以獨享或多攬塵世的權益
；以致別為嚮往公平正義的社會也就成了這一波改
革運動最亮眼的表現）以及十八世紀的工業革命（
這一方面是人文理性發達後要藉發明機器來顯現人
媲美上帝造物本事的「科技理性」或「工具理性」
的乘勢伸長；一方面則是先前的塵世急迫感的另一
種基進的表現）等而形成的「現代」社會（詳見第
三章第三節）說起：西方大約到了二十世紀末（反
現代的後現代思潮流行了近五十年後）開始不斷地
呼籲靈性的復歸，以對抗因科技理性過度發展反過
來造成人性的扭曲和時代的危機。當中有這麼一段
理路：西方社會從現代起放逐造物主而追求自主性
（但總無法徹底），所藉來代替失落的終極關懷的是

哲學和科學；而哲學和科學到了為追求更大自由的
後現代也一併被放逐了，人們從此生活在一個沒有
深度且支離破碎的平面的世界中。為了避免繼續迷
失，一些有識之士已經看出必須超越（一般的）後
現代心靈而重返對造物主的信仰，才能挽回嚴重扭
曲的人性和化解塵世快速沈淪的危機（Alan Bullock
，2000；Huston Smith，2000；Ken Wilber，2000；
John Hick，2001）。這在二十一世紀前夕，整個人類
社會挾著後現代的餘威，更向一個後資訊時代挺進
。這個時代以網際網路為核心，企圖締造一個跨性
別、跨階級、跨種族、跨國家的「數位化」世界（
Nicholas Negroponte，1998；Manuel Castells，1998
；Martin Dodge 等，2005）；而把人類推向了一個新
的價值行銷的「知識經濟」世紀（Lester C. Thurow
，2000；Sandra Vandermerwe，2000；森田松太郎等
，2000）。但這種更自由化的生活形式所帶來的刺激
、快感和新浪漫情懷等，卻是以虛無主義為代價的
；所謂的超越／重返等必要抗拒的迫切性仍然存在
。而不論如何，這全是西方人的問題（非西方人原
沒有造物主的信仰，自然也就無所謂靈性的復不復
歸）；同時人類所以要面對科技遺留下來的禍害，也
是西方人稟持創造觀所一手導演促成的。因為信守
緣起觀和氣化觀的非西方社會，根本不會也無緣參
與這樣自我毀滅的行列（至於非西方社會被收編或
被強迫走上西方社會所走的道路，另當別論）。現在

西方人既然一面還在欣欣向榮的發展著科技，又一面要重揚人文理性並進而轉為神學時代對造物主的信仰臣服，顯然這是十足弔詭的事！換句話說，西方人不可能放棄現有的優勢而真正在造物主面前稱臣；他們只要有不退卻的心，隨時都可以無視於造物主的存在或乾脆就以造物主自居而繼續雄霸人間這一權力場域。因此，想要挽救日漸沈淪的世界，就得仰賴像緣起觀型文化傳統中人這樣講究「無欲」、「無我」的自證涅槃／解脫痛苦的修持和氣化觀型文化傳統中人這樣講究「保生」、「倫常」的諧和自然／綰結人情的作為等來對諍扭轉（尤其是後者特別值得倚重）。而新諸子學所無可避免要對應的兩界互動，也得深為認清這一趨勢而致力於「伺機調適」和「關連偕進」，整體上才會有遠景可以期待。再次，還有一條基進創新的道路可以另外保證新諸子學的超絕性。以目前的情況來看，新諸子學根本還沒有萌芽（更別說要超越什麼現存世學了）；但如果一起步就躍出基進的姿勢，那麼相關的世學所不能如此突破的地方就會變成需要反過來向新諸子學取鏡仿效。這一點，我們可以從已經逝世而有基進創思的鬼靈的再現神奇和隱忍不顯的神靈的重啟新思以及現實中人的勤鑄範例等兩界循環互進累現（周慶華，2020a：35～63）的期望促成來另立殊異的新諸子符號及其表義方式，以便為樹立新學張幟揚聲。雖然這並不能藉來跟第二點所要因應世局變化

而尋得活路的情況相比，但它的創新觀念總會帶來一些不同的氣象；而我們就可能因著有這種氣象的慰藉，從此多了一種美的生活。曾經有人設想過基進的黎明問題：「走出黑暗洞穴的小子們，在知識／權力的空間和探照燈束的交織網中游走、流動和戰鬥，這些也許都是一種基進的黎明。但黎明還有另一層意義：它介於黑夜和白日之間，介於黑暗的尊嚴和監視燈束交織的白日之間。基進的黎明（這是一個關鍵）並不是由黑夜中出來，取而代之地在摧毀舊的光明王國後建立起一個新的光明燈束（『新啟蒙』）王國；基進的黎明並不是一種從黑暗到光明的過渡，只有過渡性的意義」（傅大為，1991：代序5）。這所提及的基進的基進性，並非可以理足服人；倘若說基進主張的背後沒有絲毫成為「一個新的光明燈束王國」的企圖，那麼這不是過分客氣就是自欺欺人。而這引來對照此地我們所需要期待的新諸子學的基進創新，理當也會成為今後不可減卻的一種焦慮；但不試著走走看，還有什麼路可以吸引大家去闖蕩騁快？後面這些雖然不怎麼關係主體的話題延續，但它所關懷的兩界前途問題卻都是關連主體的趨向選擇的，還是可以扣緊前面的發展說（周慶華，2006a：247～254）。

　　上述是倡議諸子臺北學所屬意研討宏揚諸子學說／探究開發新學說等兩面取向中的後項可以如此擬比著展演，而它由前項所辯證關連給參鏡資源的

則又顯示諸子臺北學無論如何都無妨就此開啟學術
對決的發言位置。這自是從內隱對決先前各期諸子
學而明列轉向對決外來學術的一個繼著點眼，在自
我稱名和對外顯異上無慮能夠一次竟功。至如還有
不克盡意的，則詳見後節續為談論。

第四節　一個新的關懷點

前節所以會說「還有不克盡意」，是因為相關論述仍得補足（聚焦）一個必要的關懷點。這個關懷點帶有新許的特徵（有別於既有學術普遍不思此途或見識未透），同時也緣於前面一路談論下來已多有間為涉及而此刻方便攏來一次把它講個清楚明白。

所謂「一個新的關懷點」無他，就是藉諸子臺北學的建制來挽救現今世人所面臨的生態崩毀命運（舉世倫常失序及其能趨疲危機）。這是無以再從別處找替代的可寄予重為引路厚望所在，也是新諸子學繼以為昌皇學術的必要階段性使命自任（等世人危厄得解後是否還要有它來導引後續的經營地球，那就看屆時的所需了）。

這在所判給諸子臺北學的眾多緣起中，帶有收攝或歙合的作用，不能略去或消減絲毫。換句話說，在倡議諸子臺北學的因由裏，一個新的關懷點內建，正是在收攝或歙合「地緣學術藉以揚聲」／「臺北反轉無特色命運的契機」／「開啟學術對決的發言位置」等細支（可說是最深起因）；有了它的強為著錄，各細支的迫切性才能一起固著而有大家可許久耽戀的餘地。

至於相關的說解，則不妨從此一新關懷點所居處的文化情境談起。而為了更容易明瞭它的確可開展性，也無妨帶進本章第二節所例舉的卜筮剩餘情

節予以融合著示證。就以卜筮中的筮占為總括〔卜
占可比照著理解；另外所繁衍或繼為存在的諸如筵
籌／星占／讖書／杯珓／金錢占卦／籤詩／六壬／
奇門遁甲／太乙／測字／雜占／雞卜／虎卜／狼卜
／扶箕／茅卜／鏡聽／祝龜／羊卜／卜歲／和鵠卦
／推背圖／燒餅歌等（容肇祖，1987）也是〕：它所
體現的意蘊神態，則見於先以「筮占必有占筮者和
命筮者共同制約前後流程而自成一個徵驗結構」為
焦點化，而後結成一幅環衛著「召請神示而神給信
據」／「有靈心且能妙契」／「縮諧式倫理」等足
夠高華的圖像。裏面除了自有「神祕事計慮不為無
故」的可察覺心理趨向，當還有不易察覺的社會／
文化背景存在，以致任何一個筮占行動從物質性的
展示進入到心理／社會／文化等精神實情的演出，
而有我們據以為連帶細探深究出采的價值。此中心
理層面為近因，社會層面為中因，文化層面為遠因
。這在筮占的受制約上乃依次而漸形隱晦，但就理
解來說不妨從後者著眼而前二者則勢必會一併明朗
化。因此，這裏就從文化層面談起。通常單純的自
我抽韽具取筊策以占問只是一個動作而不帶文化性
；只有在它進入社會互動情境（有命筮者和占筮者
一起完成筮占活動）文化性才開始彰顯。如今筮占
活動開啟了，相關占理的文化性自然會跟著浮現。
這個文化性是一種集體性的精神表徵，它可以流露
在整體行為的特性上，也可以顯豁在各別行為的異

象上。前者（指整體行為的特性）無妨將它總縮為
「人類展現創發或研練的成果」(有別於純生物性的
存在)；後者（指各別行為的異象）也無妨將它權為
收攝論者所作包括終極信仰／觀念系統／規範系統
／表現系統／行動系統等五個次系統的區分（沈清
松，1986：24）。當中終極信仰是指人類對宇宙人生
究竟意義的關懷而將自己的生命所投向的最後根基
（如上帝／佛／道等）；觀念系統是指人類認識自己
和世界的方式且由此產生一認知體系和一套延續及
發展他們認知體系的方法（如哲學和科學等）；規範
系統是指人類依據他們的終極信仰和對自身及對世
界的了解而制定的一套行為尺度且比照這些尺度而
產生一套行為模式（如倫理和道德等）；表現系統是
指人類用一種感性的方式來表現他們的終極信仰／
觀念系統／規範系統等而產生了各種審美性作品（
如文學和藝術等）；行動系統是指人類對於自然和人
羣所採取的開發和管理的全套辦法（如自然技術和
管理技術等）（沈清松，1986：24～29）。依此五個
次系統的編序，終極信仰是最優位的，它塑造出了
觀念系統，而觀念系統再衍化出了規範系統；至於
表現系統和行動系統，則分別上承終極信仰／觀念
系統／規範系統等。如圖所示：

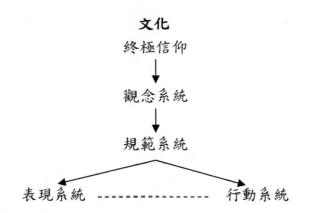

圖中表現系統和行動系統之間並無「誰承誰」的問
題；但它們可以互通，所以用虛線連接。如管理技
術所蘊涵的政治／經濟／社會等社會工程，跟文學
／藝術等表現彼此也能相涉，而有「政治藝術化」
和「文學受政治／經濟／社會影響」一類現象的存
在（周慶華，2020c：142～143）。有關文化整體的
概念是這樣；至於分殊則到了各文化次系統的據位
表列。而這不妨依觀念系統中的世界觀（終極性的
意識形態）為判別依據，讓它暫且作為制約文化生
成的深層性變項。由於它來自終極信仰的衍發且摶
造了文化大體上的特色，以致如今世界現存的創造
觀型文化／緣起觀型文化／氣化觀型文化等三大文
化體系就各自藉它來標記差異（所以不用更優位的
終極信仰為區分依據，主要是它合詞後不好稱呼以
及它已內在世界觀中而可以由世界觀「出面打理」
）。相關的理則約略是：世界觀是觀念系統的核心，

它以終極實體的信仰為前提而發展出一套認知體系；而這套認知體系在各文化傳統則有不同的體現。當中創造觀型的文化是緣於相關知識的建構（及器物的發明）根源於建構者相信宇宙萬物受造於某一主宰（神／上帝），如一神教教義的構設和古希臘時代形上學的推演以及近代西方擅長的科學研究等都是同一範疇；而緣起觀型的文化是緣於相關知識的建構根源於建構者相信宇宙萬物為因緣和合而成（洞悉因緣和合道理而不為所縛就是佛），如古印度佛教教義的構設或增飾（如今也已傳布世界五大洲）就是如此；而氣化觀型的文化是緣於相關知識的建構根源於建構者相信宇宙萬物為自然氣化而成（自然氣化就是一個天道流衍的過程），如中國傳統儒道義理的順為施設和演變（儒家注重在集體秩序的經營；道家注重在個體生命的安頓，彼此略有進路上的差別）就是如此（周慶華，2020c：149～150）。也正因為有世界觀的先行存在，相關的知識範疇才有可能成形；而所有筮占經驗要歸建為知識領域，當然也得透過或借重世界觀的深為照徹。在這種情況下，占理整體文化性的顯明化，就是筮事進入或被置於文化各次系統發揮或展現了一個正在運作或可被運作的對象。因此，有關實質內建的定位是：首先它隸屬氣化觀型文化，而同樣以「道」此一自然氣化過程或理則為終極實體的信仰；其次它一樣以「氣化觀」此一認知體系為依據且繁衍出「縮諧

式倫理」此一行為模式；再次它所選用的筮占全套辦法及其諧和自然所內蘊的「優美」感興（也包括繇辭間採用比喻／象徵技藝而帶有相同的感興在內）等，則全由道／氣化觀／縐諧式倫理一貫而下所體現的。如圖所示：

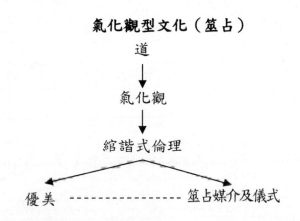

氣化觀型文化（筮占）

道

↓

氣化觀

↓

縐諧式倫理

↙　　　　　　↘

優美　------------------　筮占媒介及儀式

這所得細為說明的是：氣化觀型文化中各樣表現都信仰道此一終極實體，而道僅是精氣化生萬物的過程或理則（有別於西方創造觀型文化中那一上帝實存者）。原來天地間有駁雜的氣（就是一般的氣）和精純的氣，而精純的氣就通稱為靈體（或以神靈總提）。此靈體具有思感等能力（肉體則不具此能力）（周慶華，2020c：46～48）；而古來就把這靈體當作穿梭兩界的實存者而始終對祂有著無比的景仰〔雖然祂的源頭已無從追溯，但只要信仰祂就會再孳生或衍增「人之生，氣之聚也」或「神靈者，品物

之本也」（郭慶藩，1978：320；戴德，1988：482）一類精氣化生萬物的概念〕。由於該化生過程（其實只是入胎）無以名狀，僅當它是在自然中進行（也包括背後可能有的某些理則在內），所以道的終極實體性就因此而被賦予了。緊接著便是氣化觀此一世界觀的成形以及相關次級表現的無盡分衍等，從而將氣化觀型文化一個專屬的體系搬演完竣。當中道和氣化觀為此體系文化內各表現所共遵（體現），而筮占又再同為精演的諧諧式倫理，則是根源於它所體現「人對泛神敬仰轉求助以獲語示解困」和「人本身已有對自然人情和諧性的維持經驗」等雙重律則，這從諸子書誌例中可以全然窺得，就毋須贅敘了。比較需要分辨的是，外靈（不論是自然神靈還是人死後變成的鬼靈或是其他強甚的物靈）憑什麼能耐比人強（使得人必須訴請靈示以決疑）？這約略可以如此看待：外靈是不是能耐都比人強，這沒得比較，也說不準；但基於兩界始終處在循環互進中這個前提（周慶華，2020c：122～126），秀異者一樣是來來去去，不好忽略有稟賦特強的在靈界或在現實界，形成誰搶到先機誰就先有卓越表現的局面。不過，外靈總是佔有某些優勢，包括祂們可以知曉或探得前世今生的因緣，以及由於少了肉體的負擔而能夠較為自由且迅速移動以盡窺機密檔案，並且在結成團隊後又可以比現實中人更容易合力謀事致勝（這也包含祂們能於瞬間發動災變毀滅生靈

在內）。類似這些本事，就不是一個純聰穎問題所能涵蓋，它還有現實中人所想不透的奧祕成分（周慶華，2021b：206～214）。

　　經過文化性定位後，相關的占理不但益發了解，並且還能據為對比他系文化的同類事務。這種對比，在終極點上是為了凸顯自我所屬傳統神祕學的優著處（否則就不必這麼費事在東比西比）；而這最好取以相較的對象，自是西方創造觀型文化所見的類似作為（印度佛教發展出來的緣起觀型文化但以解脫為務而不尚占事，沒有對照點可以相比）。西方的靈占也很多樣化，包括占星／手相／靈數／塔羅牌／靈擺／卜杖／靈驗盤／水晶占卜／星座／咖啡占卜等（Dionysius，1996；Francis X. King，1996；丹尼爾，2005），相關的媒介物大多指向一個外在的神祕世界。換句話說，西方的靈占用意已不盡是為了祛疑而是要藉以探向所可冥契的靈界。該靈界乃神的國度（裏面有無窮盡的祕密），於是一切靈占也體現了創造觀型文化的上帝信仰（可以向祂呼求、籲請和懺悔等），而開啟迥然有別他方社會的純關生紀元。這個紀元從可能的測度宇宙人生秩序和法則（周慶華，2021b：23～24）轉向探究宇宙人生的運作和奧祕，終而以一個同為戡役式倫理的姿態行世。這是說西方人有造物主的信仰，所摶成的創造觀型文化既肯定上帝造物的權威又想媲美上帝而不斷走上逞能創新的道路。它在現實生活方面，誤認平

等受造意識就能以個人為社會結構基本單位且專事民主制度的營造；而在文化發展方面，也大意透過挑戰自然去窮究事物而極力昌皇科學實務。這表面上是在締造塵世的上帝國，實際上卻是政治分贓敗德和殺伐掠奪殘酷的發端（詳見第三章第三節）！我們看西方的靈占，占星一項始終在跟科學密切結合自不待言（Geoffrey Cornelius 等，2004），而靈擺／卜杖等項多被用作探勘礦源的媒介也離不開要昌皇科學實務（Candace Savage，2005；Sasha Fenton，2007）；至如手相／靈數／塔羅牌／靈應盤／水晶占卜／星座／咖啡占卜等看似只在為人決疑，其實也內蘊著大家要藉它們來寬廣視野和拓展相關事業（Freddy Sliva，2006：279～280），依然有著濃厚的嗜新色彩。因而整個西式的靈占也可以援例圖示如下：

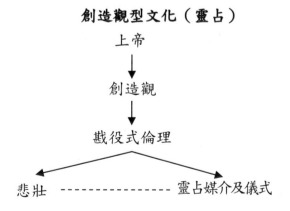

創造觀型文化（靈占）

上帝

↓

創造觀

↓

戡役式倫理

悲壯 --------------- 靈占媒介及儀式

創造觀型文化中人興作資本主義全球化所夾帶的科技濫施禍害、強權掠奪四處點燃戰火、新經濟體競出相互廝殺，以及實質造成上述的生態浩劫等，就是緣上帝信仰為比能創造而走上戡天役物（挑戰自然／媲美上帝）險徑所促成的，相關靈占的「配合」行動正好顯示它一貫的戡役式倫理（如有把靈占當成致命的武器，那也是由戡天役物觀念所伴隨或促發的）。但因為後遺症多，西方人處處自置危地所顯露的是一蹋屬身分（表面上是亟欲追比上帝而帶有崇高性，實際上則是在自我陷溺而終流於悲壯下場）。這麼一來，它就跟中國傳統的靈占「不務此道」而大相逕庭了（周慶華，2021b：214～219）。

正因為筮占／靈占都嵌入了文化的劇演中，而後者隨同西方文化卯上戡天役物而造成生態崩毀命運的行程，所以藉由體現於諸子學說中自我所屬文化傳統的復振來予以救渡也就別無更好途徑了。而有了據此所樹立的新關懷點，前面各節所出示的「地緣學術藉以揚聲」／「臺北反轉無特色命運的契機」／「開啟學術對決的發言位置」等自然就都可以獲致妥善或有效的安置，接連被包裹來明著撐起所以要倡議諸子臺北學的緣由。

第五章 諸子臺北學的規模方向

第一節 方法論的趨時展演

衡鑑了諸子學在當今開展的需求，也透理框限了倡議諸子臺北學的緣起，再來就得給後續的衍展規模可行的方向。這是理論轉向實務必要的邏輯要求，也是論說自我承擔以別他的一大節點（過了這個節點想顯別他處就難了），無論如何都要讓它有清晰的輪廓可被捉摸參鏡。而這依所據理訂題〈諸子臺北學的規模方向〉，則方便以「方法論的趨時展演」／「跨科論述的全程性控勒」／「發展對治全球化的新話語」／「以新文化批判落實終極性的臺北觀點」等幾個特為攸關的層面來述說交代。現在就依序先談「方法論的趨時展演」層面。

前面說過「重光諸子學只因前出諸子學有可戒惕疏漏和借鑑出新等，而今後所繼起諸子學則能賴更精審實效的方法論引路，相關的開展性自是毋庸置疑」（詳見第一章第二節），這在自我內具理路上，有關應備的方法論範式，則涉及「『從寓新方法提供於對決舊方法→新方法的前提→新方法的體質性健全要求→新方法的理論建構向度』此一可窺伸展進程結構的完整形態」（詳見第一章第二節）。因此，規模諸子臺北學所該首出的方法論，在趨時展演上自然就得有此一結構形態為依據。

　　所謂趨時展演，是指向前推衍而不再依違於舊
方法的內建中（如前四期所採行的那些方法）。它所
必要「從寓新方法提供於對決舊方法」一義（趨時
性最先定調），則得在深入的方法論思辨中完成。方
法論中的方法，如果不依理論的可任意設說而從實
踐的結果角度來看，它已具有本體論和認識論上的
意涵，而為可分辨的一種學問的標記（出了這個範
圍，它要違常從新賦義或重立準據，也可以放行，
只是得另起論域）。一般所謂本體論中的「本體」，
是指終極的存在，也就是表示事物內部根本屬性、
質的規定性和本源，而跟依感覺所呈現形式為我們
所認識的「現象」相對（Walter M. Brugger 編著，
1989：63；王岳川，1994：7）。而就人來說，能夠
有效的迎接因應世上的事物，自然在範限上就可以
將它當作人的一種本質；這種本質，體現為經驗面
是有所顯示解決或處理問題（偶爾還會兼及器物利
用）的程序或手段的（張家銘，1987：115；何秀煌，
1988：25；林品章，2008：14～17）。因此，方法在
不顯嚴格或強力自覺的後設性上，它就是人的生活
方式（所有的應世策略都帶有方法性）；以致方法也
得在這個層次上認可它的本體性意涵，從此跟大家
所熟知的認識性意涵有所區隔。此外，方法的本體
性會從「直覺反應」的體現中轉為具認識價值的「後
設察覺」異能，這是人的理智所獨顯的（其他動物
就沒有這種後設思辨能力）。由於方法有從本體論過

渡到認識論的轉趨深化現象，所以它的可談性也就
隨著升高，終而得以此一面向來定調（這並不否定
方法原有較素樸的本體論意涵，卻會更重視方法昇
華後較複雜的認識論意涵）。也因為方法已從本體論
上的意涵演變到認識論上的意涵，當中所見觀念的
轉折本身自有相關因素在促成，致使還能藉機再發
揮讓它更強後設性格的邊際效益。所謂「讓它更強
後設性格」，是指方法既然升進到了認識論的層次，
那麼它的被擇用就得有更多的察覺在裏面，才能足
夠成立方法論的知識。而這在我個人所發掘的，約
略有權力欲望的發用、意識形態的介入、文化理想
的支持和科際整合的趨向等幾大變項在制約著方法
的產出及其實踐流程（而不可能有一般人所想當然
耳的中性客觀義）。上述這一識見，已經不是坊間所
流行僅知談論方法的取捨、整理和運用資料等功用
卻又不辨方法如何可能的著作（Anselam Strauss 等，
2001；Allen Rubin 等，2003；Earl Babbie，2004；
周文欽，2002；席汝楫，2003；葉乃嘉，2006）所
能相比。它的可作為此後一切方法論的準的，應當
無可置疑。而這在本脈絡，自是要以它為取義依據。
也就是說，諸子學說是中國傳統氣化觀型文化所體
現的學術形態，現在也以它新衍作為上述方法論中
的方法，正可藉以當作今人所不能而造成舉世倫常
失序及其能趨疲危機的救助途徑；而它一旦隨著論
述啟動了，背後自然少不了有我如上所列各機制在

起作用。此中只有相互主觀性可以期許（但願有相似經驗或相同背景的人來認同），而不會妄想能卯上什麼絕對客觀性（周慶華，2021a：13～14）。

　　這所關係方法的產出及其實踐流程，詳細的說則是：在心理學上有所謂「防衛機制」（簡稱機制），特指人在應付挫折時為防止或減低焦慮所使用的各種調適方式（Joseph Rosner，1988：80～82）。而它轉用在其他學術上，則代表一種驅動力，由相關的生理或心理或社會或文化機能所制約（周慶華，2000：7～8）。前面所羅列權力欲望的發用／意識形態的介入／文化理想的支持／科際整合的趨向等變項，就是全收攝在一個簡稱的機制名下，而聯合或各自擇取方法對象去運作。當中權力欲望的發用是最終極的驅力形式，它跟其他時刻人要藉權力的追逐來確保自己生活無虞的情況是一致的（John Biggs等，2000：51～54）。換句話說，權力欲望除了是人在社會中求生存所不得不然的以外，它還可以有許多的附加價值，包括導致物質需求和精神需求的滿足（前者如獲得財富和地位等；後者如獲得尊嚴和名譽等）以及帶給某些性格特殊者一種心理補償（如有自卑感的人，擁有權力會使他孳生優越感；又如缺乏安全感的人，擁有權力等於獲得一副安慰劑）等（Steven Lukes，2006；Sharon Zukin，2010；劉軍寧，1992；周慶華，2005）；而最重要的是它體現為亟想對別人產生一種影響或支配力量，從而極大

化個別人在世所能晉昇謀取利益／樹立權威／行使教化等一體成形的無上境地（周慶華，2012b；2017；2020c）。也因此，方法的擇用本身就不可能有什麼客觀性或必然性；它完全隨權力欲望的易動而轉移向度（我作為一個論述者，自然也毋須諱言這一點）。至於意識形態的介入、文化理想的支持和科際整合的趨向等，則可以單獨或一起跟權力欲望合力出擊而顯現一種特別可觀的典範性方法運作形式。此中意識形態，是指一套思想體系或觀念體系，用意在解釋世界並改造世界（Jean Servier，1989；David McLellan，1991；Andrew Vincent，1999）。凡是能夠展現出來具特徵性的方法擇用，無不徵候著一種或多種意識形態；而這又都以權力欲望為終極的保證（意識形態關係具特徵性方法擇用的內容；權力欲望乃促使該內容實現的最終決定者）。至如文化理想的支持和科際整合的趨向兩項則屬附加性的，它們是為可以接受和常保新穎而特別計慮的（暗中仍由權力欲望在終極上起作用）。也就是說，一種（套）精密方法的擇用成功，可以在某些層面上更新文化的視野，而使得文化的創發力被激勵成為可能；同時單一方法的擇用不足以新穎他人耳目時，也得改採跨域多重的方法擇用策略（而這已經是現代社會盛行的風氣），以便展演特能創新未來和遂行權力欲望等雙重處度（周慶華，2021a：14～16）。這是諸子臺北學方法論範式開展的起階：凡是有所新啟論

域的，都不免要在類此一番方法論思辨後取則而跟未經相同程序的舊方法運用有所決裂。

　　諸子學說作為中國傳統氣化觀型文化所體現的學術形態，可以新衍為「藉以當作今人所不能而造成舉世倫常失序及其能趨疲危機的救助途徑」此一「上述方法論中的方法」，它的虛中性還得有致實物來予以填充。這個致實物，就是前引新方法的前提／新方法的體質性健全要求／新方法的理論建構向度等系列後續論述要給出的。首先，在新方法的前提部分，這是諸子臺北學方法論範式開展的前階，所得接著提供的是有關新方法究竟緣何成立的前提一欄。先前對決舊方法只因有新方法可採擇，此刻則要交代所採擇的新方法到底有什麼前提可以保證它的必要性。這得先解決一個曾經甚囂塵上的「反對方法」說所可能反過來威脅新方法採擇倡議的正當性問題。那是起自上個世紀後半葉科學哲學界一名獨行俠的發起（Paul Feyerabend，1996）而深帶衝擊性的反理性思潮；它的方法無政府主義觀本有呼應「以解構為創新」一類的後現代宣言，但論者卻也不知道那已落入自我設好的陷阱：也就是方法無政府主義所肯認「怎樣都行」本身就在方法論自覺的範疇，他所要挑戰的對象恰巧是自己。換句話說，「怎樣都行」也是一種方法（比較素樸而已），有這類主張的無從據為反對他人正在援用的方法。明白這一點後，我所議論的新方法也就毋須懷疑它的存

在性；而追問該新方法的前提如何，自是更屬不可或缺的事了。這不可或缺的事，在論序上其實已經提點過了（就是上面所說的權力欲望的發用／意識形態的介入／文化理想的支持／科際整合的趨向等併連性的驅動力），此地要從新把它歸結為「權力欲望／文化理想領航且間雜意識形態／科際整合強化」這一可規約化的內外在機制規模（前面多次提及此內外機制而不及後二者，乃因為它們是間雜的關係），以便保障新方法的無可替代性。也就是說，新方法的前提實為該內外在機制的完形化；而它一旦出場或形現了，就不可能隨便被易動汰換（無論如何都得執行到底）。其次，在新方法的體質性健全要求部分，這是諸子臺北學方法論範式開展的後階，所得繼續提供的是有關新方法本身不能短少的強韌生命力。新方法縱然具備了由權力欲望／文化理想領航且間雜意識形態／科際整合強化的前提，但在實質運作上還得有健全的體質（以顯現它可左衝右突或基進拓廣的生命韌性）始能起跑衝刺無礙。而這則包括概念設定／命題建立／命題演繹一類邏輯結構的完密化（詳見第一章第三節）、認取性知識／規範性知識／賞鑑性知識一類經驗對象的清晰化（詳見第三章第二節）和創造觀型文化／氣化觀型文化／緣起觀型文化一類文化判別的有效化（詳見第四章第四節）等條件加被，整個新方法才能徹底有別於舊方法的泛泛性而可以高格應用於諸子臺北

學的內化奠基及其疆域開闢等工作演練。倘若說新方法的前提可為隱性存在(意識而不必明列),那麼新方法的體質性健全要求就不得不全為顯性存在(才有被檢證信賴的可能),這樣它的諸子臺北學方法論範式開展的後階性自有「又推進了一層」的功效。再次,在新方法的理論建構向度部分,這是諸子臺北學方法論範式開展的終階,所得總縮提供的是有關新方法在具體操作上的完形化程序。由於理論建構講究的是創新(從概念的設定開始,經過命題的建立到命題的演繹及其相關條件的搭配等歷程而完成一套具體系且有創意的論說)(周慶華,2004b:329〜334),以致它所該配置的就有問題意識(所探討的問題憑什麼可以成立)、方法意識(得採用那些可靠的方法)和價值意識(研究成果如何廣為發揮作用)等環衛部件,在終極點上才能保證諸子臺北學方法論範式的確有範式性(而不是虛有其表或僅夠備參而已)。當中方法意識一節,所要採用的方法則以能製造差異為至高效率所在。至於製造差異,則有水平思考法或逆向思考法可以參鏡,所印證於現實試煉的案例也多有所見(詳見第一章第三節);今後敢膽大逕付踐履便能感受而毋須在此地繁為絮叨了(周慶華,2021a:71〜73)。

　　經過上述相關方法論的思辨,諸子臺北學所要擇用的方法也就有準則可從,而它所不再依違於舊方法的內建中一事自此也才知道怎麼突破(趨時性

至此底定）。換句話說，有了新方法的前提／新方法的體質性健全要求／新方法的理論建構向度等條件備列，不僅已經大棄舊方法於不顧，而且還能自我尋隙極力於發展無礙，致使諸子臺北學得有此一自鑄方法論範式內蘊而以新面貌垂示見效。至於趨時性本身還可以展現另一「與時俱進」義（後方法論兼顧），則得等後節談論科際整合時一併述及。

第二節　跨科論述的全程性控勒

　　方法論的趨時展演給諸子臺北學的規模方向立一定例，所在意的「一種精密方法的擇用成功，可以在某些層面上更新文化的視野，而使得文化的創發力被激勵成為可能；同時單一方法的擇用不足以新穎他人耳目時，也得改採跨域多重的方法擇用策略，以便展演特能創新未來和遂行權力欲望等雙重慮度」（詳見前節），一半已於前節相關的思辨中顯豁了；另一半則要等方法論的體現為與時俱進義時示竣。這所得跨域多重的方法擇用策略，就是現代社會流行的產製新學作法（只是跨域的方式及其目的預設可以互別苗頭），而在實踐上乃以跨科論述呈現。因此，諸子臺北學的規模方向就可（要）以類似的跨科論述為另一定例。而緣於這一跨科論述有貫穿全程以顯異的需求（僅體現於部分恐難以別他），以致就有此「跨科論述的全程性控勒」的標訂來試以論列。

　　所謂跨科論述，較有邏輯性意涵的說法是「科際整合」（著重在整合而非無機的跨科）。依前節所論，科際整合的趨向是同為制約方法產出及其實踐流程的變項之一，雖然表面上它比起權力欲望的發用／意識形態的介入來說例屬附加性（跟文化理想的支持同列），但實際上（同列的）文化理想的支持在自覺情況下逕為從附加性升格變成跟權力欲望的

發用強力合謀而決定一切作為的進趨（一如前節所指出的位居領航地位），而意識形態的介入也早有所選定內著於範式中，所剩科際整合的趨向此一在出論上最可見真章的變項（論說更新就靠它在質方面取勝）。這在本脈絡限義式的實踐上，是指有關諸子臺北學的種種從營造到更新（甚至再更新）等，每一關都得透過具新意的科際整合程序才能達陣（倘若是胡亂整合學科而不具新意，那麼它只會徒留笑柄而無助於理論的建立）。而這具新意的科際整合，乃在備有共同的設定／共同的構造／共同的程序／共同的語言等條件下（殷海光，1989：325～327）而將相關學科有機的整敕合夥來處理或解決問題。如圖所示：

新學科

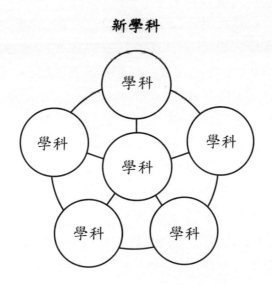

將相關學科整敕合夥來處理或解決問題後已自成一新學科（不是任何一個舊學科所能範圍）。這新學科因擁有各學科的成分而在相對上至少能展現一定繁複式的新意；如果所選擇來整合的學科本身再帶有前瞻性，那麼該新意又會更添姿采（周慶華，2021a：116）。

　　既然相關方法論的範式開展規模已具（詳見前節），那麼作為此中論述者所該急迫於再意示諸子臺北學實踐境況的自然得在這科際整合的必要舉隅上（以此為諸子臺北學的規模方向另一定例）。這在形式上，先前已明示過自以不取舊方法範式而優先呼應「寓新方法提供於對決舊方法」一理，緊接著則嘗試建立新範式自行摶造取精用宏式說帖而相契「新方法的前提→新方法的體質性健全要求／新方法的理論建構向度」等套裝的鋪展，最終乃從「新方法的理論建構向度」中尤為搶眼的價值意識一題出發據為批判西式文化無理凌駕遺禍以取得自我推廣的正當性（詳見前節）；而在實質上，也已有我個人所從事的部分論題展衍及其試為強化功能的提議（周慶華，2020b；2020d；2021a），此隅可舉為證明諸子臺北學方法論實踐沒有任何障礙，大家儘管汲取推擴而再驗成效。

　　為了讓這一實踐舉隅的舉隅性能夠自成一種堅實或優質的典範，此地試著另外給予配件附著圖示式的說明，以便顯明諸子臺北學的方法論實踐可以

別有點滴功勞（也就是不僅如上所舉述那樣大致在舉舉大者示現階段）。整體情況如下：

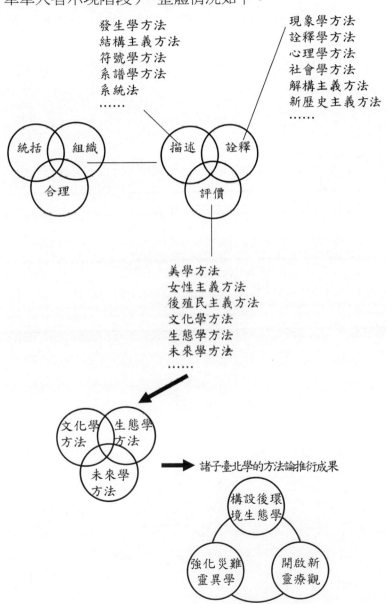

諸子臺北學經由統括／組織／合理等要素的構作（詳見第一章第二節），已在邏輯上成一交集形態（也就是統括所釐定適用性廣的理論架構和組織以具深度的解釋力來系統綰結相關經驗以及合理在設法為該解釋找尋高度可信的前提等，都圍繞著一個制式學科的規律在運作或相互以對方為憑藉迴環在表出）。而當中直接跟方法選擇有關的是組織部分，因此由它出線連向描述／詮釋／評價集結的區域。這是方法所起作用的三種方式：描述是在再現或建構知識對象；而詮釋和評價則分別是在詮釋解繹知識對象和評估判定知識對象，三者合而成了我們所能抽離辨別方法策略的極致。雖然如此，描述／詮釋／評價在表面上的各自運作看來似乎不必相互遷就，其實內裏卻有著不可截然劃分開來的隱質在〔也就是要詮釋就得先有對象的設定（或明或暗的涉及描述），而所據為詮釋的前提又不能不蘊涵某些價值觀（評價）；至於評價本身更得在描述和詮釋的基礎上進行（沒有不經對象的設定及其相關的解析就可以憑空進行價值的評估或判定），從而造成描述／詮釋／評價等策略概念彼此要有相當程度的交集〕。此外，方法在第二級次上可以有不同的描述法／詮釋法／評價法等，而形成一個顯式（隱式的會有交集）性質分立的方法大觀圖。而從此一大觀圖再精選迥異於故舊的文化學方法／生態學方法／未來學方法等而來演實和展衍諸子臺北學的論題（這三種方法

分別擔負著對諸子臺北學文化背景的掀揭以及標明它所要對治的生態災難和可許以未來倫常從新秩序化的景觀等任務，並且緣於彼此具有導正時代失格的理想性而交集在一起）。合著總現一種細密的思慮及其策略發用模式，而可為繼起者從事領航式研究的最佳借鏡。這是諸子臺北學的方法論實踐在我個人所經驗的理論性說明（具體情況請參見上面所提書中的論述），應該可以稱得上足夠典範了（周慶華，2021a：75～76）。

　　前圖中最末一環「諸子臺北學的方法論推衍成果」，正是要在此處有所推衍於現今後全球化時代後見效；而它則是經由方法論所選定文化學方法／生態學方法／未來學方法等合為謀略始能完成（其他相關論說非如此裁決的自屬舊式策略而無甚可觀）。當中文化學方法是評估人事物所具有文化特徵（價值）的方法（周慶華，2004b：120～131）；生態學方法是探討生物和外部環境相互關係的方法（王海山主編，1998：83～84）；未來學方法是推測未來發展趨向的方法（Wendell Bell，2004）。它們所要演實和展衍諸子臺北學的論題，在總攝上「這三種方法分別擔負著對諸子臺北學文化背景的掀揭以及標明它所要對治的生態災難和可許以未來倫常從新秩序化的景觀等任務，並且緣於彼此具有導正時代失格的理想性而交集在一起」（詳上）；至於具體的運作，則由文化學方法提領而後將生態學方法和未來

學方法融合致力於演展攸關後全球化時代所得集體
共營的良善情境,包括構設後環境生態學／強化災
難靈異學／開啟新靈療觀等綜出可蘄嚮的遠景(跨
科論述在此顯現)。所謂構設後環境生態學,是指現
行的環境生態學,大多是為了因應臭氧層破洞、溫
室效應、酸雨危害、熱帶雨林減少、土地沙漠化、
野生動物瀕臨絕種、海洋汙染和有害廢棄物等問題
(Susan Buckingham 等,2010;Bill Mckibben,2011
;Naomi Oreskes 等,2016),但實質成效卻極有限
。這癥結乃在西方資本主義所帶動的全球化,迫使
舉世參與耗用資源所造成的;大家不反資本主義,
就拯救不了地球。因此,新的解決途徑,就在從恐
懼全球化出發,徹底反資本主義,並使相關議題推
進到後環境生態學的層次。所謂強化災難靈異學,
是指有關災難的界定,常被自然化或物理化,而忽
略它跟靈界的連結而不為無意性。災難的種類多,
乃是為平衡生態所採取的手段不同,人間儼然是靈
界的試煉場域。在這個場域裏,死亡成了災難最深
的見證;而當中又有慢速死亡的潛在性災難在拖長
試煉,更具警惕意味。但一般的解釋都僅止於人謀
不臧或神鬼作怪,殊不知它是靈界為回歸秩序化所
作的調整;災難種類多及死亡多樣化,所代表的是
靈界的對策多管齊下,為的是因應靈界分項負責者
的不同能耐。於是循著災難必現靈異的理路,可以
構設出一套災難靈異學。所謂開啟新靈療觀,是指

舊靈療以撫慰受傷殘的靈體和協商索討者去執或力勸當事人對外靈的寬恕，效果普通、甚至鮮見真正的療癒案例。它除了不懂靈靈互涉或互楨的輪迴潛因，而且還低估了靈體互有質差的重要性，以致經常事倍功半。如今倘若大家覺得靈療還是有存在的空間，那麼它勢必是啟靈式的，以強化靈體對相敬兩安／無求自高／修養護體／練才全身等策略的深切體認，才有辦法逐漸扭轉他者靈療為自我靈療，而取得雖然弱勢卻是強者的存在優勢；進而以此新靈療觀開啟緩和輪迴壓力和特能因應能趨疲危機的稀罕新境地（周慶華，2021a：77～78）。

　　上述綜出可蘄嚮的遠景締造，諸子臺北學的實踐可以總綰疏通此一使命。也就是在逆反全球化（徹底反資本主義）上現今所見同類型作為如原始主義（返回未有全球化時代）、社會改良主義（主張在發達國家和發展中國家間建立一種平等互利的關係）、民族主義（反對西方文化的入侵和普遍化擴張等）、原教旨主義（想透過自己所認同價值觀的普遍化擴張來對抗西方價值觀的普遍化擴張）和馬克思主義（要打破資本主義一統天下的局面）等所不克完成的偉業（詳見第三章第三節），一旦由諸子臺北學的實踐介入就必定會轉致效率，從而穩著調整步伐前進，向無止盡耗用資源的慣習告別，而讓整體生態環境可以得著十足的休養生息。至於許以災難靈異學的形成和崇尚自我靈療的觀念體現等，也因為

有前者的能廣為竟功，所以它們隨順而來相互砥礪或齊諧並進的加乘作用自當不會缺乏，一起為救助世界沈淪的神聖性樹立最佳型範（周慶華，2021a：79）。

顯然有這一最新跨科論述且予以全程性控勒（控制緊勒），諸子臺北學在研討宏揚諸子學說／探究開發新學說（詳見第三章第四節）上才能知所取捨或依軸定標。因此，以它為相關規模方向的另一定例，可說是實至名歸。

第三節　發展對治全球化的新話語

「方法論的趨時展演」／「跨科論述的全程性控勒」等所著重的是策略面，在它有所定奪後就是相關實踐面的開展計議。而這首先以「發展對治全球化的新話語」為切要（其次則是後節所要具現的「以新文化批判落實終極性的臺北觀點」），且在理論上併列為諸子臺北學的規模方向之一。本節以它訂題，所論將在發展相關新話語的可取則上顯義。

大體上，對治全球化就是為了反全球化（對治一詞的意義在此）。如今全球化正在風行而世人普遍期待它更實在的時刻，要反全球化且能看到具體的效應，顯然有如蚍蜉撼樹，絲毫也起不了什麼震盪的作用。但反全球化這條路又不能不走，因為由西方世界所主導推動的全球化（詳見第三章第三節），已經過度耗用地球有限資源而造成不可再生能量即將到達飽和的險境（能趨疲），不反全球化人類就會淪落集體滅絕的下場！大家知道，全球化表面的榮景，始終掩蓋不了赤裸裸的資源爭奪戰和許多貪得無厭的嘴臉在吃定這個早已千瘡百孔的地球。有人就曾經描寫過這一幕景象：

在那些所謂新自由主義的國家裏，比方說英國，法律並沒有明確規定資方該怎麼通知員工「他被裁員了」。於是倫敦一家保險公司，只用手

機簡訊就叫員工滾蛋。另一家公司更有創意，而且還效率卓著：他們乾脆啟動警報系統佯稱火警。驚慌失措的員工全數自動離開座位，聚集在辦公大樓前。接著奇妙的事發生了，所有被裁員工的晶片都失效了，再也不得其門而入。另外，美國一家投資銀行也很妙，他們在旗下的倫敦分行舉辦了一次樂透抽獎，抽到「0」的人就必須自動離職。（Alexander von Schönburg，2008：21）

這還只是系統內部的社會達爾文主義式的殺伐。倘若再擴及西方跨國企業的四處掠奪，那麼留給當地社會的豈止是一樁血淋淋的創傷可以道盡！上引書裏還著錄了一個現象：「伊利諾州那個『幸運』的三十七歲廚師，贏得樂透彩三百六十萬美金，不到幾天就心臟病發，一命嗚呼了，據說是因為受不了得獎的壓力！另一位曾在德國被大肆報導過的『樂透先生』，也在贏得三百九十萬馬克樂透彩後，從只喝得起廉價啤酒的失業貧民，搖身變成穿金戴銀、皮草加身的大富豪。夜夜笙歌、酒色才氣的結果，五年後他掛了。」（Alexander von Schönburg，2008：78）這看來好像僅是個案（不足論），其實背後的邏輯卻是世人都被鼓舞了向錢看的熱情，而由那些少數的幸運兒代為演出猙獰吃相的戲碼！全球化就儘讓我們看到這些不知伊於胡底的難堪境況，沒有了

明天美好的盤算，也沒有可以深所寄望的未來。此外，全球暖化警示升高／生態嚴重失衡／環境破壞日劇／核武擴張無時或已等（Zygmunt Bauman，2018；Michael O'Sullivan，2020；Pierre-Antoing Donnet，2021），更讓人無從看好全球化有辦法反過身拯救自己所惹來的危殆！因此，反全球化就是最新的濟世策略，也是還想活命的人勢必要一起承擔的重負。

　　換個角度看，現代大家所說的全球化，是一個概括性稱呼，如前所述專指全球性的人口／金融／資訊科技／商品等的流動現象（詳見第三章第三節）；而它所不能盛稱全實的虛張處，則是還有近三分之一甚至半數個世界尚未在這波富裕經濟的霑溉中（Tohn Schirato 等，2009；Pankaj Ghemawat，2009）。這也就是全球化論述和反對論述的決戰點所在。此外，全球化的推手非西方霸權莫屬，其他社會只是被帶動而無力自主；以致反全球化論述更有藉口據以對抗全球化論述，而造成彼此不斷地駁火交戰。不論如何，由西方霸權所推動的民主政治／自由貿易／知識經濟／社會福利等文化全面性亟欲同化的事實，已經有一股不可抗拒的全球化氛圍，而不得不承認世界正在進行一體化的新構成。這種構成因為有「強迫中獎」和「劇力威脅」成分，所以全球化連帶的也會遭受引致負面效應的指控。換句話說，全球化有史以來就毀譽參半，而我們以功過兩

面性來看待它,至少是一個後設檢視的必要的起點
。據考察,有關全球化的論辯,約可分成三個陣營
:第一是超全球化論者,宣稱民族國家已經過時;
第二是懷疑論者,認為全球化根本是一個迷思,隱
瞞了國際經濟逐漸分割為三大區域集團的現實狀況
,而集團中的政府仍頗具影響力;第三是轉型論者
,肯定當代的全球化模式是前所未有的,國家和社
會處於鉅變中,使得世界的連結更為緊密,但也呈
現高度不確定,國家和社會都得嘗試適應這個世界
(Alex Callinicos,2007:22〜23)。此外,還有人主
張全球化是一個複雜的、多面向的過程,而不是以
經濟為主。他們認為全球化應該被概念化為一個過
程,而社會關係和往來的空間組織可以在這個過程
中獲得轉型,形成跨洲或區域間的流動,以及行動
、互動和權力行使的網絡。因此,全球化應該被視
為一個跨歷史的現象,從前現代時期至今日而呈現
出各種不同的歷史形式(Alex Callinicos,2007:23
)。可見全球化這個現象,有人褒,有人貶,有人深
入看待,有人從新規範,幾乎是莫衷一是!在這種
情況下,又要如何進行一種功過的評估?但也不然
!全球化的論述也跟其他的論述(如現代化/後現
代性/後資訊社會等論述)一樣,都緣於特定目的
而可能的,大家各有所見所體現的是框限全球化的
現實必然需求,而跟有否客觀存在的全球化現象無
關。因此,當我們說要把全球化的功過帶出來檢討

時，所意謂的並不是全球化正是如此，而是希望它
如此。而這跟前面所點出的「已經有一股不可抗拒
的全球化氛圍，而不得不承認世界正在進行一體化
的新構成」會形成一種隱性的詭論，只能期待有相
同背景或相似經驗者的認同，而無法必定如此以為
接受嚴格邏輯的考驗。那麼全球化可以判定的功過
又是怎樣的？這點如果順著全球化既存事實的脈絡
來說，它的功部分很容易被視為能夠更方便連結不
同社會中的人事物：「今天這個全球化時代則植基於
大幅滑落的電信成本之上，拜微晶片、人造衛星、
光纖及網際網路發明之賜。這些新科技意味著開發
中國家並不僅是把原料輸往西方，換回成品；它們
意味著開發中國家同樣也可以成為一流的生產者。
這些科技還可以讓企業找到它們所需的不同零件、
在不同國家從事研究及行銷，但仍能透過電腦和電
傳視訊會議緊密的結合在一起，好像大家都同在一
個地方做事一樣。此外，由於電腦和廉價電信的結
合，人們現在已經能夠在全球各地提供並交換勞務
（從醫療建議到軟體撰寫到資料處理），這些都是過
去絕對做不到的」（Thomas L. Friedman，2006：9）
；而它的過部分也很容易被當作因不均衡發展而造
成利益無法共享：「由於全球人口絕大多數都被排除
於全球化所帶來的好處之外，因此它造就的是一種
深刻的分歧，且逐漸地會帶來劇烈的互競過程。全
球化的不對稱發展使得全球化所帶來的絕非是能夠

讓全球利益均霑的普同過程」（David Held 等，2005
：5～6），但這種衡量標準是有問題的。也就是它在
先天上已經肯定了全球化，才會以全球化所達到的
程度和未竟的志業為考察點而得出功過的結論，這
顯然是一個不太妙的循環論證。因為我們可以問「
為什麼非要全球化」？這樣上述的論證就無緣回答
了。判定全球化的功過既然不合以全球化本身為根
據，那麼它還可以取來對勘的系絡大概就是世界的
改變狀況。全球化的深化讓非西方社會中人看清了
西方霸權的不懈怠殖民或征服的本質，永遠不會放
棄它們支配世界的普同幻想。在這一點上，它的功
在於啟發了世人或迎或拒來解決自我的存活問題。
但也因為有相當多人加入了全球化的行列，導致耗
能太快而造成資源日漸枯竭、生態大為失衡、環境
急遽破壞和核武恐怖威脅等後遺症，使得世界快速
沉淪而惡過百出。可見全球化讓人認清了自己無力
挺住的事實，也連帶的傷害了一個原本有元氣的地
球（周慶華，2010：7～9）。

　　當全球化逐漸擴大規模而所給人領悟到西方霸
權侵略企圖的刺激後，就應該採取抵制的行動，才
能顯現全球化真正的功（促使大家意識到該反侵略
），但為什麼大家反而都快要全部順服了？這當中的
關鍵，則是西方霸權太強和征服手段無所不用其極
而讓人難以抗衡。前者（指太強），它從早期以船堅
炮利不斷轟開非西方國家的大門開始，一直到晚期

挾著強大的政經科技力量像水銀瀉地般的深入非西
方國家的每一個角落，都顯出無人可擋的態勢；而
後者（指征服手段無所不用其極），則以它普同化世
界的幻想透過觀念／制度／器物等的全面性灌輸和推
銷，而取得勢如破竹且自我合理化的高度成效。而
面對這種局勢，不願挨打或被孤立的非西方社會中
人，只好委屈求全的迎上前去，一起走向世界一體
化且難辨前途的不歸路。現在有些非西方國家乘勢
隨著崛起了，西方霸權理當高興才對（因為推動全
球化有成），但它們卻又憂心忡忡起來，倏地讓人有
「其實它們並不希望別人比自己強盛」的錯愕感！
所謂「全球化進入下一階段，快速成長的新興國家
和能源輸出國不斷地挑戰西方，獨裁統治國家，如
中國和俄國不斷累積財富，並擁有權力，進而改變
了國際上的遊戲規則。它們侵略性地爭取日漸稀少
的資源，經濟和社會改變也危害著政治穩定性」（
Henrik Müller，2009：5），這不就是那些得了便宜又
賣乖者的矛盾論調嗎？因此，全球化又激勵了我們
去認清只准西方霸權征服而不准非西方國家反征服
的潛藏事實。更要不得的是，有些恐中論正在混淆
視聽：「2001 年 5 月，就在加入『世界貿易組織』（
WTO）之前，中國問我們：『全球化就是美國化嗎？
』我們的回答是：『不是，世界正在改變美國，遠比
美國改變世界的幅度來得大。』今日已沒有人在問
這個問題。不論我們置身何處，最顯著的目光焦點

都不是美國，而是中國，有如室中的大象。『中國何時會趕上美國？中國會奪走我們的工作嗎？我們的孩子應該學習中文嗎？』世界各地都在問這些問題。」（John Naisbitt 等，2009：181）這明眼人一看，就知道是不負責任的說法。先不提中國崛起榮景不可能維持太久（目前它的生產毛額遠不及美國，根本不值人家一哂；爾後如果生產力再上升而威脅到西方國家的存在優勢時，西方霸權一定會介入干涉，不會給它反傾銷的機會）（Juan P. Cardenal 等，2013；Gideon Rachman，2017；何清漣等，2017），就提中國的耗能現象，倘若西方霸權不刺激它生產和不購買它的產品，它有什麼理由這麼拚命在參與消耗資源的行列？而當它一旦被鼓勵起興作的熱情了，西方霸權卻又要數落它太過張揚，試問這是什麼道理？站在全人類未來福祉的立場，勢必要反全球化。這種反，一方面是針對西方霸權在全球化上的積極推動；一方面則是針對非西方社會的盲目曲從（或有意的隨波逐流）。前者，也許會有類似「有些論者指出，今日的帝國主義是以一種嶄新的模式出現，因為正統帝國已經被多邊控制和監督的全新機制所取代，例如頂尖工業強權的七大工業國以及世界銀行均在此列。也正因為這樣的情況，許多馬克思主義者認為當前的新時代並無法以全球化的語彙加以描述，反而是一種西方帝國主義的新樣態，並受到世界主要資本主義國家的金融資本的需求

和要求所主宰」（David Held 等，2005：11）這一說法而直斥全球化的非俱在性，但「無法以全球化的語彙加以描述」仍改變不了西方霸權在導引世界走向上的強主地位（更何況它也承認了那是西方霸權的新演出），所以要反的對象並不會有虛擬的問題；而後者，原有自己的生活方式，千不該萬不該這樣隨人起舞到幾近瘋狂的地步，以致反它的跟進行為也正當其時。當然，這種反跟時下所見大多源自西方社會內部反全球化的異質聲音並不盡相同，它所要破斥的是一個根源性的關於塵世急迫感的迷思。如今我們會看到這類反全球化的呼聲：「班揚和唐克利認為，儘管全球化不是一個新的現象，但它在當代世界中表現出來的幾種形式，在質和量方面都和過去有鮮明的差異。這些形式中包括一般常被人指出，例如科技導致時間和空間的壓縮；人權、民主和跨文化認知等概念的擴散；西方資本主義進入一個全新而貪婪的階段；美國化文化的強勢壓境；電子帝國主義；資訊的所有權、生產和取得的不平等；全球媒體生產和傳遞的所有權集中在少數企業（多為美國企業）手上。」（Tony Schirato 等，2009：11～12）而相仿的論調也曾被以標題的形式歸結為：

「世界並不是一個商品」、「全球化現象是世界的公敵」、「世界是不可出售的」、「打倒全球獨

裁經濟」、「對民主和自由的威脅」、「社會末日
」、「不平等統治」、「環保浩劫」、「食物危機」
、「文化之死」、「非人世界」，在面對著全球化
此一令人不安、憤慨而且不只一次使人感到駭
怕的現象時，這許多令人驚心動魄的標題就一
一浮現。（André Fourçans，2007：79）

但這所涉及的普遍在為全球化補苴罅漏的作法，卻
有違這裏要為未來人類的福祉著想的真反旨意，難
以引為什麼殊途同歸或異曲同工而從新再炒作一番
。換句話說，未來人類的福祉是要回歸各自的生活
方式而保障它不受外力脅迫牽制的權利（上面引文
中有「全球化現象是世界的公敵」、「社會末日」、「
環保浩劫」、「食物危機」、「文化之死」和「非人世
界」等說詞，詳情不得而知，或許跟我的想法類似
，可以保留它的發言權），從此平穩的各安所往，這
才是反全球化的重點所在。由此可見，反全球化只
有一個目標，就是不要全球化。西方社會中人因為
信仰單一神，將重返天國視為終極的歸宿，而能不
能獲得救贖順利回到上帝身邊，就成了他們所謂塵
世急迫感的來源（詳見第三章第三節）。因此，在現
實世界締造高度的物質文明，也就可以藉為榮耀上
帝而優先得到接納；而殖民征服及其資本主義配備
，則是希冀滾雪球效應不被中斷。殊不知這已經嚴
重侵犯到他方社會中人的生存權和自由抉擇權，必

須要由反全球化來予以矯正。而基於這一但知有自己的信仰而不願正視他人有不同的信仰以致殖民災難禍及四鄰的不堪情境，反全球化自然就有代非西方社會反制而可能被高度認同的正當性（周慶華，2010：9～12）。

　　反全球化的正當性，在某種程度上是全球化的不能正當性的對比而凸顯出來的。它主要是以無從齊一信仰（被強迫齊一信仰的另當別論）的理由來站穩腳跟，然後寄望喚起被征服者的自覺而各自回返原先的生活軌道。而這就得從終極信仰所形塑的世界觀介入全球化的運作到反全球化的可能性先作一點耙梳，以便了解終究要反全球化的確切因緣。有人認為全球化不是到了晚近才開始：「從 1800 年代中期到 1920 年代末期，這個世界也經歷過一段類似的全球化時期。倘若以國內生產毛額來比較跨國界貿易和資金的流量，以及用人口來比較跨國界勞力的流量，第一次世界大戰之前的全球化時期，跟我們今天所處的環境就極為相似。當時勢力叱吒全球的大英帝國在新興市場投注巨額資金，以致英國、歐洲及美洲的權貴經常遭受因為阿根廷鐵路債券、拉脫維亞政府債券或德國政府債券的拖累而引發的金融危機。由於當時並無貨幣控制機制，所以在跨越大西洋的電纜線於 1866 年完工連線後不久，紐約爆發的銀行及金融危機在短時間內便傳遍倫敦和巴黎。」（Thomas L. Friedman，2006：7）這是

無可懷疑的事；但當真要說有全球化的事實，還可以遠推到十六世紀宗教改革後一併興起的殖民主義和資本主義。基督教新教徒憑著他們因信稱義的信念，脫離舊教會的束縛，由於社會地位低落，必須以快速致富的方式來改善處境，所以促成了資本主義的興起；爾後為了更能取得存在的優勢，連帶地到世界各地掠奪資源和建立根據地而造成殖民主義的隆盛，而全球化也就從此時陸續的展開，迄今都不見平息當中藉別人的資源來實現自己致富美夢的優著氣燄（詳見第三章第三節）。基督教新教徒所以會走到這個地步（舊教徒後來也紛紛受到刺激而跟著張揚起來），關鍵就在他們所信守的原罪觀。這種原罪觀，在論者的討論中較多集中在道德的訓誡或罪惡的防範方面：

> 神是至善，人是罪惡。人既然沉淪罪海，生命最大的目的就是企求神恕，超脫罪海，獲得永生。這種思想，應用到政治上，演為新教徒的互約論……總歸來說，新教徒的幽暗意識隨時提醒他們：道德沉淪的趨勢，普遍地存在每個人的心中，不因地位的高低、權力的大小而有例外……因此，他們對有權位的人的罪惡性和對一般人的墮落性有著同樣高度的警覺。（張灝，1989：9～10）

一個基督徒由於他的信仰，不得不對人世的罪
惡和黑暗敏感。這種敏感，他是無法避免的。
基督教對人世間罪惡的曝露可以說是空前的，
我們因此才知道罪惡的根深蒂固，難以捉摸和
到處潛伏……原罪的理論使得基督徒對各種事
情都在提防……隨時準備發覺那無所不在的罪
惡。（張灝，1989：16～17 引 Lord Acton 語）

這固然解釋了西方社會嚴訂法條和倡議民主政治的
由來，但卻大為忽略原罪觀對新教徒（及舊教徒）
心理的警示作用。換句話說，原罪教條的訂定，勢
必會影響到新教徒贖罪的恐懼而恆久的不安於世。
而緣於贖罪的必要性，一種深沉的塵世急迫感也悄
悄地孳生，終於演變成要在現世累積財富兼及創造
發明（包括哲學、科學、文學、藝術和制度／器物
等的建樹翻新）來榮耀上帝並藉以獲得救贖；尤其
在資本主義和殖民主義矯為成形後，更見這種過度
的煩憂（詳見第三章第三節）。因此，它所體現的創
造觀這一世界觀，就正好支持了它要以創造來回應
上帝造人而人負罪被貶謫到塵世後的尋求救贖的「
必經之路」。但可嘆的是，非西方社會中人原不是這
種信仰，卻在人家一番傾銷後迎合了上去，導致世
界日漸一體化在窮為耗用地球有限的資源。非西方
社會中人原信守的世界觀，主要有中國傳統的氣化
觀和印度佛教所開啟的緣起觀：一個相信宇宙萬物

是由精氣化生的，特別講究絪縕人情／諧和自然；而一個相信宇宙萬物是由因緣和合而成的（不為所縛就成佛），特別講究自證涅槃／解脫痛苦（詳見第四章第三節）。信守這兩種世界觀的人，都不會有類似信守創造觀的人那樣急切的演出終致失態！然而，百年來敵擋不了西方霸權凌厲的攻勢，原信守上述兩種世界觀的人都走出陣地降敵去了，徒然遺下一個本可以「試為拖延卻不願等待」的喟嘆！但話說回來，大家一起西化的結果，不就像今天這樣在誤蹈能趨疲即將到達臨界點的末路，有誰能夠提出有效的拯救方案並積極在進行？顯然有創造觀的引導，一定會向全球化邁進，而全球化則是死路一條！那麼反全球化不以氣化觀和緣起觀為前導會有前途嗎？很困難。不論新的世界觀將要如何形塑（詳後），這兩種世界觀在介入地球的復元上還是缺席不得（周慶華，2010：13～15）。

　　西方社會中人（絕大多數屬於基督徒）對天國的嚮往，一方面會激起塵世急迫感；一方面則會連帶漠視塵世的一切（只供他們尋求救贖所用），合而鑄下一個不堪的典範！大家知道，基督教的傳統教示，塵世的歷史是有它確切的起始和結束的，真正有價值的東西僅存在於上帝所在的天國。這種強調他世的說法，往往導致人們對今世物質世界的罔顧或甚至無度的榨取，而助長生態的破壞和物質的消耗。還有基督教學說的其他缺點，就是有關支配萬

物的觀念；它一直被人們利用來作為殘酷地操縱及
榨取自然的理據。這一點，雖然有些神學家已經在
從新界定支配萬物的意義（他們主張任何剝削或殘
害上帝創物的舉動都是有罪的，而且也是叛逆上帝
意旨的一種褻瀆行動；同樣的任何破壞所賦予自然
世界的固定意旨和秩序，也是一種罪行和叛逆。因
此，許多新神學家指出，所謂支配萬物並不意味人
類有權剝削大自然，它的真義乃是指管理大自然）
（Jeremy Rifkin，1988：355～361），但因為「錯誤
」已經造成且積重難返（西方人不可能從可以維持
霸權的科學中收手），這些讜論未免緩不濟急而徒留
遺憾罷了。此外，西方世界的人的塵世急迫感，長
期以來不斷地有意無意的衍生出一種暴力愛，以「
強迫接受憐憫和教誨」的方式在對待非西方世界的
人；它所要索得非西方世界的人悔過的承諾，已經
低估了非西方世界的人的求生之道（也就是不跟西
方世界的人一般見識）。這表示裏面有西方世界的人
既不了解自己也不了解他人的近於全盲的問題。如
：

　　一個正視挑戰並接受對它和對我們時代整個文
　　化的共同生活的審判的基督教，可以為人們應
　　付更嚴重困境的方式作出深遠的貢獻……因為
　　透過對基督教的信仰，它賦予人們以「天國公
　　民」的希望，同時伴隨著塵世的責任感。在這

裏人們敢於承認自己真正的罪惡，同時基督教
能夠對社會衝突提供富有成效的抨擊；因為透
過對基督教的信仰，它使人們意識到即使歷史
的分化不能清除，「我們都在基督裏合一」。（
Edward Cell，1995：120）

像這種把塵世的責任扛在一身的自我陶醉模樣，不
啻曝露了西方世界的人的普同幻想和支配欲望，難
免要成為衝突或紛爭的根源。而所有當今所見的能
源短缺、生態失衡、環境破壞和核武恐怖等弊病，
也就是從這兩點（指崇尚天國的信念過深和塵世的
急迫感等）發端。信守氣化觀和緣起觀的人原不走
這條路的，但從近代以來憚於西方科技的威嚇脅迫
，也都挺不住而被收編隨人趨向了；以致已現的能
趨疲徵象的沒有明天的後果，也就得由大家來分攤
承受。這顯示信守氣化觀和緣起觀的人也有禁不住
受惑的一面（才會盲目屈就）；原先他們無知所期望
的追趕或超越西方的成就，事實證明已經是空中雲
霓（不但如民主政治的追求而造成社會內部更大的
不安，還有其他如科技的發展／學術的構設／文學
藝術的創作等也都「小人家一號」），永遠只能成為
人家的影子，而釀成舉世一起陷入不可再生能量即
將趨於飽和的危機！因此，要有新的世界觀來對抗
這些舊的世界觀，才有可能讓岌岌可危的世界起死
回生。所謂新的世界觀，不是別的，正是要因應人

類目前的困境而形塑的新能趨疲世界觀（Jeremy
Rifkin，1988）。這種世界觀的實現，是要降低再降
低對物質的需求，而可能會讓文明快速的退化而無
從再尋求發展；以致它帶有相當程度的基進性而有
別於先前各種世界觀不能如是的保守性。而它所以
不必憂慮過度行使所造成的文明停頓問題，是因為
它比先前各種世界觀的窮為踐行所會面臨的文明滅
絕情境要有利，世人無妨勉為一試（周慶華，2010
：16～18）。

　　雖然如此，要大家全然棄守舊的世界觀而改崇
尚新的世界觀，可能會難如登天；而這就得先從兩
種世界觀的多元辯證做起，然後再逐漸走向所要追
尋的目標（以致真的走到那個地步又要如何的問題
，則可以屆時再議，現在無法預期）。由於這種多元
辯證是要從在地進行，以達普遍化革新的效果，所
以它可以上升為一種反全球化的新瀰（memes）。瀰
，作為思想傳染因子（Richard Dawkins，1995；Aaron
Lynch，1998），在類比上所能提供給在地反全球化
的動力是那構想的切合時代需求性，要阻擋它傳播
的人必須加倍的付出心力。換句話說，反全球化的
新瀰從在地出發（不論由誰來倡議），連結成網絡，
最後一定可以看到改善當前處境的成效。而這內在
的動能，就在於透過多元辯證兩種世界觀而推出的
新方案。這個新方案，由新能趨疲世界觀分別來對
治既有的世界觀，一方面極力批判規諫信守創造觀

的人必要淡化對天國的嚮往，不能再無視於大多數的蒼生還要在地球上寄生（他們根本不知道有什麼天國可嚮往或無法認同對方所嚮往的天國），自己多耗用一份資源就會減少別人一次生存的機會，同時也直接間接的危及自己後世子孫的存在優勢；一方面則多方提醒奉勸信守氣化觀和緣起觀的人得從盲目跟隨的迷茫中醒悟過來，究竟是一起走上同歸於盡的末路還是自我節制而清貧過活，總得作個抉擇。然後當對治有效了，就可以回過頭來強化新能趨疲世界觀的正當性。此外，既有的創造觀、氣化觀和緣起觀等，各自信守的人又可以進行內部的辯證，透過「綰結人情／諧和自然」和「自證涅槃／解脫痛苦」的作為來折衝緩和「挑戰自然／媲美上帝」的激化，次階段性的有果效後又可以晉身回返新能趨疲世界觀而讓它總其成。而這不在意從一小地方開始踐履連結，冀能廣起效應；以致反全球化瀰的在地新構想就於焉形成，從此再也不須疑慮反全球化會無處著力（周慶華，2010：18～19）。

這樣分辨，只為了說明我們傳統文化僅是被抑制退卻（兼大意自我妥協屈服）而已，並非全然泯滅不存了。如今從新將它喚醒（也期待緣起觀型文化復振來共襄盛舉），藉由諸子學的發皇從在地出發徹底反西方世界所興作危害地球的一切，庶幾可以免去一起沈淪以致萬劫不復的命運！由於這條反全球化的路還很漫長（短期內難以竟功），所以及時醒

悟兼持續行動就成了一項不可鬆懈的功課。如此發展類似上述對治全球化的新話語，就勢必要把它列入諸子臺北學的規模方向又另一定例，並且等待證驗成效。

第四節　以新文化批判落實終極性的臺北觀點

　　相關實踐面的開展計議，還有一個「以新文化批判落實終極性的臺北觀點」。這跟前者「發展對治全球化的新話語」為一體的兩面，本可合一而論，但因有落實終極性的「臺北觀點」需求，以致仍要單獨取徑（論時可相通或互為奧援）。而這以「新文化批判」此一帶根源性或統攝性的較量為最能使諸子臺北學所屬地大有機會揚聲，於是才將「以新文化批判落實終極性的臺北觀點」也依便列入諸子臺北學的規模方向再另一定例。

　　所謂新文化批判，是從前面所述方法論必要科際整合（詳見本章第二節）中提領文化學方法（兼帶生態學方法／未來學方法）來進行批判而稱名的。文化學方法所「統為評價的工作」（文化學方法的運用所揭發的文化特徵是有脈絡差異或類型區別的，可以說很容易就會被或顯或隱對比於不同脈絡或不同類型的文化，而導致藉以相衡量的評價意味就自然流露出來了）（周慶華，2004b：126～127），本質上就是批判；只是它所批判的對象未必僅限於異己的其他文化，還可以是另立標準以批判眾文化，而就以後者為新式所在。此處正要據此新式來展開論述（所以才取名為「新文化批判」），在相應落實終極性的臺北觀點一理上，讓它確有屬地味道可供人緬懷借鑑。

　　這整體的理序約略是：在所得先加以另立標準方面，自以前面一再出示的舉世倫常失序及其能趨疲危機為憑依而將新能趨疲世界觀推向臺前摶成新文化系統以進。如圖所示（依第四章第四節所開列的五個次系統布立）：

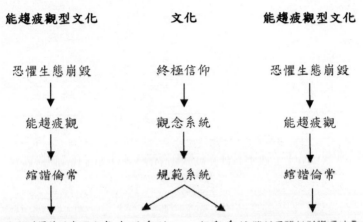

能趨疲觀型文化	文化	能趨疲觀型文化
恐懼生態崩毀	終極信仰	恐懼生態崩毀
↓	↓	↓
能趨疲觀	觀念系統	能趨疲觀
↓	↓	↓
縮諧倫常	規範系統	縮諧倫常

但取和諧優美的表現方式　表現系統⋯⋯⋯　行動系統　降低再降低對資源的需求

　　這所要據以開啟文化批判準則的，在觀念系統上以「能趨疲觀」為新的世界觀，並且改以「恐懼生態崩毀」為終極信仰；然後在規範系統上極力於「縮諧倫常」，以及在表現系統和行動系統上分別「但取和諧優美的表現方式」和「降低再降低對資源的需求」。因此，比照前例（詳見第四章第四節），自然可以發展出能趨疲觀型文化而實際演為五個次系統。很明顯的，這裏「降低再降低對資源的需求」是取緣起觀型文化式的文化批判（治療）所重視的；

而「縉諧倫常」和「但取和諧優美的表現方式」則跟氣化觀型文化式的文化批判所有的同一歸趨；至於能趨疲觀乃創造觀型文化式的文化批判內蘊的必須自我退卻後所孳生的（因為該熱力學第二定律也是醞釀自西方世界，創造觀型文化得反向而行才會跟它相應），合而展現一種非割裂式整體文化批判取向，並且從新以「恐懼生態崩毀」為終極信仰所在。所以要作這樣的規畫，只因為前三種文化批判有的只在期待中（指創造觀型文化式的文化批判）而有的還不夠通透（指氣化觀型文化式的文化批判和緣起觀型文化式的文化批判等），它們必須在符應新能趨疲世界觀的前提下重為斟酌損益或調整策略，而形成一個穩當的文化批判方案，才能上路無虞。這也就是我個人所曾斷言的「創造觀型文化式的文化批判，就是從這裏激起該社會中人自我淡化對天國的嚮往及其相關信仰這一內在根由；它以反向自治而得名，是一種退卻式的反省，必須直到停止一切殖民主義和資本主義等才算批判完成」、「氣化觀型文化必須先自救後，才可能對現今的世界有所貢獻；而期待中的氣化觀型文化式的文化批判，也得即刻展開，處在這種氛圍裏的人才能真正過有尊嚴的生活」和「所以（緣起觀型文化式的文化批判）只要自我回返而不再尾隨或附和創造觀型文化的作法，它就可以得到救治；甚至還可以救治其他文化的不能仰體能趨疲危機的威脅」等綜合意涵所從出

（周慶華，2012b：131～199）。

　　再來在所據實批判方面，以世界現存的三大文化系統來說，氣化觀型文化和緣起觀型文化所信守的氣化和緣起觀念，只著重在「縮結人情／諧和自然」和「自證涅槃／解脫痛苦」，根本不可能走上耗用資源和破壞環境生態的末路；只有創造觀型文化所信守的創造觀念以「挑戰自然／媲美上帝」自居，才會無止盡的消耗塵世的一切東西而造成地球日漸加深的浩劫。換句話說，創造觀型文化中人由於有塵世急迫感（從天國來最終又要返回天國），對於能不能重返天國總是念茲在茲；以致藉由累積財富以及從事科學發明、學術建構和文學藝術的創作等途徑來尋求救贖而在高度支取地球有限資源的行徑，也就累世不絕！而這在原不時興這種取向的另外兩種文化傳統裏（因為沒有造物主信仰的緣故），透過仁愛／自求逍遙或自了／慈悲救渡而保存了一個相當諧美的自然空間；但從近代以來，迫於創造觀型文化的強力傾銷和征服，早已挺不住而紛紛妥協屈服。如今還被人形容為以「飢餓大國」和「匱乏大國」的崛起姿態（如中國大陸和印度等），在窮為追逐創造觀型文化中所見的科技／經濟成就（James Kynge，2007；Aaron Chaze，2007），殊不知舉世都在同蹈一條自我毀滅的不歸路，前景如何也光明不起來。這時如果沒有拯救良方，那麼這種垂死掙扎勢必會繼續下去。因此，重回對關鍵性的觀念系統

的從新詮解調整或從新強化彰顯，也就成了這一波
救治危亡的不二法門。換句話說，這在同一系統有
出了問題的，就得從新詮解調整該次系統中的觀念
系統，以便自我了結；而這在同一文化系統原沒有
問題的，也得從新強化彰顯該次系統中的觀念系統
，以便齊匯益世，這樣相關的文化批判就有三種實
質的取向可說：首先是為出了問題的文化系統從新
詮解調整該次系統中的觀念系統，如創造觀型文化
就是；其次是為沒有問題的文化系統從新強化彰顯
該次系統中的觀念系統，如氣化觀型文化和緣起觀
型文化就是；再次是為出了問題的文化系統和原沒
有問題的文化系統但卻妥協屈服於他者文化系統等
別為創立新的觀念系統，如新能趨疲世界觀就是。
第一種取向的文化批判的開展方向，自然是對那天
國嚮往的淡化；創造觀型文化中人不能再無視於大
多數的蒼生還要在地球上寄生（他們根本不知道有
什麼天國可嚮往或無法認同對方所嚮往的天國），自
己多耗用一份資源就會減少別人一次生存的機會，
同時也直接間接的危及自己後世子孫的存在優勢。
第二種取向的文化批判的開展方向，是要從盲目跟
隨的迷茫中醒悟過來，究竟是一起走上同歸於盡的
末路還是自我節制而清貧過活，總得作個抉擇。第
三種取向的文化批判的開展方向，有鑑於前兩種取
向都有騎虎難下的問題，它要迂迴前進而不斷以不
可再生能量將趨於飽和相警，並透過實際踐履的連

結來廣起效應；這是要把資源的利用降到最低限度，以確保能趨疲到達臨界點的延緩來臨。至於上述三種取向的文化批判的推動，則要靠每個人的內在的覺悟和外在輿論的壓力，交相促成（周慶華，2012b：122～123）。

　　後者中的前兩種取向，可分化為三種類型的文化批判（也就是創造觀型文化式的文化批判、氣化觀型文化式的文化批判和緣起觀型文化式的文化批判等）；而後一種取向，則是整體文化批判的開展所要據為安居軸心的。也就是說，只有新能趨疲世界觀在前，其他的文化批判才能知所進趨以及引為自我修正方向的終極依據。雖然如此，這裏所以沒有直接把「出了問題的文化系統從新詮解調整該次系統中的觀念系統」、「沒有問題的文化系統從新強化彰顯該次系統中的觀念系統」和「出了問題的文化系統和原沒有問題的文化系統但卻妥協屈服於他者文化系統等別為創立新的觀念系統」等並列為三種文化批判的類型，是因為它們當中還有要「從新詮解調整」和「從新強化彰顯」等動力問題在攪擾，不如就權為區分出創造觀型文化式的文化批判、氣化觀型文化式的文化批判和緣起觀型文化式的文化批判等三種類型，而以「別為創立新的觀念系統（主要為新能趨疲世界觀）」作為前導來展開整體的批判方案。在這種情況下，被批判的本身也是文化的，而要藉來批判的則是另一種文化，彼此演變成是

文化的相互批判。不過，後者不一定是現有的文化，它也可以是新塑的或裁融而轉稱的文化，這則是著重在他者文化批判，自我反向批判就因舉例不勝仯出提及而姑且略過；而現在既然分類已布列完成了，就得在理論上肯定這些都為可能性。此外，為了上述三種文化批判類型的穩定性或可依循性，還得有幾項配置：首先，本脈絡文化批判類型的區分，固然遵守了論者所歸結的一些分類的基本原則（包括「分類是由最初的、獨一無二的整體、一個絕對排他的範疇『總類』往下分支」、「分類是一種邏輯區分」和「分類必須開放給後續的再分類或別為分類」等）（張漢良，1986：110～114；童慶炳，1994：114～117），但全世界所存在的文化也不盡只有上述提及的創造觀型文化、氣化觀型文化和緣起觀型文化等三類，以致這在從事文化批判上既然是通識觀點（詳後）的又是全球性的，那麼對於不在討論範圍內的其他系統文化到底要怎麼看待，也得有一番交代。對於這一點，大家可以推想其他系統文化的存在情況，分別如圖所示（林明玉，2009：249～255）：

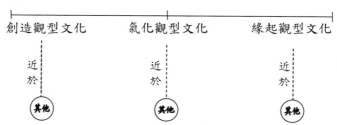

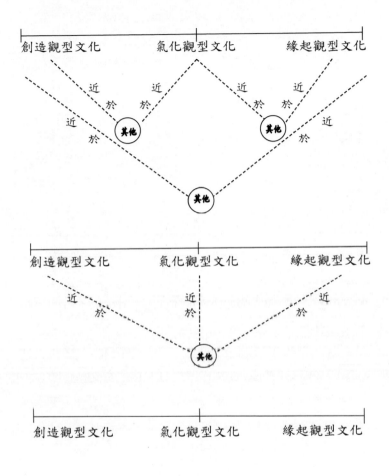

各圖中共通的三大文化系統在光譜上的位置排列，
是因為創造觀型文化表現出甚強的創造力，以滿足
媲美上帝的欲望；而氣化觀型文化講究淡泊名利、

節制欲望;而緣起觀型文化強調去執滅緣、無欲無我的境界,彼此可以如此相互區隔。這也就是當創造觀型文化和緣起觀型文化相繼傳進中國時都可以被吸收並試予融合的緣故。換句話說,創造觀型文化要融進傳統的緣起觀型文化裏很困難,而緣起觀型文化的傳統思想要融入創造觀型文化的社會也不容易;現代西方人會藉由瑜伽或禪修的方式來更接近上帝,但有關緣起觀型文化內蘊的逆緣起解脫觀念卻不容易在創造觀型文化的社會裏發生作用。因為創造觀型文化中人為了滿足欲望,不斷地發展科學,一方面想藉它來尋求救贖(冀望可以獲得上帝的優先接納而重回天堂);一方面則是想展現自己的本事而媲美上帝的風采,跟緣起觀型文化的無欲是背道而馳的(林明玉,2009:248~249)。這樣其他系統文化所可能的依違現象,也就不難意會了。如一圖所示,其他系統文化有可能近似創造觀型文化或近似氣化觀型文化或近似緣起觀型文化;二圖所示,其他系統文化有可能近似創造觀型文化和氣化觀型文化的綜合或近似氣化觀型文化和緣起觀型文化的綜合或近似創造觀型文化和緣起觀型文化的綜合;三圖所示,其他文化系統有可能近似創造觀型文化和氣化觀型文化和緣起觀型文化的綜合;四圖所示,其他系統文化完全獨立而不跟三大文化系統有任何的交涉。後者在未能實際經歷的前提下是有可能存在的,但目前還無法指實,所以只好存而不

論；所剩前面三種情況，都可以比照三大文化系統去聯類思維，實在不必再額外加以討論。其次，三大文化系統依理只能在光譜上排列而顯出或遠或近的不可共量性，但一個多世紀來所看到的卻是氣化觀型文化和緣起觀型文化都一致的強步上創造觀型文化的後塵，使得原不該生病的觀念反而日漸有病入膏肓的趨勢，以致它們的光譜儀一轉變成交集圖：

這究竟是怎麼回事？倘若不能先解開這個謎團，那麼後續相關的文化批判論述就會疲於因應。其實，這只有一個很簡單的理由：創造觀型文化從中鼓動起了大家向富足／進步／榮光看齊的熱情。當中富足是為求物質福份的增加；而進步和榮光則是對物質生活的不斷改善和藉此來顯示在世成就以便尋求救贖的綜合蘄嚮所致。在創造觀型文化方面，因為有上帝信仰和原罪觀念，所以一切作為都以榮耀上帝和獲得赦罪為最終考量，而富足／進步／榮光就是一體的三面，缺任何一個都不足以顯示創造觀型文化中人是上帝的子民以及特能體會上帝造人的旨

意。這裏要說明的是，創造觀型文化中人可以自我認可，但憑什麼能鼓動其他文化中人而其他文化中人又是什麼原因會被鼓動成功？關於這一點，主要是創造觀型文化中人以殖民征服（早期透過武力，後來則持續以經濟、科技等實力凌駕他人），取得對方的臣服、甚至強迫索得悔過的承諾，企圖達致世界一體的地步；而其他文化中人有的迫於無奈屈服了，有的則不忍自我缺乏競爭力而盲目的急起直追，從而也跟創造觀型文化中人一起走上耗能的道路。因此，三大文化系統原互不相侔、現在則逐漸拉近距離而開始交集起來。再次，本文化批判是通識觀點的，而通識觀點的通識化則是以全人類能否永續經營為著眼點。大家知道，人類歷史最近的數百年來，可說是物質科技文明快速進展的時代。從文藝復興、工業革命，一直到當今所謂後工業社會的超級工業甚至已經開始的第三波或其他未來學書中所描述的資訊控制或模控社會，無不讓人感到物質科技文明的日新月異和驚人成果。而整個時代的進展，可說是環繞著牛頓機械論而形成的一種剛性的科學決定論世界。這種機械論及決定論的世界觀不但操縱著科技，同時也支配著政治、經濟、社會、文學／藝術等各方面。它雖然為西方及大半個世界帶來科技上的突飛猛進，經濟的單方向的空前發達，給大半人類帶來從未享有過的福利，但也帶來或伏下許多人類過去從未經驗過的災難和危機。更有

甚者，急性的核子恐怖、慢性的生態危機，正在讓全體人類面臨絕滅的邊緣（Jeremy Rifkin，1988：附錄二 422）。所以會造成這種後果，除了工業社會是由機械論和決定論所建構的，還有就是支持整個工業社會的信念另本於質能不滅、過程可逆及物質和能源取用不盡等三種基本假設上。這明顯有兩大弊端：第一，它漠視了能趨疲法則的警世意義：現代科技固然可以開發出鉅大的能量，但卻消耗了鉅量的能源（不可逆）；科技文明固然造就了空前的富裕生活，但也相對造成了空前的高能趨疲社會。第二，機械論所探討的是一個無機物的世界，但人類廁身其間的卻是有生命的世界。第三，這種物理和生物的矛盾，一方面造成人和自然的對立；另一方面則導致物質文明本身的嚴重危機（現代質能基礎的衰微和生態的破壞）（Jeremy Rifkin，1988：譯序 23～24）。基於這個前提，凡是有意無意犯此錯誤，都得經由文化批判來矯正；而文化批判獲此前提，也形同更加確定它的必要性。上述是將文化批判予以類型的畫分後，所得如此另加配置說明的，它們合而保證了本脈絡所區分文化批判類型的合理性以及開展的無礙性（周慶華，2012b：124～131）。

　　順著上面來說，為了更鞏固這一綜攝去取的整體文化批判取向，還有兩個問題必須分辨解決：一個是創造觀型文化如何退卻（或退卻如何可能）；一個是氣化觀型文化和緣起觀型文化如何在因應能趨

疲危機的過程中保證人類的基本生活。這是能趨疲觀型文化式的文化批判在踐履時所會遇到以及實際上得有相關遠景可以給人期待的，也是在理論上必須自我彌縫的地方（否則等到別人質疑就落居下風了）。首先是創造觀型文化如何退卻的問題。這可以從現代化切入來說：大家知道，現代化由西方人所開啟帶動後，就一直循著工業革命開發科技的模式而以耗用地球資源的腳步在前進，但它卻無法保障人類的未來生活能免於匱乏（由創造觀型文化所開啟推動的現代文明沒什麼可以樂見它持續下去）（詳見第四章第三節）；而它最近嘗試修補地球而興起綠色企業所隱含的新資本主義和將繼續四處掠奪資源的新殖民主義，想見只會更增加地球的負擔。因此，它如果不能懸崖勒馬，那麼其他文化中人就得集中力量促使它緩步而後走回頭。也就是說，這可以透過其他文化中人勉力成為抗拒科技宰制及其遺害（包括資源短缺、環境惡化、生態危機、核武恐怖、人性扭曲、惡性競爭和殺戮滅種等）的一股批判力，來施壓而使它減卻存活。而只要有心，要創造觀型文化退卻就只剩下一個時間的問題（而不是可不可能的問題）；而整體的文化批判也同時有了成效。其次是氣化觀型文化和緣起觀型文化如何在因應能趨疲危機的過程中保證人類的基本生活的問題。前面說過，能趨疲觀型文化式的文化批判，在規範系統和表現系統方面是取氣化觀型文化的「縮諧倫

常」和「但取和諧優美的表現方式」，而在行動系統
方面是取緣起觀型文化的「降低再降低對資源的需
求」，這不啻表明了在信守新能趨疲世界觀後有關倫
常、審美和行動的取向了（信仰和知識等就是本脈
絡所建構的這類）。至於這又如何可能，主要有體現
於氣化觀型文化中由儒家所帶出的「倫常敗壞」此
一終極關懷為前提不處無處可以使力（詳見第七章
第一節）。換句話說，氣化觀型文化和緣起觀型文化
在保證人類的基本生活上，就是以氣化觀型文化中
倫常敗壞該終極關懷為優先而可能的。它們在近代
的墮落（盲目屈就），只因為大家信守的不徹底，未
能了解真義；如今從新以新能趨疲世界觀為前引，
乃為應世所需。而在規範系統和表現系統等方面，
則以特能符應此新世界觀而選擇的，它源自氣化觀
型文化的倫常觀和審美觀（搭配倫常觀而生發的）
為最切合人性。至於在行動系統方面，緣起觀型文
化的「降低再降低對資源的需求」仍可懸為高標準
而僅次於上述倫常的考量（周慶華，2012b：206～
224）。

　　「以新文化批判落實終極性的臺北觀點」為諸
子臺北學的規模方向再另一定例，大抵就如上述這
般展演，也可允為總成（難以再出其他定例）。當中
新文化批判的著眼處甚明，而臺北屬地必要導到由
它來發聲乃因別處無從寄望也幾近不證自明，有關
命題可說已獲得證驗。此後就剩相關規模方向的踐

履及具體論述例示等問題待解，而這將由後續章節
接著處理。

第六章　相關規模方向的踐履

第一節　單獨展開且以「臺北」為名言說

　　挽救生態崩毀的策略想要落實為終極性的臺北觀點，非靠反全球化／新文化批判不可；而反全球化／新文化批判又少不了要大為借助諸子學說所體現的氣化觀型文化（加入知所運用推廣及能激勵新學等時代命題即刻轉成新諸子學），以致諸子臺北學的倡議及其實踐也就意義非同小可。於理序上，這在〈諸子臺北學的規模方向〉已定後，當再有〈相關規模方向的踐履〉繼為效力，一起顯現有方案能行動的理論關生特色。而為考慮所屬地臺北應更顯它在執事或轄制上的穿透力，本脈絡大約可續予規畫「單獨展開且以『臺北』為名言說」／「融合出擊而針對特定議題進行討論並歸結為『臺北』關懷」／「新方法論的抉擇以備未來益世所需」等節次加以論列，以備實際行動上的參驗。此處就先討論「單獨展開且以『臺北』為名言說」，以見所得（能）踐履的一斑。

　　基於論說本身有從屬地出發的條件制約，這裏不妨再作一點分辨所以要以臺北為名言說的隱性意指或最終定位。前面說過，諸子臺北學是新諸子學嵌入屬地臺北的稱呼，一以（在稱名上）區別於舊諸子學；一以預言將會有新的開展（倡議及行動）

（詳見第三章第一節）。因此，諸子臺北學是期待內建一個學術社羣，專門以研究諸子學說來揚聲且對外發言時能取得相當程度的文化傳播權。這裏頭容或有吸收外來思潮的韌勁可併為凸出（氣化觀型文化所內蘊如氣般的和合性本有海納百川的潛能），但會看重或寄望對自我文化傳統的開新訴求。這麼一來，諸子臺北學於理所能作為方法的可以合「先有諸子學說才有以臺北為發聲地的構想」／「先有發聲地臺北的需求才找來諸子學說為試煉對象」等前後序為用（不分序），就得將「在臺北發展諸子學」／「新期待的諸子學」的可見義冶於一爐。名稱定為「諸子臺北學」而不隨後序義變成「臺北諸子學」（免得必要光耀的諸子學說被統攝於臺北名義下而可能窄縮為一個選項）。如此所稱呼的臺北，不論是一般所以為的經濟區域臺灣的代表或是政治法理中華民國的代表（取中心義），在自主性上它必然是一個行政區或地理單位（取地名義）。此處會讓它綜合見義；而綜合見義後，則可任人取則。換句話說，本脈絡所著重的是不再跟先前各階段諸子學同見識來取捨論斷諸子學說，而是許以諸子學說能拯救舉世倫常失序及其能趨疲危機乃為後全球化時代的希望工程所繫，既以自我醞釀對治力出采又藉為探尋新的學術生命（而完滿「諸子臺北學」的特重用意）（詳見第三章第四節）。後者（指藉為探尋新的學術生命）所意味的「今後臺北可以思想的新銳或豐

盈或超卓傲人，而這就最方便從諸子學說中去提煉
或受啟發而激盪出來」此一進益義，乃為諸子臺北
學的必要導向。這樣前面所曾言及諸子臺北學的倡
議可在國際學術競比環境中獨樹異采（詳見第四章
第一節），就只是進程式隨說（不這樣標榜恐怕會失
去動力），究極上還是要藉以對治西方文化的失格而
使自出新學部分有了後衍另造風華的空間（也就是
對治西方文化的失格後，臺北仍得續存顯能樹異，
而諸子學說所會啟發／激盪新學的功能將因慣使有
道而隨著內鑄恆在）。

　　以臺北為名言說的隱性意義或最終定位有所分
辨後，後面就可以暫為虛提臺北（不必再處處強帶
臺北一名進來軋話）而直就所能作的部分立論。這
總提是推出無可替代的華語敘述主軸，分提則是此
中理論的並時性關連項。而這必要先自我追問的是
：全球化的狂飆推行和反全球化的點滴緩衝，所形
成新世紀不對稱的拉鋸場景，也就顯得一切逆向思
維都是徒然舉動！歐美強權一樣穩穩地在幕後臺前
操控主演全球化的戲碼；不願隨著起舞的國家，必
須付出被封殺或自殘而潰亡的代價。而在這一幾乎
普遍妥協了的情況中，還有華語敘述從邊地發聲而
尋得自主空間的機會麼？顯然作為此中理含的「現
在我們還可以有什麼樣的說詞」的華語敘述的催生
號角，得從全球化的範疇游離出來而轉向反全球化
陣營吹響，才算知所新變。而這種反全球化的新變

法，當不像有些人一邊主張隨順全球化的腳步一邊
又嚷著要走出自己的特色（George Ritzer，2006：譯
後記 297）那麼簡單！因為前者（指隨順全球化的
腳步）已經翻身無望了，不可能還有什麼說詞可以
凸顯且能護住顏面；而後者（指走出自己的特色）
也不過是「西學中用」的翻版，依然要在既有強權
設定的框架中圖存苟活，畢竟都不是真正在走反路
。由於全球化的威力始終發自歐美強權，所以華語
敘述無從有自己的新版來接收全球化的成果；馴致
它要在全球化外別為發聲，才有撥雲見日樹立威望
的可能性。大家知道，還在努力成為人家中下游工
廠的海峽兩岸的敘述模式（姜汝祥，2004；尹啟銘
，2006；王萬邦，2008），絕對無法取得領航發言權
的！不信，且看光美國一個霸權，長期以來經由威
迫和同意之間均衡的不斷調整的霸主作為，所用來
自我支持的政經／科技／軍事等強大力量，他國就
難以望其項背：

> 美國經常仰仗支配和威迫手段，必要時甚至不
> 惜消滅對手；即便對內，也不乏悖離憲法和法
> 制的殘酷紀錄。麥卡錫主義、謀殺或監禁黑豹
> 黨領袖、第二次世界大戰期間拘禁日裔人士、
> 監視和滲透各種反對團體……對外行動則是更
> 加殘暴無情，包括支持伊朗、伊拉克、瓜地馬
> 拉、印尼、越南的政變，造成傷亡不計其數。

此外，還視其所需，在全球各地支持國家恐怖
主義。美國中央情報局和特種部隊，在無數國
家從事秘密活動……剷除對手的方法很多，經
濟支配力量，具有和軍事武力同等的毀滅效果
。最好的例證就是美國金融機構和美國財政部
於 IMF 支持下，在東亞和東南亞地區資產價值
暴跌過程中扮演要角，不但導致該地區大量人
口失業，也使當地社會和經濟進步狀況倒退許
多年……（David Harvey，2008：32~33）

在這種情況下，華語敘述還可以跟人家的強項比什
麼？到頭來不就淪落到像中國大陸近年來那樣被譏
誚為「飢餓之國崛起」的難堪模樣（詳見第五章第
四節）。從另一個角度看，歐美強權也不可能坐視非
西方世界試圖跟他們平起平坐的舉動。就像有論者
所指出的：「在南北抗爭的過程中，發展中國家要對
抗這些壟斷資本國家非常困難……這些國家並不允
許中國和俄羅斯升級，成為平等的夥伴；中國要買
美國油公司或是天然資源的取得管道，都遭到嚴格
限制。但現在中國領導人一心只想要加入世界資本
體系……他們對自己角色和未來的願景，最後只怕
成了幻影；現在即使短時間有高成長，但不久內部
社會矛盾就會劇增，統治正當性逐漸喪失，西方國
家就會趁此機會搞垮中國，就像現在西藏和新疆的
情況。」（郭崇倫，2008）因此，倘若華語敘述是要

在全球化裏更全球化，那麼它的前途仍然如汪洋中的「飄搖之舟」那般的危殆！既然趨同全球化無法保證華語敘述的獨特性，那麼反全球化就是勢必要嘗試的新路（此外還有無所謂全球化也無所謂反全球化一途可以考慮；但這沒立場的立場，恐怕更會讓自己陷入無所適從或任人擺布而不見前景的窘境）。這條開啟敘述新潮的道路是要真有自我色彩的！換句話說，它不是一個且戰且走且觀望的新名詞，而是貨真價實／如假包換的華語敘述！這一華語敘述，從全球化的反面走出來，經過淘洗淬煉後，還要回到匡正全球化上，作為一個可能的中流砥柱！以致所謂「反全球化中華語敘述的位置」，就帶有那麼一點淑世捨我其誰的倫理標記（周慶華，2010：23～25）。

　　就純敘述（敘事）來說，可以指傳統通行的處理時間序列裏的一系列事件（周慶華，2002b：99~100），也可以指晚近廣涵的「一切人類活動和傳播」（Peter Brooker，2003：262）；但不論如何，它的權力欲望和文化理想等目的訴求，已經使它徹底成為一種心理／社會／文化機制再現的活動。因此，用華語來敘述而讓它形成一種華語敘述，根本上就是為了有別於非華語敘述而去世界舞臺爭取出頭或風行的機會（周慶華，2008：179～180）。但遺憾的是，既有華語敘述盡是要把自我所屬社會（國家）轉附歐美強權的驥尾來顯能，而全然不理會這般

再怎麼積極奮發也贏不回尊嚴！這當中的差距，就在人家所能的，我們幾乎永遠不能；而跟隨全球化的腳步，就形同是在逼迫自己帶上鐐銬去追趕別人，顛躓挫敗定所難免。整體上，西方人的受造意識一直會促使他們走上創新的道路；所謂「人類受造的目的，是為了創造；唯有創造，人類才能以榮耀回報造物主」（Benoît Vermander，2006：15），不啻道出箇中消息。而實際上他們的所有成就（包括累積財富、從事科學技術的發明和學術的建構以及極力於新穎文學藝術的開展等），也都結結實實的被用來回應上帝造人的美意（不論是為榮耀上帝還是為強比上帝）。反觀我們自己所信守的氣化觀這種世界觀，僅在綰結人情／諧和自然上顯力，跟西方人所信守的創造觀那一以挑戰自然／媲美上帝為旨趣的世界觀迥異（詳見第三章第三節），如何能夠自我卸下擔負去追趕別人而還能追趕得上？試想曾經得過諾貝爾文學獎的 Rabindranath Tagore（他的生命形態可以隸屬於東方另一以自證涅槃／解脫痛苦為靳嚮的緣起觀型文化傳統），聲譽在西方竟然大不如想像：「現在西方已經少有人閱讀他的作品，英國小說家葛林甚至在 1937 年就指出：『至於泰戈爾，除了葉慈先生之外，我實在不相信還有誰會認真看待他的詩。』」（Amartya Sen，2008；130）還有更甚者：「西方人很少有欣賞東方文學的，中國和日本詩人在西方的讀者也為數不多。」（L. James Hammond，

2001：43）原因不就這些東方的文學作品都不合西方人馳騁想像力以為創新慣了的胃口！而再拉開來看，東方人一切仿效或半仿效西方人的表現，又有那一樣被人看中且大為讚賞過？有的儘是像底下這類的冷嘲熱諷：

> 亞洲的現代文化很多仍是沒有創造力。日本小說很繁榮；印度也還有一些真正高質量的文學家，存在著一些有趣的畫家。從整個來看，是呈再造而不是創造的趨勢……日本和中國是亞洲具有比較先進的現代文化國家，兩國存在的明顯趨勢是，一些很有才華的年輕科學家都暫時或永久的從他們本國移居到西歐和北美。整個東南亞，科學研究幾乎不存在。在社會科學方面，創造性和即使只是熟練的高標準的日常工作也很缺乏。正在進行有價值的工作是地方編史和本土傳統文化研究。（Edward Shils，2004：499）

這當然是典型的西方中心的論調，把一切不符西方創新規範的東西都蔑視不提；而對於己文化傳統何以能夠創新不絕以及有意無意凌駕他者的霸權心態如何了卻等也一概鮮少反省。對於這種非公允的評論或莫名的指控，想「為之氣結」的人可能還得有點強心來看下列這段話：「不久前，我們為未滿五歲

的兒子西蒙找學校，而申請進入北倫敦一所小學的
程序之一是跟校長面談……那位校長告訴我們，他
的學校『拉丁文很強』，只要小男孩展現對拉丁文有
天份，就可獲准學希臘文。從校長閃著亮光的眼睛
可以判斷，顯然這是拉丁文成績優良的獎賞。我大
吃一驚。『拉丁文！』我說：『你們為什麼教拉丁文
？現在世界上有多少人說拉丁文？』『呃，是沒有，
但拉丁文是所有語言的根本。』校長說。『你是說，
包括中文、越南文和印尼文嗎？』『噢，不是那些語
言，』校長說：『我是指所有歐洲語言。』『噢，你
是說垂死的歐洲語言，像法語。你知道今日世界上
有多少人說中文嗎？』校長搖搖頭。『我不知道。』
『超過十億人。』校長似乎很驚訝。『你有沒有教中
文的打算？』我問。『沒有，老實說，我從沒想過。
』」（Michael Backman，2008：19～20）這擺明了就
是唯我獨尊；寧可學（教）他們本系統已經死去的
拉丁文（Françoise Waquet，2007），也不願碰一下正
在流行的他系統的中文，豈不欺人太甚？一個老大
中國，居然只剩下任人嘲弄的份（而不再有一點被
景仰或被敬畏），「是可忍，孰不可忍也」！試問華
語敘述還可以這樣不顧別人鄙視的眼光而胡亂或無
知式的當別人附庸以為逞能下去嗎？如果不在意顏
面，也不計較前景，那麼繼續苟且偷生也不失為一
種混世或欠世的好方法；但如果覺得還有谷底回升
的必要和想望，那麼向已經快被挪盡的華語敘述的

剩餘情節尋覓可以他圖的踪跡，也就成了唯一的希
望所繫。而它無疑的是躲藏或隱匿許久的自我專屬
的文化韌性：一個有關「道成仁心」的氣化觀型文
化精髓。這一精髓，早已發跡，卻從未普遍實踐見
效；但它的覆蓋性和可以穿透生靈的實力，於今更
顯得必要從新召喚，以為因應及緩和全球化所帶來
的衝擊和禍害（詳後）。

　　專門從現有華語敘述所未慮及的剩餘情節去找
尋出路，自然要提供一個對比的情境，好讓大家了
解必要從仿效或妥協別人的作法上知難而退的道理
。而這在前節的稍事比較中，已經有「挑戰自然／
媲美上帝」、「縮結人情／諧和自然」和「自證涅槃
／解脫痛苦」等世界現存三大文化系統差異特徵的
提點，現在則要更細緻的勾勒出彼此無法共量的情
狀，以為華語敘述不能不從時下格局中翻然新變的
倡議張目；然後才是接著規模相關新變的途徑。由
於西方國家長久以來就混合著古希臘哲學傳統和基
督教信仰（源於希伯來宗教，又分化出天主教、東
正教和新教等），這二者都預設（相信）著宇宙萬物
受造於一個至高無上的主宰，彼此激盪後難免會讓
人（特指西方人）聯想到在塵世創造器物和發明學
說以媲美造物主的風采，科學技術就這樣在該構想
被勉為實踐的情況下誕生了。至於民主政治方面，
那又是根源於基督教徒深信人類的始祖亞當和夏娃
因為背叛上帝的旨意而被貶謫到塵世（形諸他們所

信奉的舊約《聖經》），致使後世子孫代代背負著罪惡而來（形諸他們所信奉的新約《聖經》）。而為了防止該罪惡的孳生蔓延，他們設計了一個相互牽制或相互監視的人為環境，也就是所謂的民主政治。反觀信守氣化觀或緣起觀的東方國家，它們內部層級人事的規畫安排或淡化欲求的脫苦作為，都不容易走上民主政治的道路。因為人既被認定是偶然氣化而成，自然就會有資質的差異，接著必須想到得規避齊頭式平等的策略以朝向勞心勞力或賢能凡庸分治或殊職的方向去策畫；而一旦正視起因緣對所有事物的決定性力量，就不致會耽戀塵世的福份和費心經營人間的網絡。同樣的，科學技術的發明沒有可以榮耀（媲美）的對象，而萬物一體（都是氣化或緣起）或生死與共的信念既已深著人心，又如何會去戕天役物而窮為發展科學技術？由此可見，各文化系統所以形態互異，全是源於彼此都隱含著不可共量的終極信仰和世界觀。但這到了近代，由於西方殖民主義和帝國主義興起，強勢凌駕非西方社會而迫使它們直接間接的轉向西方取經；結果是非西方社會並沒有能力學會西方那一套知識和科技，始終處在邊緣地帶任人操控和剝削（詳見第五章第四節）。以致在當今電腦普及化而網路空間不斷拓廣的情況下，非西方社會中的人還是無法像西方人那樣熱中且無止盡的投擲心力在新科技的研發上。因為西方人所要追求的東西都可以連到他們的信仰

；所謂「早期基督教徒設想的天國，是『靈魂』完全擺脫肉體弱點困擾的地方。現今的網路族傲然聲稱，在這一『（數位）世界』裏，我們將豁免生理形體帶來的一切侷限和尷尬」（Margaret Wertheim，2000：2），試問沒有天國觀念的非西方社會中的人，如何想像這種發展網路科技就是為了在塵世建立一個理想國度？這也合該非西方社會中的人難能跟西方人在科技的發明上並駕齊驅。然而，西方人的作為又保障了什麼？沒有！它的為維持既有的優勢而無限度的榨取地球有限資源以及造成生態失衡、環境惡化和核武恐怖等後遺症，恐怕一場毀滅性的災難就要降臨！因此，非西方社會的人應該要比西方人早一點覺醒，別為謀求出路而不再盲目的跟隨同趨末途！所謂的早一點覺醒所要的別為謀求出路，在華語敘述來說其實只是一個自我喪失根本的從新召喚。這個根本，就是儒道所規模出來的帶節欲性質的安頓現世的學問。當中以儒家的仁學（推己及人的學問）所體現或所提住的氣化觀型文化縮結人情／諧和自然的正向實踐的最高準繩為切要（逆向實踐的最高準繩為不興作為而純任逍遙的道家所發露，彼此可以相輔相成）。這在歷來雖然不盡能普遍推行（關鍵在氣化成人有質差而不易形成共識落實的問題難以解決），但仍無妨於仁學躍居氣化觀型文化中人所得遵守的極致性規範。相對於帶縱欲性質的西方所體現的創造觀型文化的強勢支配作為所

越見驅使世界一起蹈上相互爭奪資源和災禍地球的不歸路，這一復振強化仁學（而非妥協於人）的縮結人情／諧和自然的維世特長，使它成為一種緩和科技宰制的安全瓣和針砭科技弊害的批判力等，也就是今後很難不需求或不借重而還可以找到長治久安社會和永續經營地球的良方。至於帶斷欲性質的緣起觀型文化所崇尚的自證涅槃／解脫痛苦規範，必要時也可以試為援引來協同出擊；只是它的高調獨唱終究難諧人情（不切合人性）而有不便廣為借助的苦衷，最後還是得靠仁學的深化顯能來匡正時流和扶傾世道（周慶華，2010：26～32）。

　　依仁學的推己及人的內在規範性，是針對自然氣化過程的道而考量的。由於精氣化生成人，大家虯結在一起，必須分親疏遠近才能過有秩序的生活；而分親疏遠近就是以血緣為區別依據最稱合理，以致中國傳統社會才會以家族作為基本結構（詳見第三章第三節），而仁學所料中的勢必要有推己及人的仁心／仁行來終極的縮結族內人情並擴及他族和整體社會也充分顯現出它的洞見和強著為經驗法則的必要性。本來在系統內這一起因於「相人偶」的仁學自有它的懸為標的和衡鑑準則的魅力，但從遭遇西學的衝擊而不再奮起抵抗後，它的光芒也因此消隱於歷史的角落。雖然這仍難寄望於系統外如深著受造意識而必須尊重個體存在且由此組成社會的西方人的改向信守，但就已經千瘡百孔的地球來說

不仰賴它予以修補復元也不可能有更好的策略。大家知道，西方創造觀型文化所以會興盛且透過殖民征服而橫掃全世界，主要就是原罪觀念在當中起作用。因為原罪教條的強為訂定（可能是基督教當時獨立自希伯來宗教而為容易或廣為招徠信徒才加入的），所以導致必須尋求救贖（以便重回天堂）而出現明顯的塵世急迫感。這種急迫感的結合上優選觀，也醞致創造觀型文化中人妄想成為上帝第二來宰制世界，並且透過上述的累積財富／創造發明科技／建構學術／文學藝術翻新等成就榮耀所信仰的原上帝，以為多少仍然存在的期待優先被救贖的憑藉（詳見第三章第三節）。而這卻不意造成如今世界不但無從轉美好並且還快速惡化的危急局面！很顯然的，大家想以仁學置入創造觀型文化，就像創造觀型文化的消罪意識及其所衍生的各種迷狂作為想置入氣化觀型文化一樣的困難（百多年來國人一直委屈求全的想迎合別人，都認不清這個事實）！但我們卻可以藉由仁學的實踐來形成一股穩定的力量，而不一定要向別人乞憐以為苟延殘喘。換句話說，仁學是可以成為危世的安全閥的；它是我們的看家本領／本色，沒有理由說自行放逐後而還可以從別的地方獲得理想的替代物。然而，眼看世人倡議救世的方案，盡在以水濟水或以火救火（研發新科技來取代舊科技）上著眼（Joel A. Barker 等，2006；John Naisbitt，2006；James H. Kunstler，2007；William

McDonough 等，2008；Thomas L. Friedman，2008）
；而相關華語敘述所見的圖存對策也多跟別人沆瀣
一氣（蕭新煌等，2005；于國欽，2006；王文洋，
2007；孫震等主編，2007），總不能不深致喟嘆！而
這時懷想沒有生存恐懼和沒有爭奪殺伐的仁道遂行
的大同社會，也就顯得特別的殷切（周慶華，2010
：32～34）。

　　顯然推出華語敘述是諸子臺北學在所規模方向
確定後首要踐履的。這緊相連繫著的臺北／華語敘
述一理，既不失屬地性又可確保自我優質意趣，不
啻是雙雙稱勝！當中華語敘述的無可替代性，已由
對比於其他敘述有所不能上彰顯（總提部分完結）
；而此中理路的並時性關連，也從華語敘述所綰合
諸子學說大定主識及其可環為對治全球化的禍害裏
透出，大家儘管就前章所規模方向任取一實踐例付
諸行動，以見證「單獨展開以『臺北』為名言說」
的踐履性。

第二節　融合出擊而針對特定議題進行討論並歸結為「臺北」關懷

　　相關規模方向的踐履，在單獨展開上如果有嫌不足或不好施力的，那麼融合出擊就勢必要介入填補（這在討論特定議題時尤有迫切需求），以致「融合出擊而針對特定議題進行討論並歸結為『臺北』關懷」也成了一個所該論列的踐履項。

　　由於這有特定議題的限定以及得歸結為「臺北」關懷等，所以才這般訂題。當中針對一詞所帶有的選擇性（也就是可以不針對），在此處要讓它格式化而暫且不給可游移的空間（也就是沒有不針對）。至於「臺北」關懷，因為前節已有所分辨後續虛提的問題，以致儘可逕行談論關懷細目而「臺北」讓它自然附著（不再煩為帶它出場亮相）。

　　實踐面的規模方向所以要融合出擊，乃緣於有特定議題的備多需求；反過來因為特定議題有備多需求，於是規模方向的實踐面就得融合出擊，二者構成一體兩面或相需相索的關係。至如特定議題的備多需求部分，則以任何特定議題無不事涉多端為由而姑且如此按定，這就毋須再贅說了（可從後面的舉述中看出）。所剩就是見證的問題：要見證「融合出擊而針對特定議題進行討論並歸結為『臺北』關懷」，不妨以踐履反全球化跨向文化批判所面對最為嚴重的觀念病來展示。

　　前面說過，文化批判（落實或分衍反全球化）是為了使出問題的觀念復原（詳見第五章第四節），但有關實際出問題的觀念所分布的範圍有多廣卻還有待細為分疏，才知道這一新批判方案並非空泛無當。而這首先可以從釜底抽薪予以對治奔赴而來現實界的「強至」或「搶至」的觀念。依宗教學普遍的看法，人死靈體不滅（William C. Tremmel，2000；William James，2004；呂大吉主編，1993；羅竹風主編，2001），而不滅的靈體又有可能轉生現實界（如佛教所示），以致在地球這一相對封閉的系統內生生相續就變成一種常態；而這種常態在質能不滅（熱力學第一定律）的類比下，現實界人口多了，靈界的純靈體自然就少了，從而造成兩界的失衡。而兩界失衡的結果，無異就是耗能太快以及災難不斷。後者（指災難不斷），是說當靈界比現實界要具有主導權時，就有可能發動大小不一的災難以為警示並試圖恢復局部的平衡（周慶華，2011b：89～106）。至於前者（指耗能太快），則是最令人擔憂而得極力去克服的一件大事。因此，如果不必有靈界的警示，人類就能自動展現無所幸福的姿態，那麼也就不會再有過多的靈體要來現實界「倖博一世的福份」而參與耗能的行列。而這樣也形同間接啟發了現實中的人，自己的肉體消失後，不致隨便乘願再來或夥同他人乘興強來而繼續耗能下去。好比下面這段話所指陳的：

近一世紀以來，人口不斷增加，生產不斷飆升
，人類對自然界的開發和影響也不斷在擴大…
…於是自然環境遭受破壞，自然生態失去平衡
，自然災害的發生趨於頻繁。大範圍的開山造
田、濫伐森林、開築道路，均改變了原有的環
境，導致水土流失，甚至氣候失調，一遇暴雨
，就出現大規模的洪水、山崩和土石流。再如
草原大面積過度放牧，終致造成沙漠化，進而
風沙為虐，危及鄰近的農業、交通和人類安全
。(Ian Burton 等，2010：中譯導讀 xi)

這就是被誘引的生靈競赴現實界貪享福份的後遺症
。換句話說，今天世界人口倘若不是超載，那麼所
有的強開發和大禍害就不可能發生；而一旦世界人
口擠爆了，要大家不去多耗能和免災難，就幾乎是
天方夜譚！因此，從根源上啟導生靈「地球不再美
好」而阻絕生靈絡繹奔會，冀能在兩界互動中恆久
生效，也就成了文化批判所能拯救地球最見力道的
地方。其次可以從門面切入予以對治在世必要「多
攬福份」的觀念。放眼看去，在芸芸眾生中，有人
富貴通達；有人窮愁潦倒。此外，還有人高智機巧
；也有人愚魯鈍拙，總是不一個樣。而這不一個樣
，又常激起富貴通達和高智機巧的人為了保有存在
優勢而想更加多攬福份（高智機巧多為富貴通達的

重要憑藉，仍然屬於福份的範疇）；而窮愁潦倒和愚魯鈍拙的人也不禁要仿效富貴通達和高智機巧的人而對福份有所覬覦和奢望，終於促成大家競相在耗能而沒有明天的惡性循環！也正因為大家不知道或不願意堅守清貧的可貴，而積極於開發財富以為多攬福份，所以後果就是如今生存環境越見窘迫而能趨疲壓力日漸升高。雖然財富這種福份除了是生存必須的（交易）媒介，最重要的是它能使人連帶的獲得名譽、榮耀、地位和權利等好處（黃紹倫編，1992：250~253）；但在俗世中，財富所等同於名譽、榮耀、地位和權力的，勢必是要越多才能越顯示這些抽象的東西，以致追求財富就會無止無盡。然而，我們的存活空間卻像個無法這般死命競爭的羣落：

> 羣落乃是根據統一生物複合體的生物組成劃分而來的任一單元。凡是生物成分相當一致的，無論範圍大小，全歸同一羣落，而以生物成分顯然或急速變化的所在為它的限界。羣落觀念是來自一定範圍內存在的生物相互組合而成的羣體；只是它在構造上和生物組成分子類別的一致情形上必須達到一定的程度。（李亮恭主編，1974：472）

在這個羣落裏，我們理應是相需相索或相互依賴、

甚至相依為命的，實在禁不起有人獨攬太多財富而
危及到整體羣落的和諧和均勻的福祉。更何況有人
考察出來人類文明的發展有一條網路關連的軌跡：

> 在我們看來，網路就是一組串聯人和人的連結
> ，有著各種的形式：偶遇、親緣、信仰、競爭
> 、敵對、經濟交易、生態依存、政治合作，甚
> 至軍備競賽。在種種關係中，人們都在交換資
> 訊，並利用所得的資訊來引導未來行為……我
> 們甚至無意間地交換了有害的疾病和無用的事
> 物，影響到我們的生死。資訊、物品、病害的
> 交換和散布，以及人類的回應，正是形塑歷史
> 的動力。（John H. McNeill 等，2007：13）

這縱使沒有把內部競爭所可能的額外耗能算進去，
但大體上（無意中）規模了每個人不逾越分寸以圖
謀永續經營的法則。也就是說，為了羣落的和諧或
許只是純粹基於生物的共同生存權利；而為了永續
經營，則是考慮到人因有特殊智能而得率先來維護
羣落的和諧於不墜。因此，從切近的面向上開導人
類放棄非份財富的奢求，而還給羣落社會近於自然
的存在狀態，也不啻成了文化批判所能拯救地球的
特見卓識所在。再次可以從廣角著眼予以對治政治
的權謀或無度照顧「全民福利」的觀念。當今的政
治人物普遍為了討好民眾，無不卯足了勁在力拚經

濟，彷彿不能顧好民眾的肚子或保障民眾的物質生
活無虞，就會危及他們的政治前途。殊不知這全出
於權謀而不是什麼慈悲善念；而它看來似乎是無度
照顧全民福利的飾詞背後，則是忽略了生靈的貪念
和奔競心（見前），彼此宛如軋在一灘泥淖裏而不得
脫身。換句話說，一個有永續經營地球理念的人，
不一定要在政治上力求表現；而凡是嘗試攀援政治
的人，也勢必避免不了權利的誘惑，結果都要以謀
全民福祉為幌子，競相耗能以維持一個方便他們遂
行所欲的榮景。這對前面兩種觀念還沒有得到矯治
前來說，無異又迫使能趨疲更為雪上加霜。而推擴
開來，所有為謀人類福利的泛政治作為，也是同一
行徑、甚至更為令人怵目驚心！如從十九世紀以來
，西方人的狂為發明器物就是最明顯的例子：

十九世紀的偉大創新是：發明如何發明……此
外，十九世紀對所有促使創新成功誕生的原則
，都深信不疑……結果十九世紀製造出一系列
令人吃驚、破壞文化的發明：電報、電話、攝
影、電影、電燈、火箭、X光、聽診器、打字
機、留聲機、火車頭、蒸汽船、左輪手槍、海
底電纜、輪轉印刷機；更不用說還有食品罐頭
、一分錢報、現代雜誌、廣告公司、現代官僚
體制，甚至還有安全別針……歷史告訴我們，
進步既不是自然的，也不是嵌在歷史的脈絡中

> ……我們必須創造自己的未來，要歷史順服於
> 我們的意志。（Neil Postman，2000：44～46）

這些自我稱勝的發明，進入二十世紀、甚至二十一世紀，更不知凡幾；而它無不是一邊假借造福人類一邊從中謀利，從而把世界帶到一個高度運轉卻又不敢確定前景何在的境地。因此，從一般政治到所有泛政治所見的「唯恐大家不幸福」的半偽信條，已經大為加速耗能的步伐而得廣為緩和，才能保證我們還有下個世紀可以安渡；而這顯然是文化批判所能致力而使得拯救地球一事不再流於空談（周慶華，2012b：70～75）。

此外，對於古來已經存在而於今為烈的社會福利事業只會強化戀世耗能的觀念，文化批判也同樣可以加以對治而促使它自動消失於無形。大家知道，中國古代就有可觀的社會福利的構想，如《禮記‧禮運》所說的：

> 大道之行也，天下為公。選賢與能，講信脩睦。故人不獨親其親，不獨子其子；使老有所終，壯有所用，幼有所長，鰥寡孤獨廢疾者皆有所養。男有分，女有歸。貨惡其棄於地也，不必藏於己；力惡其不出於身也，不必為己。是故謀閉而不興，盜竊亂賊而不作。故外戶而不閉，是謂大同。（孔穎達等，1982a：413）

但它並未在現實中徹底的實踐過，還難以估計可能
的風險。有人認為西方的福利國家於第二次世界大
戰後興起以來（英國是首倡國），反而實現了中國傳
統上所謂的大同社會的理想（林萬億，1994；張世
雄，1996）。這並不無道理；但仔細分辨，當中仍有
一些問題未被正視。如社會福利的國家化，固然能
比較有效的統籌分配資源，但它的侵犯人的私領域
，不能盡符公平正義原則，以及容易養成人的依賴
和蠹耗習慣等弊病，都無法有效的防範，最後難免
要拖垮國家財政，而造成另一種社會風險或不安全
感。又如這類福利的倡導或相關政策的訂定，都只
著眼在現世的需求。舉凡兒童的教養、老人的安養
、疾病的醫療、殘障的照護、急難／災害的救助、
貧困／失業的補貼等，無不以各自的這一生或現時
況為考量依據（古允文等譯，1988；周震歐主編，
1992；林顯宗等，1995；鄭麗嬌主編，1995；楊孝
濚，1999；阮玉梅等，1999；江亮演等，2001），根
本忽視了生生相續的前因後果，以致常顯白費或虛
擲。再說社會中人所以需要這類福利的照顧，往往
是緣於政治的不公／社會的不義／人心的貪婪／科
技的遺害等因素；不解決這些（不公／不義／貪婪
／遺害等）問題，貿然的投入，一定會事倍功半（
偶爾有一點成效，也僅止於治標部分）（周慶華，
2002a：233～234）。那麼是不是要改走另外一些人

所主張的市場化的社會福利路線？這種路線是針對
福利國家的不滿而提倡的：

> 隨著經濟和政治條件的轉變，使得福利國家面
> 臨到「需要管理」的危機，而相繼地浮現各項
> 福利國家危機，致使（二十世紀）八〇年代的
> 英國柴契爾和美國雷根保守主義政府，開始大
> 幅度地修改以往擴張性的公共政策，而改採貨
> 幣學派的經濟理念和政策。也就是宣告一個「
> 反福利主義」的後福利國家時代的來臨⋯⋯這
> 使得宗教性和其他世俗性福利服務所扮演的職
> 能，再度從殘餘、填補的角色中，轉變成為福
> 利多元主義中重要的參與者。（王順民，1999：
> 23）

但這種任由大家自由行使的福利取向，所要面對最
大的挑戰是資源的浪費（也就是各福利團體之間以
及各福利團體和政府之間，常重疊的在支出或挹注
相關的資源）；同時也未必會更有成效（因為各福利
團體為了爭取大眾的依賴和廣博聲譽，彼此之間難
免相互排擠、爭奪、甚至仇視，而造成政府輔導／
整合的困難以及民眾在迎拒上的兩難抉擇）。此外，
它也不保證能解決福利國家所遺留的但顧現世和眾
多掣肘等問題（如前面所述）。就以許多人所津津樂
道的現代宗教所積極從事的社會服務為例，它常被

認為對社會的改革和對眾生的救贖或渡化具有莫大的功能：

> 從整個宗教的功能來看，在靜態方面，它從事的是人類心靈的改造工作；在動態方面，則是宗教組織集合羣眾的力量，對社會所作的一種回饋。這種動態的作為，通常表現在對社會服務的積極參與上。也就是說，宗教人士已經從寺廟教會內的清修或禱告等純宗教性活動中走出來，他們基於宗教教義的啟示和犧牲奉獻的精神，來關愛這個社會。因此，在選擇對社會眾生的救贖或渡化的神聖使命時，社會服務往往就是他們具體實踐的主要方式。(行政院內政部編，1995：342)

這說的應當有經驗基礎，只是這種社會服務，往往搭配著教義的宣揚、信徒的招攬和宗教聲望的籲求等動機及作為，並非純粹為了福利眾生而已。而問題也就出在這裏：第一是這終將演變成宗教內部不同教派的相互競爭：一方面爭社會資源；一方面爭社會地位。而所爭的社會資源和社會地位又成正比，也就是誰能吸取較多的社會資源，誰就擁有較高的社會地位；倒過來說，誰擁有較高的社會地位，誰就能吸取較多的社會資源。導致宗教內部各教派始終在明爭暗鬥，彼此都不願意放下身段來協商合

作或進取的方案。這樣一來，社會只是宗教中各教派相互較勁的場域，表面所從事的社會福利事業的善行，終於抵不過內裏彼此相互爭鬥所帶來的憂患。第二是宗教從事社會福利事業所需的資源全來自社會，它跟政府從事社會福利事業所需的資源也全來自社會是一樣的，以致經常形成重疊而雙重浪費的現象。換句話說，整體官僚的設計，原就是要他們從事相關的社會福利事業，現在大家的稅金照繳而官僚卻少做事了（或做了效率不彰），卻讓宗教再度吸取資金（變相的稅收）而部分支付工作人員的費用、部分用來造福社會。顯然原先期待於官僚去做事所付出的金錢白花了，又加上多支付了宗教所委託的工作人員的費用，這豈不是財力上的雙重浪費？至於在整個過程中所投入的人力和物力等，也跟財力相似都加倍的虛擲了。第三是宗教所以要從事社會福利事業，在相當程度上是要走信徒取向的傳教方式，也就是信徒需要什麼，宗教就提供什麼，讓信徒直接或間接感受到該社會福利事業的可欣賞或溫馨面。但它卻忽略了信徒所以要贊助宗教（讓它可以從事社會福利事業），大多只是為了宗教所提供的某些福佑或赦罪的保障，而無法顧及信徒在贊助的過程中是如何的得到他用來贊助的財物，使得宗教所取得的很可能是「不義之財」，而它無意中縱容或暗示信徒可以不擇手段的賺取財物以為奉獻，也將無從免除一場信徒奔競於蒐尋財物的惡性循

環劫難（周慶華，1999b：65～67）。如有人曾發現
臺灣有些教派以「老鼠會」的方式經營它的社會福
利事業而飲譽國內外（相對的它也搶走了其他教派
的鋒芒），卻無法譴責那些帶頭汙染環境、破壞生態
而有大筆捐款的企業主；或者只能連帶呼籲或廣造
樹林或資源回收而不敢力勸相關業界或大家少製造
、使用非必須的家俱、紙張以及大量減去非必要的
食品（不然就會遭受業界或相關人士的抗議而蒙受
妨礙經濟發展的罪名）等，就知道上面所說的不假
（行政院內政部編，1995：57～77；佛光山文教基
金會主編，1996a：1～32；周慶華，1999b：67）。還
有政府日漸加強宣導宗教要對社會負起利生的責任
，卻缺乏於檢討本身所該負起的利生工作是否確實
，有意轉移目標且無心改善資源重複浪費的企圖也
很明顯，這就不必多說了。而從以上這點來看，有
人所作的此類論述就顯得過於簡化問題了：「宗教組
織興辦社會福利事業，如義診、賑災、救難、濟貧
等已有幾千年歷史，它的出發點無非在於發揚並實
踐行善、助人、服務、奉獻的教義。但它的作為也
同時引發教徒、信眾為積德、祈福、贖罪、求永生
、贊助寺廟教會做善事的回應，相輔相成，得以持
續從事公益慈善活動，不斷反哺社會」（行政院內政
部編，1995：343）／「社會捐獻給宗教，宗教或再
捐獻給公益團體，或辦教育、社會事業，為促進社
會進步、繁榮的樞紐」（佛光山文教基金會主編，

1996b：16）。這對於宗教內部各教派的爭鬥、官僚的偷懶和信徒的奔競心等全未涉及，顯然略去了許多環節。像被認為比較能中立進取的宗教團體在從事社會服務時都這樣弊病叢生，何況是其他的利益團體？可見社會福利越積極，戀世耗能就越不可自拔，以致文化批判就可以在這個層面派上用場而有助於地球的救渡（周慶華，2012b：75～81）。

　　文化批判所要對治會危及世界存在的觀念病，如上所述已經散化為諸多層面，包括主脈的奔赴而來現實界的強至或搶至的觀念，以及分屬的在世必要多攬福份的觀念、政治的權謀或無度照顧全民福利的觀念和社會福利事業只會強化戀世耗能的觀念等，這些都有待實際的矯正。而可預期的結果是，生靈強至或搶至少了；而沒有可比較的情境或可競爭的機會，也就不必多攬福份和依賴政治力或社會機構的福利加被。這當中會給人致疑的空間，毋乃是倘若大家都不來現實界，那麼不又造成另一種生態不平衡？對於這個問題，從兩方面看顯然不大可能發生：首先，文化批判不可能一次見功，它一定會經歷很久的時間才逐漸生效，所以強至或搶至的情況只會漸減而不會終止。其次，靈界自有裁奪機制，而不致任由兩界反向嚴重失衡（周慶華，2006a：178～189）；因此我們只可能對生靈還可以擁有的部分自由意志進行勸導，而無法必定他們不再穿梭兩界。這樣如果現世的福份或福利事業還有必要，

那麼它就得是因應能趨疲危機而低度探取或謹慎從事，以確保地球可以永續經營（周慶華，2012b：81～82）。

　　上述所展示的批判方案乃從反全球化連帶而來，該內實既有特定議題的明訂又能自顯融合出擊樣態（大可列入「臺北」關懷的對象範圍），無異見證了「融合出擊而針對特定議題進行討論並歸結為『臺北』關懷」一理。這跟前節所見證的「單獨展開以『臺北』為名言說」一理可以前後鏈結，從而益為顯示相關規模方向踐履的必有致效處。

第三節　新方法論的抉擇以備未來益世所需

　　推出華語敘述／對治觀念病等所以「臺北」為
名言說和歸結為「臺北」關懷等，已可見諸子臺北
學的規模方向踐履概況，相關的倡議似可告一段落
。但為了還有一個可搭配成行的新方法論抉擇在蘊
涵著或貫串著，不把它帶出來一併顯示它也當在踐
履行列，恐怕會造成論說上的疏漏，於是得再立此
節「新方法論的抉擇以備未來益世所需」來處理這
個問題。

　　新方法論的抉擇所以也成為相關規模方向所要
踐履的，主要是備著以為未來益世的所需（也就是
當有益世需求時新方法論的抉擇就可派上用場）。由
於前面早已敘明在自我內具理路上，有關應備的方
法論範式乃涉及「『從寓新方法提供於對決舊方法→
新方法的前提→新方法的體質性健全要求→新方法
的理論建構向度』此一可窺伸展進程結構的完整形
態」；而這體現為與時俱進義部分也有議定讓跨科論
述的全程性控勒去擔負；到了最末一環所當有諸子
臺北學的方法論推衍於後全球化時代見效的，也辨
立出了精選文化學方法／生態學方法／未來學方法
等合為謀略來完成（詳見第五章第一、二節），以致
繼起得備具的新方法論抉擇自然就依違在此間。這
在理則上，也著實有一模式可運作無礙，就是「由
文化學方法提領而後將生態學方法和未來學方法融

合致力於演展攸關後全球化時代所得集體共營的良善情境，包括構設後環境生態學／強化災難靈異學／開啟嶄靈療觀等綜出可蘄嚮的遠景（詳見第五章第二節）。因此，踐履性的新方法論抉擇無非就是在具體落實它。

　　這一切既然都是為著回應舉世倫常失序及其能趨疲危機（且又別無更好策略），那麼繼續深化或廣延它可預見的效應也就成了此刻所當電勉從事的。緣於前面已有點出（只是不及細說），此處就不再另立品項而僅順勢給予補述以為實向踐履具式。首先是構設後環境生態學。此乃以最新平衡生態觀的提倡為宗旨：一般所見的平衡生態說，約有三種情況：第一是物質和能量循環結構的平衡；第二是各成分和因素之間調節功能的平衡；第三是生態環境和生物之間輸出和輸入的平衡（王勤田，1995：5）。當今的生態失衡是將這三種情況一起體現的。這就要怪罪資本主義把全世界帶到耗能、壞物和需索無度上。而它所隱含的殘忍和猙獰面目，就是生態繼續失衡的催化劑。前者（指殘忍面目），是指那些帶動資本主義的人，只求自己致富以顯示在世成就而寄望榮耀上帝後優先被救贖重回天國，根本不在意塵世已經變得多麼不堪！後者（指猙獰面目），是指那些已自攢資本主義好處的人，不可能讓別人分享（Denis F. Owen，2006：328～329）。更可議的是，當別人警覺到不能落後而想急起直追時，他們就反

向圍堵（就像當今美國四處圍堵中國大陸的崛起那樣）（戴旭，2010；海天，2014，何清漣，2019）。這種只准自己享受得救而不許別人看齊分沾的作法，無異窮兇極惡的歹徒行徑。如今這一只有少數人口獨佔的豐厚物質成果（Pankaj Ghemawat，2009），卻要透過全球化更讓他們予取予求而維持福份享受於不墜。所謂「現代世界秩序的歷史可以被視為西方資本主義強權們瓜分利益的歷史」（David Held等，2005：11），這所搬演的，就是西方強權們先後爭奪宰制全局，而讓非西方世界的人完全被動在跟隨起舞（Malcolm Waters，2000：5）。因此，全球化就是一個光譜兩端的權益分立：「對某些人來說，全球化意味著自由；然而對另一些人來說，全球化卻有如監獄。有的人認為它帶來榮景；也有的人認為它對發展中國家的貧窮難辭其咎。」（Tony Schirato等，2009：2）至於中間地帶的次主動者，最後都要臣服於資本主義以圖謀被零賞的幸福，而使得全球化的氣焰串聯高漲！雖然如此，資本主義全球化所帶來的支取過盛和遺害深遠的生態浩劫，卻是人類的最大噩夢。而要解除這個噩夢，就再也沒有比恐懼全球化和徹底反資本主義更有效了。如果能徹底反資本主義，那麼恐懼全球化的戒惕性也會跟著提升。因此，站在全人類未來生存的立場，勢必要跟全球化／資本主義決裂而反對到底。這種反對，一方面是針對西方霸權在全球化上的積極推動；一方

面則是針對非西方世界的盲目曲從（或有意的隨波
逐流）。根據上述，生態浩劫的癥結乃在西方資本主
義所帶動的全球化，迫使舉世參與耗用資源所造成
的；大家不反資本主義，就拯救不了地球。於是新
的解決途徑，就在從恐懼球全球化出發，徹底反資
本主義，並使相關議題堆進到後環境生態學的層次
。而這一點，顯然是要以在地思考為整體反資本主
義的機動策略，而無法奢望所有人類在同一時間都
反轉來共襄盛舉，因為已經享盡好處的資本主義強
權是不可能附和而調整方向的。而反資本主義，在
現實上就只能這樣從在地的不跟資本主義起舞或急
流勇退的自資本主義氛圍中抽身，讓資本主義無以
致用而逐漸削減它的影響力，最後就可能回復無有
資本主義的時代。這種在地思考所要面對的分一杯
羹無望的困境或被邊緣化而從此短少競爭力，看來
像是反資本主義所衍生的新問題，但不這樣大家就
會步上不可再生能量趨於飽和而使地球陷於一片死
寂的末路；因此比較原先所存在會走向滅絕的問題
，後面這個問題可以保障某種程度的生存明顯是最
輕微的。再說就資本主義背後所隱藏的邏輯來看，
它原是西方人要藉以顯示在塵世的成就而圓滿一己
的宗教信仰，但當它越演越烈到騎虎難下的地步後
，他們就會豁出去而不想止步，並且把別人拖下水
一起承擔敗事的後果。此外，因為西方人所具強勢
主導性不是他方世界可以併比，所以他們就反過來

自我膨脹為上帝第二（Reinhold Niebuhr，1992：58
），不斷地羼雜在殖民行為中而高高在上的宰制著別
人。在這種情況下，非西方世界中人倘若不自我奮
起，那麼就只能永遠奴事而撿拾對方的殘餘，這樣
還有什麼光采可說？因此，反資本主義也就是反尊
嚴掃地以及對必要自主前途的覺悟！還有從資本主
義表面的病症來看，它以自由貿易為名，強迫大家
消費且不停供需，終究是為成就西方人致富而獲得
上帝救贖的榮耀；非西方世界中人莫名其妙被捲進
去參與窮耗資源的行列，到頭來卻只是待宰的羔羊
，完全成了人家跨國企業的犧牲品。現在由於全球
耗能快速，生態危機嚴重，西方人又想出綠色經濟
來唬弄人，自己仍穩穩的操縱著資本主義的進程，
而相關的浩劫卻反要非西方世界中人一起來共業承
受。所以說該綠色企業仍然改變不了生態浩劫的延
續，主要是那種偽裝式的綠能思維還是強調再利用
和開發新能源（而不是從根源上杜絕），對於已經千
瘡百孔的地球根本無能修補；況且為了開發新能源
，還得投入更多的人力／物力／財力，只會迫使地
球繼續邁向不可再生能量趨於飽和的臨界點，大家
的生存權依舊備受威脅。因此，只要資本主義存在
一天，這個世界就休想有可以恆久託負的希望。這
麼一來，終結於一個在地思考，就是建立在「苟活
未必比不活好→從每一個在地反資本主義而定點串
聯→讓資本主義無處作用而自動斂跡」的新邏輯基

礎上。它的勢必減少人口以棄絕對資源的大量依賴
，則可以從自然退出和教育啟導雙管齊下讓生靈緩
著趕來或重返現實界湊熱鬧；這是一個不再有可以
美好想望的世界，大家不必為著倖得奢華生活而汲
汲於奔赴，從此真的各安所往，讓世界少去擁擠和
得以喘息！而諸子學說所要集中開啟自我勝場的紀
元，就可以在這方面著力，以確保氣化觀型文化在
當代所能轉發揮超卓益世的功效。其次是強化災難
靈異學。通常災難的發生，可以解釋為是靈界為兩
界失衡得回歸秩序化所作的調整；而災難種類多及
死亡多樣化，代表靈界所採取的手段乃多管齊下，
為的是因應靈界分項負責者的不同能耐。換句話說
，現實界的存在體有多複雜，靈界的存在體也比照
、甚至還要複雜許多，因此靈界要發動災難就得由
決策者召集相關存在體共商對策以及分派任務，然
後分頭依需或依便去執行，所見災難／死亡才會有
那麼多形態（還包括死亡的遲速在內）。這樣說並不
代表靈界是一個完美的世界，它一樣會有鬥爭（常
被形容為神和魔鬥或神和神鬥或魔和魔鬥）以及眾
暴寡或大欺小的現象，但那是不死靈（精氣）的相
互抗衡，彼此不會有什麼性命損失。只有現實界的
存在體才有傷亡或喪失等情事。因此，靈界的存在
體以無肉體負擔來操縱有肉體負擔的現實界的存在
體，就是一個純剋服或純馴服的歷程；而祂們的維
持兩界失衡訴求（不讓現實界過度發展），自然就成

了整治現實界最好的藉口。這種整治，也許還會有
配套措施。如：

> 每隔一段時期，人世間自會韻律般周期性發生
> 苦難……大約以戰爭包括種族信仰、瘟疫病、
> 天災氣候、火山爆發、海嘯、水災、風災和火
> 災等舒緩負荷的壓力。這時候靈界會派出說法
> 者投胎於人世間教導世間人們，安定世間人，
> 以平凡的肉身置於人羣各階層有科學家、哲學
> 家、軍事家、政治家、宗教家。一旦隱入肉身
> 投胎出世為人，都負有生的任務；任務達成就
> 可返回靈界，休息後再準備出發。(吳柄松，2003
> ：84～85)

如果配套措施失靈了，那麼直接發動災難以為補救
，也就是順理成章的事。但這種說法的可信度不高
，因為災難本身的形成多有現實界存在體的為孽在
先，而這一為孽又是靈界從中操縱的，這樣就會變
成循環論證（等於沒有說什麼）。因此，整體上還是
要歸諸靈界的布局。至於為什麼要作這類的布局，
那就得還原到靈界就是一個權力場的觀念上來。換
句話說，大家都在玩權力遊戲，相關規則的訂定但
在強勢的一方，而被犧牲的就是一些多餘的籌碼；
以致所謂的恢復秩序，只不過是暫時歇戰的代名詞，
靈界永遠都想伺機取得掌控權（包括休兵協商從現

實界支取勝利品在內）。依據這一點，所有災難的發生以及多管齊下的制裁措施，就顯不出有多內幕驚人了（真正可觀的是靈界內部的鬥爭）。到頭來，只是人類在自憫災難；而一切的收斂或自制思慮，也就順了靈界的免續戰期待。這在某種程度上還是有不惹惡氛逆心的好處；否則就得常陷混戰更為失序的低劣環境中！而由此可見，有人得到訊息所說的設定節目，就是這種權力遊戲的飾詞：

> 近十餘年來，靈界一再不斷地傳達「二十一世紀是個亂世」這樣的訊息……除了大自然的天災地變，如地震、雪災和風災之外，全世界經濟的突然崩跌、油價的暴漲暴跌、西藏的暴亂、韓國的牛肉危機、印度的恐怖攻擊、泰國的政治傾軋……等等，都來得令人措手不及。（向立綱，2009：序二 10～11）

> 靈界明確的說，從現在到 2025 年，不會有第三次的世界大戰，也不會有世界末日的發生。不是百年前的預言不準，而是靈界已有新設定。（向立綱，2010：293）

靈界所以要這樣設定戲局，說穿了無非就是博弈心理的再現（不然幹嘛如此費心安排戲目呢）！不想玩的靈，只好一邊站，讓權力去那些躍躍欲試的羣

體中穿梭。而換個角度看，靈界一旦設定了亂世，就有名目可以光明正大的把靈體從人的身上收回去，以致那些不願蹚混水的靈界存在體才會徹底死心，不跟著同流合污而玩這種虛矯的遊戲！而回過頭來瞧，靈界動輒製造一些災難以顯威能，手段幾乎都靠靈異。像 911 美國世貿大樓被人劫持民航機撞毀在濃煙中有睥視冷笑的鬼臉（O'MARA Foundation，2005：64）；臺灣 88 水災時從衛星雲圖可以看到巨靈在上空潑水（個人新聞臺，2009）；1999年 2 月 15 日臺中衛爾康西餐廳大火在第一廣場上方出現幽靈船（希拉蕊，2007：96）等，無不令人驚奇而益發相信靈界的策畫執行力。由於災難都從靈異中透出，相關的理解也得轉向來發揮，所以可以確立這是專屬的災難的靈異解釋模式。災難的靈異解釋模式的完善化，就是災難靈異學的完成；而這除了上述的廣泛例解及舉證，還得解決一個關鍵性的問題，就是憑什麼靈界可以對人這樣予取予求？換句話說，人要有被操縱的弱點，靈界才能發動災變奪走人命以為成就所謂的支配大業（權力場的坐實）！現在就來處理這個問題：大體上，靈體從入胎後就一直在肉體內活動，如果沒有外靈協助或促動，那麼他是不可能離開肉體而終致肉體的死亡。所謂「不管臨終者是誰，靈界一定都會派領路的靈體過來，這件事毫無例外……領路的靈會幫忙臨終者的靈體從肉體中分離出來。如果這個人是躺在

床上，那麼他的靈體就會脫離肉體而坐起來，但肉體還是一樣留在床上躺著」(史威登堡研究會，2010：78~79)，就是在說這種情況。因此，人的臨終到了與否，都會有靈界給訊息，好比「許多死亡的見證者都指出，他們在死者臨死前都曾經看過死者已過世的朋友和家人──前來歡迎這位新成員隨同他們加入『另一個世界』的生活⋯⋯（有些）會被告知：『時候』還沒到，他們必須回到人世間。雖然百般不願，他們最終還是都回到自己原本的肉體上」（劉清彥譯，2000：73~74）這類情形。而世上有些無頭人還可以正常活著（慈誠羅珠堪布，2007：20~22），就是他們的靈體還未脫離肉體的緣故（時候未到）。這樣靈界要以集體制裁的方式平衡生態，只要藉災變乘便拉出或撞擊人身上的靈體，就可以達成毀棄肉體而恢復秩序的目的。這也就是為什麼有人歷經千災百難都還活著而有人才一遇變故就當下死絕的原因所在，畢竟靈界在暗處有可以穩穩操縱人生死的便利，誰被選中了誰就難以擺脫。有了這個前提，各種靈異／災難的發生形成，也就都各就定位而不必再有可疑慮的地方。但即使如此，災難靈異學的成立還是會有一些非本質性的難題在挑戰，包括案例的量化不足和靈界的暗示災難太少以及人的愚昧太多（倘若也盡是靈界的布局，那麼我們就會想不透靈界為什麼這樣樂此不疲的戲謔不停）等。這就需要再探查下去，直到它足夠鞏固一門

新學科的堅實基礎為止。而不論如何，只要災難靈
異學得以強化建構，對於諸子學說所要集中開啟自
我勝場的新紀元來說，則不啻又多了一項利器，可
以讓氣化觀型文化的救世功能優先被世人所看見。
再次是開啟新靈療觀。這不妨從可能的輪迴觀念談
起：原則上，輪迴圈是一個無止盡的權力場域。根
據 Pierre Bourdieu 的說法，場域不是四周圍以籬笆
的場地，也不是領域的意義，而是一種力場。這是
由各種社會地位和職務所建構出來的空間，它的性
質決定於這些空間中各人所佔據的社會地位和職務
；而不同的地位和職務，會使建立於職務佔有者之
間的關係呈現不同性質的網絡，因而也使各種場域
的性質有所區別（邱天助，1998：120）。而這在兩
界循環互進的輪迴演現中，靈靈互涉或靈靈互槓的
權力衝突，也因為靈體本身的質差而不可能廣為化
解於無形。因此，相關的解脫（不限於佛教式的槁
木死灰或不起念頭），也就要在這個空檔來規模出路
。這總說是一個強為啟靈的策略，先在前提上確立
靈體的相對自主而非依附性。而這可以有架構作為
思慮的依據：就是將任何一個存在體所能顯現的質
能，區分為強勢強者、弱勢強者、強勢弱者、弱勢
弱者等四種類型。當中強勢強者只極少數人為可能
（且不免於結夥壯勢）；強勢弱者為現實統治階層的
常態；弱勢弱者則見於普羅大眾；只有弱勢強者為
社會中的菁英所扮演。這樣靈體要保持自己的存在

優勢，就只能排棄依附（強勢強者和強勢弱者都在
這個範疇）或自我闇昧（弱勢弱者所屬），而往最少
攀援或最多本事的路途邁進。它雖然必須游走邊緣
以取得多邊權力位置，但在沒有更好的「自處之道
」前這還是唯一的選擇。而以弱勢強者的姿態面世
，即使無法跟強權（就是強勢強者或強勢弱者）抗
衡，但它至少保存了可以緩和輪迴的壓力而不再栖
栖惶惶於心計。這麼一來，相關的啟靈工作也就可
以從不受靈靈互涉或靈靈互槓的靈異制約開始。它
依次要練就幾樣本事：第一，相敬兩安。這是指靈
靈在互不侵犯的原則下可以維持一個相當和諧的局
面；而再進一層到相互禮敬的地步則不啻要更穩定
兩界的秩序化互動。平常的靈靈互槓，有相當部分
起因於互敬的缺乏。現在人想要維持正常的生活營
運，捨棄先敬靈界存在體的禮數（反著求靈界存在
體先敬人）而冀得兩安，顯然是不大可能的事。換
句話說，先敬靈界存在體的禮數到了，靈界存在體
大概也沒有什麼理由不理會這種禮數而反變本加厲
的凌虐人。第二，無求自高。這是指外靈所以要給
人製造痛苦或恐懼的機會，在某種程度上是料定人
有所企求而應機盯上以索得被利用的承諾；而只要
無所企求，中間的紐帶自絕，相關的靈異禍害自然
就難以施展。這在現實中已經是一種人倫的鐵律，
轉向跟靈界互動後理當一如常態。也就是說，求人
所徵候的自己能耐不足以及位卑勢微等汗顏事，無

異是一則自降格調一則屈服取辱，都會讓自我處在隨時任人操控的情境而不得自在。反過來，無所求助一旦獲得堅持，所保住的尊嚴也必然會自我提高身價。這樣的規範延伸到靈界，諒必也會自成一種理則；而所有的靈異恐懼，也就因為能夠如此自制而自動減去，從此不再心虛以對（人有所企求就會駭怕靈界存在體反噬）、甚至莫名其妙的坐以待斃。第三，修養護體。這是指靈異恐懼所可能被加害的己身在修行鍊養有成的情況下，會因為體健得以自保而無形中化解了來自靈界的種種壓力。當中修行所帶有宗教性的，也許會得到靈界存在體的庇佑而反使自己有恃無恐；而鍊養所搏成的氣盛靈活姿態，也有可能阻絕異物加身而使自己更有信心不再恐懼靈異。這是緣於靈靈互槓機制面的控制所不能免除的一種釜底抽薪式作法，一來保護自己不受他靈所害；二來還有可能成為回饋靈界存在體的典範性表現。換句話說，在靈靈互通的前提下，自己一旦鍊養有成，爭相學習模仿的效應勢必會從現實界延伸到靈界，從而為自己樹立起一個可以被爭睹歆羨的楷模。而這種得意事的持續發燒，也就是自我轉優勢且立於不敗之地的一大保障。第四，練才全身。這是指靈異恐懼所擔心失去的東西（如親情、愛情、生命、財富、地位、甚至從他人處感染來的恐懼等），都可以由練得的才能得著彌補而從此大可縱身大化中；這時已經到了生命本身最富足的階段，應該是

最有本錢不憂不懼的了。縱然才能的累世益增性（也就是靈體的恆久存在性會讓才能經驗隨著不斷地過渡）可以保證每一次第的存在都享有榮光，但它的確否益增卻是全身的一大考驗。倘若說人上有人（或一山比一山高）是相對上成立的話，那麼努力晉身為人上人的標的永遠有效。而就憑著這一永不懈怠的自我試煉才能，導致所締造的成就（如文學藝術的創作／社會制度的發明／各學科知識的建構等）可以睥睨一切。這樣一個人來到世界的使命（姑且這樣認定），也就有著充分且完美的達成，人／神／鬼等都會同感雀躍（即使中間夾有嫉妒成分，終而也會因為該成就的光芒耀眼而被稀釋或被掩蓋過去）。所有的靈異恐懼在此刻一定會減到最低、甚至自動消失於無形（周慶華，2006a：123～125）。從相敬兩安到無求自高到修養護體到練才全身等，乃全然不期待外援和不夥伴作威作福的弱勢強者的表現。這是一個新靈療的方案，著重在預防勝於治療的啟靈美學，讓原靈病的註定悲劇性轉成自我療癒的文化崇高化（它的剩餘心力可以用來參與文化的創新）。因此，如果說既有的靈療都無法有效的化解靈病的困擾，那麼新啟靈式的靈療觀則可以後出轉精來填補該空白而取得最佳的療效。正因為靈體的質差已經無法弭平，以致所有靈體只能依上述的方案踐行而自我優質化。這樣在儘可能範圍內沒有了需要頻密靈靈互槓的機會，輪迴就會緩和下來而不

再急切更迭（彼此為了索討或寬恕而勤於穿梭兩界）甚至還可以減少因為逃避或恐懼等因素轉世過多而造成兩界傾圮失衡的弊害。至於有可能的靈體傷殘情況，如「西方靈學研究這方面死亡的報告甚多，他們認為自殺或他殺會產生靈魂的暈迷和創傷，變得靈魂萎縮和靈魂麻痺，將來倘若再轉世為人，是一位先天傷殘的畸型人，或是兇狠粗暴無人性的人」（盧勝彥，2006：160）這段話所述，這都屬於養護不善的範疇（不像其他靈靈互槓所隸屬倫理虧欠的範疇），其實也可以由上述的新靈療方案去試為改善（包括有些因執念過深而釀成相關的傷殘一直不去在內）。此外，有關兩界失衡使得現實界人口過剩而耗能無度的問題，也因為大家識見新具而讓輪迴得到舒緩一併加以解決了。而這經由諸子學說所體現的氣化觀型文化（兼及早就融入的局部緣起觀型文化），也正好可以集中在這一方面來一起開啟自我勝場的紀元，以作為濟世所需的資源（周慶華，2021a：198～208）。

「新方法論的抉擇以備未來益世所需」的整體展演，就是要把時序推向後全球化時代，一方面對治外來體制的干擾（即使現今仍在普受外來體制干擾而難以重返既有航道，也得深凜相關精神而在內部整備遍歷）；一方面反西式科學／民主／資本主義／殖民征服等行動以回歸諸子學說核心仁政／大同社會（「道成仁心」的踐行處）的企求，這所即將進

入的情境是一個不斷自我喚起濟危扶傾的願力，以為挽救西方強權過度藉以催化強施所導致世界的破敗。此一破敗，顯示整體倫常已經失序堪慮而連帶造成舉世嚴重的能趨疲危機，只有仰賴仁政復振才能鑄成一道安全閥止得滔天狂流！

第七章　具體論述例示

第一節　君子學為人文生態定性重啟功能

　　新諸子學通應內外現實開展需求而興起，它將在諸多緣起條件以及詳為規模方向／踐履策略等制約下以「諸子臺北學」名義面世，想必付諸行動後就能看見成效，而以新彌姿態在現世中逐漸擴大效應。因為此一學派的倡議蘊涵有研討宏揚諸子學說／探究開發新學說等雙面旨趣及其所對應時代失格的深重使命，致使由倡議者率先展現相關論述的力道（以示此路確是可通）也就責無旁貸。而這將從此刻起擇要來進行，所涉及「君子學為人文生態定性重啟功能」／「逍遙論給自然生態注入活力」／「天道觀將總綰新跨科論述的核心」／「強顯新民族主義異幟」等議題，則分別訂立節標予以概括。至於所選題論列也當應驗前面所述新方法論準則，乃由論述本身自行隨機擇便（未硬性全應也不煩為一一交代路數），以達陣為要。

　　依次先從「君子學為人文生態定性重啟功能」開始談論。君子學，是指君子被多方論述後自成一門學問的稱呼。而就種種跡象來看，孔子的從新賦義建制而使君子自爵位義轉成德行義，此乃君子成學的歷史起點（至於更優位或更深層次由中國傳統氣化觀型文化所准設部分，那就可以當它是隱性的

始元而毋庸再贅述了）。具體情況，則是君子的立義
初定（主論），並有衍論（補述），以及符合此立義
的案例陳列（引證）：

子曰：「君子義以為質，禮以行之，孫以出之，
信以成之。君子哉！」（邢昺，1982：139）

子曰：「君子之於天下也，無適也，無莫也，義
之與比。」（邢昺，1982：37）

子曰：「質勝文則野，文勝質則史；文質彬彬，
然後君子。」（邢昺，1982：54）

子謂子產：「有君子之道四焉：其行己也恭；其
事上也敬；其養民也惠；其使民也義。」（邢昺
，1982：44）

南宮适問於孔子曰：「羿善射，奡盪舟，俱不得
其死然。禹稷躬稼而有天下。」夫子不答。南
宮适出，子曰：「君子哉若人，尚德哉若人！」
（邢昺，1982：123）

子曰：「……君子哉蘧伯玉！邦有道，則仕；邦
無道，則可卷而懷之。」（邢昺，1982：138）

上述第一則是立義；第二、三則是衍論；第四、五、六則是引證，合起來自成一種理則而可供人察考（這也可以條理出一般邏輯學書所常示範的三段論式：人只要具備義禮孫信等條件就是君子；子產／南宮适／蘧伯玉都能具備義禮孫信等條件；所以子產／南宮适／蘧伯玉都是君子）。這種理則，自蘊有內在的邏輯結構而明顯合於「組織」一義的要求。此外，關於「合理」和「統括」二義，則分別由內質義外飾禮孫信所撐起的君子德行乃屬高格型範（無可替代）和該君子德行規約不慮能被任一社會所准式等來保障。前者（指內質義外飾禮孫信所撐起的君子德行乃屬高格型範），已有孔子不憚煩指出的小人作為對比（社會不可能儘歡迎小人鄙野行徑而還可以正常運作）以驗效能；後者（指該君子德行規約不慮能被任一社會所准式），也能設想任何家庭、學校、商界、政壇、甚至戰場等缺少君子坐鎮將會多麼恐怖（周慶華，2021a：34～35）！

　　這所對比於小人（鄙野德虧者）所成就的德行高格者，在人文生態中特別有樹異且能綰合生靈齊向道德生活邁進的至大效能。大家知道，環境生態為生態踵事增華後的新調性（張鏡湖等，2002；朱錦忠，2003；岳友熙，2007），比擬於環境生態而有人文生態的稱呼。環境生態新學科為人所建構根源仍在現實需求（周慶華，2011b：42～44）；既然有現實需求則人文生態的優先性必要浮現出來，最終

乃以人文生態反向對環境生態的制約為著眼點。這
溯及古代,已有儒家人文生態觀在流行。該人文生
態觀以德業光譜為軸線相貫穿(互動時則成網狀)
:

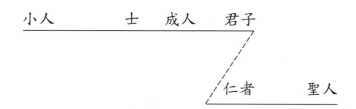

這主要體現於《論語》/《孟子》中的例證可舉隅
〔士/成人,一為知識分子的通稱;一為才能格備
者的名號(邢昺,1982:118、125),位在君子端的
前沿〕:當中仁者/聖人,乃是君子德業進益後所成
就的,如「子貢曰:『如有博施於民而能濟眾,何如
?可謂仁乎?』子曰:『何事於仁,必也聖乎!堯舜
其猶病諸!夫仁者,己欲立而立人,己欲達而達人
。能近取譬,可謂仁之方也已。』」/「子曰:『君
子而不仁者有矣夫,未有小人而仁者也。』」等(邢
昺,1982:55、124)可證;而推己及人/博施濟眾
的德業成就,又被總收攝於仁政此一君子所可能的
最高進趨(邢昺,1982:61、131;孫奭,1982:14
、22~23、29~36、176、90~91)。它源自道的終
極信仰(自然氣化過程或理則)及氣化觀的世界觀
(道成仁心觀念),然後恪守縮諧式倫理規範(極度

關懷倫常敗壞），且以雅緻身分形現，終而自鑄了一段君子作務的夢想旅程（因標的甚遠得先發想始成）。如圖所示：

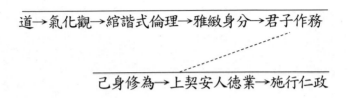

這所規模出的己身修為→上契安人德業→施行仁政等進趨形態此一專屬「君子的行動系統夢想」，可落實為對治外來體制的干擾，形勢可以逆轉而自顯優著。如圖所示：

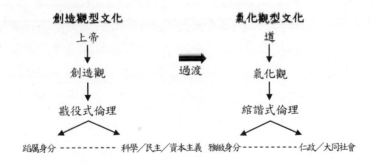

西方人處處自置險地所顯露的是一蹈厲身分（表面上是亟欲追比上帝而帶有崇高性，實際上則是在自我陷溺而終流於悲壯下場），畢竟要由君子的雅緻身分（優美可感）來調節轉化，相關的科學／民主／

資本主義等多悖作務才更有機會淡化斂跡。而現世因資本主義所連帶推動的市場化社會福利制度（原反對資本主義的共產主義社會，晚近也都自動轉向而一樣卯上了這種市場化的社會福利制度），它的高度浪費、乏效和得忍受眾多掣肘等弊病，也就可以約略在仁政實踐過程中所營造的大同社會逐行予以消除（理當不會有什麼風險），這乃不言可喻了；否則，讓隱含邪惡、貪婪、狡詐和自私自利等成分的資本主義繼續存活，不但社會福利難以持久，恐怕包括整個政體在內都可能因嚴重內爆而潰亡。由此可見，上述所掀揭君子的行動系統夢想，不啻成了最強中國傳統氣化觀型文化的時代推衍，此外就無從想像另有更好的對策可以藉為挽救現世的頹勢〔現行體制也許不容易在短時間內藉機更新，但對於從政者（不論他是由選舉還是由推舉或是由其他方式產生）的君子身分及其仁政作務卻得優先加以限定，相關的非美善制度才有希望逐漸得到遷移改進〕（周慶華，2021a：91～92）。這在一番反外來體制（如上述西式文化）以回歸仁政／大同社會的企求實現後，便能推進到逆能趨疲的後全球化時代。

　　顯然君子學繼出為人文生態如此定性後的功能重啟一節已是勢在必行，此乃後全球化時代的希望工程所繫。它除了可以多重對比於西方所尚鄙野小人行徑／只重紳士培訓／苦守教徒博愛／擅入哲人神智等褊狹作為而顯異，還可以在自我強化式的修

補殘缺後（如典範轉移／演繹操作／建立邊境采邑
／繁衍多姿等）而成就一套可高度有效實踐的終極
理論，從而見證了濟危扶傾的光華命勢（周慶華，
2020b；2021a）。

第二節　逍遙論給自然生態注入活力

儒家的君子學以特能縮結人情（推己及人／博施濟眾）見長，也自會連類推擴於諧和自然（不違逆／不破壞自然），乃最為後全球化時代的希望工程所繫。此中又有道家專擅規模逍遙人生策略以應諧和自然大宗相濟，二者合謀，無處可以完全切合新能趨疲世界觀的重建。因此，接著設題「逍遙論給自然生態注入活力」以為疏通相關理路，也就可見新諸子學能高調對治世局詭亂的一斑。

此逍遙論萌蘗發端於《老子》消極性的自然無為而滋長完成於《莊子》積極性的逍遙自在，以「至人無己／神人無功／聖人無名」（先高成就後看淡去執）一義標舉道情稱勝（郭慶藩，1978：11）。而這不妨以一個總攝終極信仰／終極真實／終極目標／終極承諾等概念架構來統理該逍遙論的搬演情況：將人理智的認同行為「信仰」一事，推及終極性的實體（實在）而形成終極信仰的事實；然後所信仰的實體對象又得有終極性的關懷來保證它的必要存在。這終極關懷因此可以構成一個立體的存在體系，也就是由終極關懷而引出構成此一終極關懷的真實和所要追求的目標以及為達到目標而有的承諾。如果把終極關懷當作對象性的存在，那麼從終極真實到終極目標到終極承諾就是實踐性的存在。而在這裏也得援例以終極關懷提稱來代表該對象性和

實踐性的存在，主要是為了終極關懷本身難以自存，必須有終極真實保證它的成立、有終極目標指引它的出路，以及有終極承諾推動它的進程，彼此構成一個關係緊密的存在體（傅偉勳，1990：189〜208；周慶華，1999b：185）。莊子學說在參與文化的創建（體現）上已經分衍了中國傳統氣化觀型文化的半壁江山，往後還可寄望它發揮更多的作用。如果回到學說本身，那麼自當發現它所關懷的是緣純任自然一路而來的個體的困窘（不自在），跟儒家孔孟學說所關懷的是緣重視人倫一路而來的倫常的敗壞（社會不安定）互不相侔。它先由道家的前行者老子發端而後靠莊子總收且更洞見開新，終於底定為人間世誘引了個己的分別心和名利欲乃夢魘一場必要去除。而經過對困窘的終極關懷以及對分別心和名利欲此一終極真實的認知後，接下來所要追求的終極目標就在沒了分別心和名利欲的逍遙境界。至如為了達到逍遙境界所該有的終極承諾，依《莊子》書所示最重要且最有可能去除分別心／名利欲的就是心齋（虛而待物）和坐忘（離形去知）（郭慶藩，1978：67〜68）。上述這一切都呼應著對道的終極信仰，彼此通貫有如迴環，著實自成一套裝專屬的思想觀念。表列則是：

終極信仰	道
終極關懷	個體困窘
終極真實	分別心和名利欲
終極目標	逍遙境界
終極承諾	心齋和坐忘

表中終極信仰道，如前面所說乃指自然氣化過程，儒家同屬（只是因應途徑有別），道家前行者老子也無異表（但嫌應對策略過於消極）（周慶華，2020d：45～46）。將這引入文化五個次系統的編序圖中也自有它一定的位置。且看標誌：

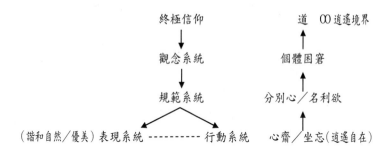

《莊子》書中的終極信仰「道」是無限通到終極目標「逍遙境界」的（也可以說終極目標「逍遙境界」是無限通到終極信仰「道」的），一起併列在終極信仰層次（中間用數學上的無限記號 ∞ 來銜接）；而終極關懷「個體困窘」，則屬於哲學認知範圍，為觀念系統所統攝；至於終極真實「分別心和名利欲

」及終極承諾「心齋和坐忘」等，乃背離倫理／道德信條為反向規範系統去制約和自我管理技術的發用而進駐行動系統的界域，這都沒有可疑慮的。此外，由心齋和坐忘所轉生的逍遙自在意態，實踐時最足夠諧和自然而自動形現出優雅的美感，這也同時完成了表現系統的一種演出案例（周慶華，2020d：136～137）。

　　緣於莊子學說在參與文化的創建上確是分衍了中國傳統氣化觀型文化的半壁江山（另一半為儒家學說所創建），它的特能諧和自然而無礙地球永續經營的此一殊異文化性（相對他系文化的不能如此展演來說），顯然大可挺立於天地間而絲毫不必有任何的愧恧！而這也不妨透過跟他系文化有關終極關懷的差異來比較勝出。先表列如下：

類型　項目	創造觀型文化	緣起觀型文化	氣化觀型文化
終極信仰	上帝	佛	道
終極關懷	原罪	痛苦	個體困窘／倫常敗壞
終極真實	墮落	二惑和十二因緣	分別心和名利欲／私心私利
終極目標	進入天堂	成佛	逍遙境界／仁行仁政
終極承諾	懺悔和禱告	八正道	心齋和坐忘／推己及人

創造觀型文化傳統在信仰上帝的基督教徒身上所顯現的，他們所關懷的是人的原罪。這是承自古希伯來的宗教思想。根據古希伯來宗教的文獻（主要是舊約《聖經》）所述，上帝以祂的形象造人，於是人的天性中都有基本的一點神性；但這點神性卻因人對上帝的叛離而隱沒，從此黑暗勢力在人間伸展，造成人性和人世的墮落（這由亞當、夏娃偷食禁果首開其端）。從基督教所拈出的原罪觀念來看，人都有與生俱來的一種墮落趨勢和墮落潛能，構成它的終極真實；但人都是上帝所造，都有靈體，所以又都有它不可侵犯的尊嚴。憑著後面這一點，人經由懺悔和禱告，就可以獲得救贖，死後進入天堂，永隨上帝左右（人可以得救，但有限度，永遠不可能變得像上帝那樣完美無缺）。因此，進入天堂就是基督教徒的終極目標，而懺悔和禱告尋求救贖就成了基督教徒應有的終極承諾。雖然如此，這種終極關懷的方式卻因為內質含有險巇成分而問題重重。大家知道，根據基督教的說法，人具有雙面性，是一種可上可下的居間性動物。但所謂的可上卻是有限的，永遠無法神化；而所謂的可下則是無限的，且是隨時可能的（張灝，1989：9～10）。由這一觀念，必然重視法律制度，一以防範犯罪；二以規範人的權利義務。西方的民主政治，就是從這裏展開（至於西方別有源自人性可上的一面的自由主義，那

又另當別論)。至於西方的科學,也跟對上帝的信仰
有關。西方人談真理,原有本體真理和論理真理的
區分。前者指「實」和「名」相符 (真理在事物本
身);後者指「名」和「實」相符 (真理在觀念本身
)(曾仰如,1987:66～67)。由於事物不會有謬誤
,只有人的觀念會有謬誤,以致本體真理勢必過渡
到論理真理而為西方所存的唯一 (強勢) 真理。西
方人為了讓名和實相符以獲得真理,自然要極力去
求得客觀的明顯性 (直接的客觀明顯性或間接的客
觀明顯性);於是就會特別重視觀察 (並發明工具儀
器以為資助) 和理論推演 (跟觀察形成一辯證的關
係)。而為了取得更客觀明顯性 (最多是間接的客觀
明顯性),多半要去追溯事物發生的原因;而事物發
生的原因,最後又可以推到上帝的目的因 (兼及動
力因),而這才有事物的質料因和形式因的成立。這
麼一來,就接上古希臘 Platon 的理型 (或 Aristotle
的概念) 哲學和中古 St. Thomas Aquinas 的神學而
為西方科學所從出;而西方人也以科學上的發現或
科技上的發明為可榮耀上帝的體面事。然而,西方
人所說的民主 (等值的參與) 卻很難實現 (頂多做
到局部的程序民主)、甚至弄巧成拙而出現假民主的
現象 (如當今的選舉制度所設重重關卡就是)。至於
西方人極度發展科學的結果,造成核彈擴散、資源
枯竭、空氣污染、水質污染、環境污染、臭氧層破
洞、溫室效應和生態失衡等後遺症,早已預兆了人

類將要萬劫不復，問題更為嚴重。因此，普受影響的他方社會如果不再悉心了解這種關懷方式的流弊而試為改向，那麼就得一起承擔苦果。緣起觀型文化傳統在信仰佛或涅槃境界的佛教徒身上所顯現的，他們所關懷的是人的痛苦。這是佛教開創者釋迦牟尼從人類實存日日體驗到的無窮盡的身心逼惱（不快不悅的感受）而誓化眾生讓他們永遠脫離生死苦海的悲願所帶出的。而它不論是小乘佛教所偏重的個人苦還是大乘佛教所偏重的社會苦，都展現了一致的關懷旨趣。還有佛教所說的痛苦，具有相當的實在性（跟它相對的快樂就不具有實在性，因為快樂只是痛苦的暫時停止或遺忘而已）（勞思光，1980：192），且遍及人身心的所有經驗（佛教對於苦的分類甚繁，最常見的有生老病死苦、愛別離苦、怨憎會苦、求不得苦、五陰盛苦等）。而造成這一痛苦的終極真實，主要是二惑（見惑和思惑，由無明業力引起）和十二因緣（生死輪迴）。最後必定逆緣起以滅一切痛苦和出離輪迴生死海而達到絕對寂靜境界為終極目標。而身為佛教徒所要有的終極承諾，就是由八正道（正見、正思維、正語、正業、正命、正精進、正念、正定）進入涅槃而得到解脫。縱是如此，這種終極關懷的方式也因為捨離無望而減卻了它的苦心孤詣。大家知道，佛教所著重人的自清自淨雖然沒有給人間投下什麼災難變數，但也不免曲為指引到令人望而怯步或礙難踐行的地步

。原因就在拋開所有的執著並不是常人所能輕易做到；而繁瑣的解脫法門也會讓人喪失耐性和信心（雖然有所謂頓悟得道的，但一般人卻都會苦於無處可悟）。畢竟人間社會永遠是一個可欲的場域，無法阻絕人心的蠢動。最後大家可能會發現它不但提不住人心，還揭發更多可以供人思欲的情境。因此，人間社會的擾攘和爭奪已經不是佛教單獨出擊所能平息的了。氣化觀型文化傳統在信仰自然氣化道理的儒道信徒身上所體現的，他們所關懷的有緣純任自然一路而來的個體的困窘（不自在）和緣重視人倫一路而來的倫常的敗壞（社會不安定）。前者是道家的先知老子、莊子等人透視人間世誘引個己的分別心和名利欲而遺留的夢魘後所考慮要除去的。這跟佛教徒的關懷對象類似，但著重點略有不同（詳後）。至於依附道家而又別為發展的道教，在既有關懷的基礎上又加了一項命限，也足以令人側目。當中道家所認定的困窘，基本上跟佛教所認定的痛苦無異（這也可以用來解釋佛教東傳中土所以一拍即合而廣泛引發迴響的原因），只是構成這一困窘的終極真實，多集中在較為明顯可見的分別心和名利欲上，彼此稍有差別。而道家信徒所要追求的終極目標，就是沒了分別心和名利欲的逍遙境界。而為了達到逍遙境界，道家信徒必須以心齋和坐忘等涵養為他的終極承諾。這在道教，又加了方術（如服食、燒煉、導引、內丹、符籙、禁劾和祈禱等）以保

全人的神氣而長生不老。這比道家的作法，似乎又更進了一層。後者是儒家的先知孔子、孟子等人考察人間世私心和私利橫行所造成而需要舒緩的惡跡。這跟道家的關懷對象可以構成一種對比，而跟基督教的關懷對象也可以互照出本質的差異（詳後）。原因是上述各教派所關懷的都在一己的罪愆、苦痛的救贖和解脫上，只有儒家獨在倫常方面著力。它以人倫的不和諧而導致社會的不安定為關懷對象，並且認定私心和私利是構成倫常敗壞的終極真實。如何扭轉，就在確立仁行仁政這一終極目標，而以推己及人（己欲立而立人／己欲達而達人）為終極承諾。這跟基督教顯然有絕大的差別：一個重視自覺自反；一個重視他力救贖。不僅如此，前者最終是要求得人倫的和諧（社會的安定）；而後者最終卻是要求得人神的安寧（這也同樣可以用來解釋基督教傳入後難以合轍而始終無法在中國社會生根發展的緣故），而這也跟道家（甚至佛教）構成一事的兩極：前者排除私心私利是為了生出公心公利；後者排除分別心和名利欲是為了自我得以逍遙（即使是佛教去除所有執著而苦滅後不再有所作為，也難以跟儒家相比擬）。話雖然是這樣說，基督教、佛教和道家也不是不關心倫常的問題。它們以原罪意識來警告世人不可以叛離上帝的旨意、以苦業意識來消滅人心的惡魔孽障、以委心任運來帶領眾人齊往逍遙境界，也都是為了看到人間一片淨土、到處一

片祥和；只是它們的考慮多了一個轉折，不像儒家
那樣直就自己和他人的關係切入，一舉揪出倫常敗
壞的原因及其對策（周慶華，2020d：137～148）。

　　經過上述相關終極關懷向度的對比，可知世界
現存三大系文化各有自己的體性。這已無從追溯源
頭（當代科普書喜歡用創造力或思想大爆炸一類說
詞來解釋人類知見的由來，這也許可藉為說明上面
那些關懷的發生因緣而特准它們有靈光一現後自行
發展的可能性）（詳見第一章第二節），而歷來彼此
在向對方或強或弱傳播的過程中也始終未見有什麼
實質上的相融情況（縱然有過局部涵化現象，但那
也不過僅生效在一些表淺的制度運作或器物製造層
面，更關鍵的精神意趣則全然礙難會通）。也因此，
從實際存在的不可共量性，我們還可以歸結出各自
的整體知識性徵為創造觀型文化講究挑戰自然／媲
美上帝、緣起觀型文化講究自證涅槃／解脫痛苦、
氣化觀型文化講究縮結人情／諧和自然；而在倫理
取向上則又分別體現出縱欲、斷欲和節欲的差異，
彼此形成一道封閉性的光譜：

創造觀型文化	氣化觀型文化	緣起觀型文化
挑戰自然／媲美上帝 縱欲	縮結人情／諧和自然 節欲	自證涅槃／解脫痛苦 斷欲

很明顯在光譜兩端的文化體系都逸出了特能諧和自

然的範圍（創造觀型文化以挑戰自然姿態大肆破壞環境生態早已是惡名遠播，而緣起觀型文化崇尚棄世解脫釀致人所該有促成生態平衡發展的努力全無也難以給予原諒），只有居中的氣化觀型文化知所調節一切而保存了生態的和諧性。當中又以道家學說最能表徵氣化觀型文化重視諧和自然的一面；而莊子學說乃為道家學說的提領者，以致所見於《莊子》書體現出來的思想觀念就成了最能諧和自然的不二判例。它終將要從新介入被他系文化搞糟了的世界的運作，才庶幾可望挽救環境生態快速邁向崩毀臨界點的危機（周慶華，2020d：148～150）。

可見《莊子》的逍遙論尤為能讓自然生態休養生息（猶如從新為它注入活力），在新諸子學中應最無礙推廣（君子學還得面對跟西方強權抗衡的萬般折騰），將它列為先期實踐對象特好不過。其餘倘若還有可以比照討論出采的（如所蘊涵藝術精神持續發皇之類），那麼它一樣也能成為應世的佐助，勤加發掘無妨，此處就暫不旁衍多贅了。

第三節　天道觀將總綰新跨科論述的核心

　　諸子學說中儒道兩家以擘分合演方式，體現（
創建）了中國傳統氣化觀型文化以「綰結人情／諧
和自然」為至要的知識特性。這從綰諧式倫理規範
以下所見於該二學派著作的論證歷歷在目，只有道
的終極信仰到氣化觀的世界觀這一原該溯上探下的
理路還頗有匱缺（未詳道的作功連繫），直到《荀子
》書出才獲致些許的彌補。因此，不妨再出一論題
「天道觀將總綰新跨科論述的核心」予以疏釋顯豁
，而讓新諸子學的倡議在取理上有個結穴依據（跨
科論述得由它居中綰合始見理論層秩盡實而無虛設
）。

　　《荀子》書甫出，並未受到重視。至唐，始有
楊倞注；而被韓愈評為「大醇小疵」。爾後，因為《
荀子》書力主性惡而遭到宋儒集體攻詰；迄《四庫
全書提要》才予以平反（永瑢等，1985：1875～1876
），且有王先謙作集解而總結前人研究成果。民國以
來，由於受到外來思潮重法治影響，《荀子》書中的
禮法精神多被掀揭取證，論述隨著宏富。但也有當
代新儒家如牟宗三判定它「從生說性」並非傳統心
性論主流而加以貶低（牟宗三，1986c：74）。

　　倘若要先緩衝一下，那麼《荀子》書受人重視
的禮法論也確有可從對比中看出它的些許可貴處。
理由是它認知維護了禮義法度的道統。禮義法度，

簡稱為禮法。禮是儀節，強調「貴賤有等，長幼有差，貧富輕重皆有稱」（王先謙，1978：115）；法是定制，強調為政要「等賦政事，財萬物，所以養萬民」（王先謙，1978：102）。因此，先王聖人為政「不美不飾之不足以一民也；不富不厚之不足以管下也；不威不強之不足以禁暴勝悍也」（王先謙，1978：121）。此類儒術摻入了「節流開源」的富國觀念和「嚴刑罰以防不肖」的重法態度，跟《孟子》「省刑罰，薄稅斂」（孫奭，1982：14）的仁政主張略有進趨上的不同。荀子所以重視禮，是因為「人之生不能無羣，羣而無分則爭。爭則亂，亂則窮矣……而人君者，所以管分之樞要也」（王先謙，1978：116）；而所以重視法，是為了「足國之道，節用裕民，而善臧其餘」（王先謙，1978：114）。這從現實的角度來看，難說不是金科玉律（理想上還得靠向孟子所主張不必法度調節的仁政）。只是荀子未能一併透視（遠慮）這是氣化觀底下以家族作為社會基本結構使然（政體則是最大家族結構）；如果以個人作為社會基本結構（如西方社會那樣），那麼所在禮的優先性就沒那麼重要了。大家知道，當今固然有西方的民主制度介入此地的社會運作及其資本主義鼓舞了此地人心無止盡攢積財富的作為，但因整體的家族結構並未改變，以致經常發生政治人物一人貪瀆全家族人幫忙洗錢的弊端；而資本主義所准許人蒐刮財富的內質，也演變成人心貪婪成性而忽略了財

富均享的精義。因此《荀子》的禮法在相當程度上還有得重振，試著從新規模社會的出路，個別人的生活才有希望獲得比較合理的保障。

　　還有性惡論也可以略顯可深入論辯上的意義。荀子的性惡論是為了反孟子的性善說而布列的，它或有楊倞注所說的「當戰國時競為貪亂不修仁義，而荀卿明於治道，知其可化，無勢位以臨之，故激憤而著此論」（王先謙，1978：289）的意思，但學術性格不同當是主因。換句話說，荀子自有自己的見解，想教化世人是它的結果。因為人生來有好利、疾惡和好聲色等傾向，所以人性是惡的。但惡的性要轉為善，必須經過聖人所摶就禮義法度的馴化，才有可能。至於該禮義法度，則又是聖人積思慮和強作為而形成的（王先謙，1978：289〜293）。但此理論內部多有疑點：首先是第一個聖人既已性惡，又如何能夠化性起偽？其次是同理一般人都是性惡，禮義法度又豈能予以馴化？再次是取譬「枸木必將待檃栝烝矯然後直」（王先謙，1978：294），仍有一「直木不必待檃栝烝矯已自直」相對系存在，是知還有一部分人比照而非性惡，但為何避而不談？最後是禮義法度是相對而非絕對的（如老莊將它棄如敝屣），它究竟是靠什麼保證有效？此外，施於外部也有難處，如用禮義法度來對治性惡，關鍵在法度，這形同是鼓勵高壓統治，社會更不得安寧。因為有性惡為前提，所以禮義教化的立足點就不穩

固（受教者會以性惡無能改善為藉口而怠惰學習上進），馴致施政布教難以開展。即使如此，它仍能引我們覷見：性惡和性善全緣於規範而可能的，荀子本人雖未了此中真義，但他力主性惡說卻無意中因跟性善說對衝而啟發了我們合該據此看待。也就是說，相較於孟子的性善說，荀子別為揭發了人性的另一面，且以為屬惡的判定，這在相對上可以成立。而從「疾惡」（討厭別人好利或好聲色）一項來看，聖人也不免，以致無人不惡。這既會危及荀子的聖人優越觀，又會留予讀者更矛盾的不相信他人，實得慎重以對且善加戒惕在心（也就是不輕易隨荀子信性惡）。這麼一來，荀子拒斥孟子性善說所顯現的基進性，應該可以引發我們認清一件事：人性不會只有一個樣子。也就是在同一個人身上或在不同人身上，有可以稱為善的，也有可以稱為惡的，更有可以稱為不善不惡或又善又惡的。今人施事，自然不宜各自一體化（如從事教育就假定人人都是可造就的；而經辦司法就假定人人都可能為非作歹，導致集體弱化或幼稚化思維而沒有能力經由「差別對待」方式把公共事務搞好）；否則凡事齊頭式平等的結果，只會造成社會更多亂象。因此，大家不妨順此中式的性善惡爭辯，來對比西式基督教式和印度佛教式的性善惡爭辯（基督教式的以為善惡都源自上帝的設定；佛教式的以為善惡執著都無法解脫，各自都有一套因應辦法，並非國人所能契入），從

中體會文化差異而有所斟酌進取，先穩住自己的主體性，而後再行謀求發展。

　　雖然《荀子》書可取徑的不少〔這也包括今人尋隙在添料改造它而試圖發展新荀學有望在內（牟宗三，1979；張曙光，1995；劉又銘，2019）〕，但它特別有（填補）文化上價值的還在那具制高點性質的天道觀。此天道觀所指天，介於主宰（如「人之命在天」）和自然力（如「在天者莫明於日月」）之間，也就是主宰而不強為／自然而有懲罰（王先謙，1978：204～213）。詳為釐辨測度就是：

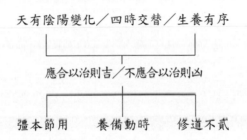

天有陰陽變化／四時交替／生養有序

應合以治則吉／不應合以治則凶

彊本節用　　養備動時　　修道不貳

這解決了前面所說道（天）此一終極信仰下貫為氣化觀世界觀而繁衍出縐諧式倫理等一部分理義上的可能性（另一部分詳後）。所說已很可藉為對治當今發自西方卻危害甚鉅的生態論述：西方的生態論述早期有布局式的（以舊約《聖經》為代表）和後設式的等（以 Plato《理想國》和 Aristotle《形而上學》為代表）；而該後設式的倡議，跟布局式的合謀，人為宰制的曠世行徑從此卯上了窮為支配萬物觫觫

無盡的旅程（周慶華，2011b：29～31）。晚期因有見於自我殘酷地操縱及榨取生態而造成生態破壞的後果，西方人開始反思而有關天／關地／關文化等新生態論述：關天部分，以 Al Gore《不願面對的真相》為代表，企圖解決地球暖化的危機問題。關地部分，以 Rarson Carson《寂靜的春天》／Theo Colborn《失竊的未來：環境荷爾蒙的隱形浩劫》為代表，試為喚醒世人正視使用化學合成物污染環境和危害食物鏈的問題。關文化部分，以 Ray C. Anderson《綠色資本家》為代表，呼籲大家再利用和開發新能源等以便永續經營地球。但仍大有癥結：生態破壞的關鍵原因，在於西方人的上帝信仰／天國觀念／原罪說／資本主義／殖民主義等一貫思想和作為，這不調整，上述的新生態論述只能揚湯止沸，終究無助於現狀的改善（周慶華，2011b：32～36）。這時《荀子》的天道觀全緣於體天行運、人謀相應（不假神意），不強為支取生態，也不容許怠墮廢職，正可再行介入以為正本清源而逐漸化解或緩和當前的生態危機。

　　這是《荀子》書有見於天道觀體現處人必要有相應作為所可發揮達致的效益。它在孔孟少具體申論的，有此一釐辨測度也算特能給予補苴罅漏了（相關新諸子學的跨科論述得以它為核心才能緊繫各環節）。至於老莊另有崇尚自然無為／逍遙自在一路的，《荀子》書近儒所持論有異自非能併為關涉這一

部分理義。但它也不難連類推及：儒家乃正面（一面）順著道的流衍以君子作務因應（以確保社會秩序化／荀說末結跟這互有出入的可以意裁）；道家則反面（另一面）順著道的流衍以無為／逍遙人生因應（以安頓個別生命／終究以莊子的逍遙人生觀為具積極性），二者都能成就崇高德業（後者諧和自然便見德業），可為世人在維護生態取方上所汲飲不竭泉源。

第四節　強顯新民族主義異幟

　　倡議諸子臺北學所欲樹立的典範，自以能挽救現今世人所面臨生態崩毀的厄運為保證，這屬對外的行動訴求在前面已經既分層又環衛著論述過了。此外，當還有對內的行動訴求：涉及著實以地緣學術藉以揚聲／臺北反轉無特色命運的契機／開啟學術對決的發言位置／一個新的關懷點為基底（詳見第四章）而追加登頂的工夫（探究開發新學說），也得在接下來的實踐中見證。而這將連帶研討宏揚諸子學說使命一起完成的明日功課，所可以賒給的稱呼叫做新民族主義擅場。新民族主義理當異幟；而擅場則准許或寄望它強顯。因此，在這具體論述例示（定了主脈）的末尾，無妨設題「強顯新民族主義異幟」來立議總收。

　　這裏所定的新民族主義，很明顯有別於舊民族主義以及今人所奢想議及的新興民族。前者（指舊民族主義），可從底下這段定義中窺知它的內涵：「**民族主義是一種意識形態的運動，俾獲取和維持一羣人的自主、團結和認同。這羣中有人認為有組織實際的或潛在的『國族』之必要（目的在增進國族的福祉／先行完成民族的自主、團結和認同等）。**」（洪鎌德，2003：28引 Anthony D. Smith 說）而這又分割為幾個陣營（類型），包括保守的民族主義（排外）／擴張的民族主義（侵略他國）／反殖民的

民族主義（反殖民政權）等（洪鎌德，2003：76～
90）。當中擴張的民族主義早已在西方強權的實踐中
而該加以反擊抵制（詳見前三節）；而保守的民族主
義／反殖民的民族主義等，只能在弱國中存活卻又
難以持久，理由是：今天的世界，資本／產業／資
訊／產品／人員等都是跨國界的，使得民族國家用
來區別彼此的心理基礎益加薄弱；這對於那些一向
靠著民族國家的名義來壟斷（國內）資源的統治者
來說，是一種極不利的趨勢（真正作決策的單位／
決定要生產什麼的人不再是政府，而是跨國企業和
個別消費者）（大前研一，1996）。後二類（指保守
的民族主義／反殖民的民族主義），在國內都有人鼓
吹過（施正鋒編，1994），但一樣成效甚微；至於前
一類（指擴張的民族主義），就自己所屬國來說門都
沒有（何況那本是忌諱），連談都不必了。後者（今
人所奢想議及的新興民族），這有融合前三類而重文
化進取趨向（許信良，1995；施正鋒，2003），美意
可從，只是它在面對臺灣一地國族認同分歧還無法
提供有效的解套，所論當然尚差一間（詳後）！

　　排除了前兩種主張，此處所許諾或期待的新民
族主義，是以絕去西方強權附庸的卑屈心理而找到
出路後自然形現的。臺灣一地向來沒有過單一的國
族認同（盧建榮，1999；施正鋒，2000），民眾深埋
的歧見不論由那一黨執政都至難化解，畢竟當中有
內在的權力糾葛和外在的政治干預等多種因素圍困

，擺脫不了它臺灣就不可能有單一的國族認同。因
此，今後大家所該有的自我認同就不宜再像過去那
樣膠著於關涉信仰抉擇／意識形態鬥爭的史實假定
（路況，1993：122～123），而得拓寬視野到認同未
來以創造一個新民族。這個新民族乃擱置國族認同
的爭執而透過殊異的文化創新來摶成。也就是無論
怎樣，臺灣（臺北代表）在面對國際環境時都要以
高度成就的姿態活出，才有望贏得尊嚴和正面的聲
譽（新民族主義也是對外邀名才有此一定位）。這略
有參考近代興起的新政治體「國家」而擬議的：近
代興起的新政治體國家，它在地圖上是標畫出來的
位置，在國際集會中是人格化了的主權政府；而它
的存在，最先必須是國民肯同意他們自己是聯合一
統的團體。但以一羣人集合在一起為國家的定義，
卻頗為令人困惑。如東歐國家被不同的激情族裔忠
忱分裂，使人不得不感慨：將一羣人團結成一個國
家的潛在力量究竟是什麼？這對於任何一個新興的
國家來說，是關係重大的問題。因為別的國家視為
理所當然的民族情操，新興的國家卻得自行創造出
來；而別的國家的人可以從先人繼承的東西，新興
的國家的人必須自創，也就是（自創）團結意義、
一整套國家象徵物和活躍起來的政治熱情。以致不
是國家造就了歷史，而是歷史造就了國家（Joyce
Appleby 等，1996：84～116）。臺灣想要走出自己的
一條路（而不是像現在這樣一直充當西方強權的中

下游工廠），應該也得比照這種情況來思維。換句話說，如果大家再像過去那般躑躅於一些「無謂的爭議」或「偏狹的認同」的衚衕裏，只會白白錯過改造臺灣低成就命運的機會。倒不如一起試著採用本脈絡所提供的策略來為臺灣尋找出路，締造一個有高格文化內涵的新民族遠景。

　　這個遠景是要積極去創發才有具體的新民族形象展現，而此一最便捷能兼顧研討宏揚諸子學說／探究開發新學說等兩面性的諸子臺北學就可以擔當該任務（有諸子臺北學的異幟顯揚，臺灣便能自鑄特色而宛如一個新民族的誕生），從而促成諸子臺北學／新民族的聯名成功，讓大家一起出頭天。說實在的，這比起臺灣處處在仿傚別人而難顯異采（詳見第四章第二節），這一不必費太大力氣就可以開啟的新諸子學，康衢明著，可塑性強，很容易包辦創新成效，只看國人是否有此識見和毅力罷了。

　　基於「強顯新民族主義的異幟」的強顯性還要有一點稍異於前面所舉證才能放行的理由，此處仍然得比照著範示相關實踐的策略。這策略自以先前尚未觸及的激勵出新學說為切要：姑且就以一個諸子學說可加以對勘的西方所見的虛擬主體說和一個從諸子學說轉出來的倫理惡的消解及其在教育上的展望課題（形同激勵出新學說）為例，略為展演施力的情況。前者（指西方所見的虛擬主體說），當主體出場時，如同前面所帶出的都得回到心理面予以

定位（詳見第四章第三節），但實際上西方卻還多有
人不遑別為追逐主體幽靈（或各有用途）而始終未
察純屬虛擬演化的問題所在。首先是 René Descartes
一語「我思故我在」喚起了主體上位，此乃是主體
概念虛擬化初階（未有明確實物存在）；其次是紛出
論者而主體幽靈重現（可回溯兼包括 René Descartes
自己在內），呈分化多元狀態，像形上主體（如 Plato
的理型／Georg W. F. Hegel 的絕對精神等）、先驗主
體（如 René Descartes 的理性／Immanuel Kant 的感
性先驗形式時空及知性先驗形式範疇等）、共同主體
（ 如 Gottfried W. Leibniz 的 單 子 ／ Arthur
Schopenhauer 的欲望／Ferdinand de Saussure 的語言
結構／Claude lévi-Strauss 的文化結構／Jean Piaget
的智能結構／Karl Marx 的社會結構／Friedrich
Nietzsche 的權力意志／Louis Althusser 的意識形態
／Sigmund Freud 的潛意識／Edmund Husserl 的意
向性／Martin Heidegger 的存有／Michel Foucault 的
權力等）和多重主體（如 Roland Barthes 的互涉／
Jacques Derrida 的延異等）等（譚國根，2000；蘇永
明，2006），此實為主體概念虛擬演化二階；再次是
爭議過後的主體又是誰屬，旁觀者代為後設思辨，
可知有說主體者的主體在背後，以致有你的主體／
我的主體／他的主體的實質差異，此則為主體概念
虛擬演化三階；再次是旁觀者再後設思辨，當發現
主體僅是一個言說利器的寄寓，而終極性的主體在

權力欲望／文化理想（詳見第一章第二節），此可為主體概念虛擬演化四階；最後是旁觀者繼續後設思辨，今後如果還要說主體，那麼此主體毋乃有「○→∞」（無後設思辨時主體零個／有後設思辨時主體無限個），此當為主體概念虛擬演化終階。這般論辯後，終於能確定「後設思辨是唯一可說數的主體」。而這得加入諸子學說中（儒家）的道德心性主體（仁心／良知），才能穩住西方那一眾主體說集體朝向支配萬物（人人都想據為充當真理行使）而破壞生態的危殆局面（各主體說都隨西方的文化在運作而結果相同）。

後者（指從諸子學說轉出來的倫理惡的消解及其在教育上的展望），一般所說的惡在倫理上的顯現，依論者就哲學立場所述，善是一物所要求的成全／倫理善是符合倫理律所要求的成全；而惡則是善的剝奪或匱乏／倫理惡則是倫理善的剝奪或匱乏（曾仰如，1987：130～136）。此可再加一「惡是善的反面／倫理惡是倫理善的反面」為附論。惡在倫理上的顯現，以中國傳統儒道文化中出現的為準的（暫不涉及他系，如基督教的原罪和佛教的業力等），計有：《孟子・告子》「放失梏亡良心」（孫奭，1982：200）；《荀子・性惡》「好利、疾惡、好聲色」（王先謙，1982：289）；《老子》「尚賢、貴難得之貨、見可欲（如五色、五音、五味、馳騁畋獵）」（王弼，1978：2、6）；《莊子・在宥》「淫色、淫聲、亂德

、悖理、相技、相淫、相藝、相疵」（郭慶藩，1978
：167）等。《孟子》和《荀子》特就仁義禮智等倫
理善的反面來說倫理惡的存在；《老子》和《莊子》
則兼以儒家所說的倫理善為惡，試圖解消善惡的對
立而升至無善惡的境界。這些都得有一番後設思辨
。首先是倫理惡的惡性及其看待方式：善惡乃屬價
值判斷，而非事實判斷。前人所爭論性無善無不善
、性可以為善可以為不善、性有善有不善、性善惡
混、性分上中下和性有天地之性／氣質之性等（牟
宗三，1986c：59～74），不論是針對本體還是物理
或倫理，都錯看了。可見善惡是人所賦予，而不是
本然。既然善惡是人所賦予，那麼它就會隨著人在
不同性別／階級／族羣／國家／文化背景等而有差
異，以致善惡的價值判斷是相對的。可見倫理惡的
惡性判別也不能絕對化，正如上面所引儒道兩家的
倫理惡的判定彼此有別。其次是倫理惡的消解在儒
道兩家的論說迴路：儒道兩家的倫理惡認定，都姑
且承認它們相對有效；但卻無法為它們的論說迴路
解套，它們註定要以自我矛盾的弔詭形態存在。如
孟子要以「求其放心」來消解倫理惡，就會遭到「
人既是性善又為何會行惡」（最終又要靠原性善的復
振）的詰疑而難以善後；而荀子想要透過「禮法導
正」以消解倫理惡，同樣會引發「人已是性惡又如
何轉善」（何況聖人的禮法憑什麼化性起偽呢）的揪
舉而無以回應。又如老子、莊子一併以「不」字訣

（不求或不在意世俗一切東西）來超越倫理惡，這自有生命昇華解脫的意義在，但人恆在念念相續中，基本上很難消去執念（正如莊子窮極也要跑去跟魏文侯借貸及其妻死也要發想以敲盆唱歌歡送她之類），馴致相關論說形同空談。再次是超越相關論說的消解倫理惡：大致上，一些相對性的倫理惡，如沒念書的強梁悍民所幹的殺人越貨和欺壓善良等，只是小奸小惡；而屬大奸大惡如貪瀆敗德、罔顧民命、拉幫結派圖利和操縱人事等，卻都是讀書人一手包辦的，可見傳統文化期待人藉「知」醒悟從善，不啻天方夜譚。我們應當認知到人可以為善也可以為惡，可以為不善也可以為不惡，充滿無限可能（這也是相對立論）；但一旦為惡了，則社會恐怕會「眾善不及救助」，所以要設法消解惡。消解惡的途徑，依現實經驗和智慧洞見，相當程度上（特指對內）不在積極的鼓勵人擴充仁義禮智等善端或以禮法相誘發，也不在消極的讓人不見可欲或自免成心，而在自覺勤力有世俗的成就（如練就各種生活技藝在身或有政績美譽）或立言不朽（包括學術建樹和文學藝術創作等），不必再仰人鼻息或無顏立世，從此轉為放棄跟他人無謂競爭權益而自然淡薄邪惡面目。此路漫長，也不一定成功，但捨此則難有他途。最後是所消解倫理惡在教育上的落實和展望：平常所見知識分子的墮落，嚴格的說都緣於教育（不論是自我教育或受教於他人）的不足。因此，我

們的家庭教育、學校教育和社會教育等，都得改從上述的途徑獲得啟示，致力於真正有效的才藝的培養，讓大家活著無愧無憾，終而自動去促成道德的淑善。結果可能會產生另一種傲視或鄙薄他人的準倫理惡，這可以經由「高手互制」而自然調節。

　　以上所舉例雖然僅是犖犖大者（不盡舉例），但也已可見諸子臺北學兩面性可堪運作的模式。這是強顯新民族主義異幟的不二法門展示：屬地臺北有成就，臺灣受惠將得一新民族雅號，毋須自詡，名就能不脛而走。眼看著國人只知對內爭奪權利而罕存文化理想（此文化理想要有大氣魄／大氣象，不能只圖第四章第一、二節所說的那些經濟短利的小確幸或僅寄望公民社會的形成），且幾乎全在奴事西方強權而恬顏過活，那上述這一可以挽回尊嚴和贏得聲譽的諸子臺北學一役，就有期待它快快實現的迫切性，錯失了再回頭已百年身！

第八章　剩餘情節

第一節　故事內結存

　　諸子學說所體現（創建）中國傳統氣化觀型文化的主識在儒家所綰合的「道成仁心」（由君子作務展演），輔識則由道家所謀畫的「逍遙人生」居位，這都已經以案陳述完成，大可廣為推衍而為後全球化時代的希望工程所繫（並期能因其激勵有成而再啟新學自我光華）。此外，諸子學說還有一些旁支的觀念，也不妨許以為剩餘情節而再略作討論，或可一併覷見他們仍有輔助效能，不宜再以過時或無益世道相看待（這是第四期諸子學同樣所常見的論調）。

　　這總稱是諸子臺北學的剩餘情節（分稱則隨義布列）。而所謂剩餘情節，是指諸子臺北學的具體論例類比於故事而有結存未敘述的部分〔它不同於 Karl Marx 所說的剩餘價值的剩餘觀。後者是指賤買貴賣所得的利潤（有別於一物換一物的交換價值），又包括絕對剩餘價值（指當經濟組織和工藝技術固定不變下所產生的資本或剩餘價值）和相對剩餘價值（指經由工藝技術的進步而減少工人工資的狀態下獲取）等（蔡文輝，2006：106～108）〕。也就是說，在舉證過諸子臺北學的可實踐狀況後，還有餘韻未了而將它帶出順便加以論列。因為故事是指

一系列事件的組合體且經敘述成就（周慶華，2002b：99～100），所以剩餘情節也必定是從該敘述未明言或隱匿的地方發掘而來，猶如（藉使完了）故事內（尚有可支用）的結存（成分）一般。

　　原來故事和情節稍有差異：前者只要有序地把事件連接在時間中；後者則得內蘊有因果關係。所謂「我們對故事下的定義是按時間順序安排的事件的敘述。情節也是事件的敘述，但重點在因果關係上。『國王死了，然後王后也死了』是故事。『國王死了，王后也傷心而死』則是情節。在情節中時間順序仍然保有，但已經為因果關係所掩蓋……對於王后之死這件事，如果我們問：『然後？』這是故事；如果我們問：『為什麼？』就是情節」（E. M. Forster，1993：75～76），說的就是這種情況。雖然有人不表贊同（並舉《愛麗絲夢遊奇境記》／《蒙弟·皮東的飛行馬戲團》一類童話故事中有些插曲都不見有因果性的邏輯順序為證）（Steven Cohan 等，1997：63），但大體上此中的區分可以相對有效地運用在所有故事和情節的構作上。

　　由於晚近故事已被擴大到指涉「一切人類活動和傳播」（詳見第六章第一節），而情節則隨著增義（但仍得強調原有的因果關係）。因此，這裏所說的剩餘情節，就是轉義後的故事所遺留的部分。它以諸子學說為因，而以見者有份的家別（必要）浮現為果，合而展演一幅先前尚未論及的諸子臺北學的

剩餘情節面貌。這幅面貌將在略有說而後可中存活
（限於體例不再比照前章那般細數），所組合成分包
括「愛且兼攝」／「知識弱權力」／「法人性」／
「仙學再出發」等。它們也都無妨據以為相機行事
（伺機出擊），而一樣有益於後全球化時代生活的營
造。

第二節　愛且兼攝／知識弱權力／法人性／仙學　　再出發

　　墨子以倡導兼愛說揚名，相較於儒家的仁愛說，這頗具基進性。但自從被孟子以恐將淪於無父的禽獸下場相譏刺後，似乎就再也沒有人附和他。然而，兼愛說還有可析辯的地方，不宜如此輕易的略過。先前我已有過一番批判，今當再另行省思。在此先列出過去我所對比討論的部分：中國傳統有所謂仁愛（仁心／仁行的別稱）這一道德規範，它最先為儒家所創設，繼而成為氣化觀型文化所能成就的道德典型。而大家知道，相較於仁愛這種最高級序的道德規範，還有慈悲和博愛等；而以仁愛／慈悲／博愛三者的對列來說，它們就分別隸屬於不同的世界觀。當中仁愛隸屬於氣化觀；而慈悲和博愛則各自隸屬於緣起觀和創造觀。也就是說，仁愛是由一己向外推擴而成就的；慈悲是證得佛果後自我降格去普渡眾生而示現的；博愛是比照造物主對所造物的愛而勉力的，彼此立場不同無從互換。此外，還有一種兼愛觀似乎可以擇便比類，卻又不能這麼樂觀。理由是兼愛僅為墨家的主張，屬氣化觀的旁衍，只在先秦時代曇花一現：所謂「視人之國，若視其國；視人之家，若視其家；視人之身，若視其身」／「是以老而無妻者，有所侍養，以終其壽；幼弱孤童之無父母者，有所放依，以長其身」等

（孫詒讓，1978：65、72），依此文獻來推，兼愛的作為勢必要到「視人父如己父，視人子如己子」的地步而淪落孟子所批判的「無父／禽獸行為」（孫奭，1982：117）的下場。它不但為氣化觀型文化的常態社會所不容（不符分親疏遠近的倫理所需），也不易向近似的創造觀型文化的博愛規範過渡（因為還在堅持「兼」的狀態），而跟緣起觀型文化的慈悲規範更是不類，形同被孤立，可以不論（周慶華，2010：154～156）。這裏還可以再行分辨的是，墨子以為天下所以混亂，乃是起於大家不相愛，所以才主張以兼愛來濟助。然而，不相愛只是混亂的果，而不是它的因（因主要是在權益衝突），以致墨子要以兼愛來拯亂圖治，無異緣木求魚，終不可得。雖然如此，墨子的兼愛說，在當今仁愛被抑、慈悲退卻和博愛變質的情況下，從新借重它來旁衍對各種生態的維護，還是有它的價值在。也就是說，兼愛的普泛兼行義可以及於自然生態／人文生態等，而興起一種大家久已遺忘的「崇高的德行」，對這個正需要緩和能趨疲壓力的世界是有幫助的。此一進一步的見證，則在那博愛變質（名不副實）上。它是西方基督教興起後特別訂製且藉由數個世紀殖民征服廣被的新令，殊不知那根本是鑿空立論，早就深深埋下了偌多不安的因子。緣故就在該教條所明訂的「要愛人如己」（香港聖經公會，1996：53～54），從來就是一個大為違反人性的指令。它的詭為奇巧不

只包括「要愛你的仇敵」（香港聖經公會，1996：6），並且還得高度忍受「有人打你的右臉，連左臉也轉過來由他打」（香港聖經公會，1996：5）這類莫名的恥辱。這別提對非西方世界的人來說完全無法想像，就連西方世界的人也不斷在發出疑問。如「如果徹底遵守這個誡命，我們勢必跟自己本能的行為以及現實世界的境況決裂」（William James，2004：338）、「愛的感覺是無法強求的……『尊重別人，雖然你並不愛他』肯定是比較容易實踐的要求」（Richard D. Precht，2010：309）和「這種博愛的心腸，不論是多麼的高尚和寬大恢宏，對任何人來說，很可能是一個使他無法真正快樂起來的原因」（Adam Smith，2007：424）等，都暗示了博愛只是在打高空，進入現實社會它就得處處見疑而變成人性體現道德的一種障礙。但很無奈的，它卻早已在宗教強勢推動且結合政治／軍事／科技等力量傾銷到世界各地；而國人從近代以來所迫於該一文化征服的，也同時自我喪失了淘美的格調，從此情意四處流移而道德也漫無止歸。儘管有人極力在為博愛這種教條作辯護，聲稱那只是表達意願而非指真實的情感狀態（C.S.Lewis，2016：163～164），但有關它的無止盡發衍，確是給自己帶來了具反諷性的負面效應：不只教內的信徒不接受而讓它徒流於形式（劉增福主編，1988：73～74），還有因實際仇敵環伺所引生的恐懼也會使它遭到徹底的背棄（C.S.Lewis

，2016：147～153），以及某些強以它作為立國精神的國度（如法國）更是一向不乏排外和種族歧視的紀錄（吳錫德，2010：212～213）。此外，因諸般因素而朝向它反面走去的惡行（如德國人虐殺猶太人），也早就穢跡滿目（C.S.Lewis，2016：166）。這在先前的十字軍東征、宗教內戰和殖民征服過程中所進行的種族屠殺等（Christopher Hitchens，2009；Ian Buruma 等，2010；Karen Armstrong，2016），不啻全然見證著錄了一部博愛的匱缺史。致使那些還在宣稱博愛是一種無私的愛而肯定基督教對人類文明的深遠影響（Alvin J. Schmidt，2006；Philip Jenkins，2006），以及從宗教改革中覷見新教倫理有助於資本主義興起而推動了現代化的進程（Max Weber，1988；Brian Wilson，1999）等言說，就都刻意略去裏頭的血腥染色及其生態災難蔓延的事實！察考情況所以會演變到這個地步，關鍵就在博愛教條實際上是為佞神而存在的。由於基督教還預設了違背上帝旨意的原罪：「罪是從一人（指亞當）入了世界，死又是從罪來的，於是死就臨到眾人，因為眾人都犯了罪」（香港聖經公會，1996：168），以致最終要尋求上帝的寬恕，此項罪惡才能得到洗滌。而這點訊息，就蘊涵在它更優先的誡命中：「你要盡心、盡性、盡意、盡力愛主——你的神。」（香港聖經公會，1996：53～54）。換句話說，只有愛上帝才可以得救，而「要愛人如己」（見前）這一僅僅是仿神愛人

的信條就成了幌子，基本上是可有可無（有也未必保證可以得救）。至此大家也當明白，凡是主張博愛世人而最終卻都走向它反面的，就是有這一懺罪的情結在背後起作用。正因只為了自己冀神救贖而不信賴同類（人隨時有犯罪墮落的可能），馴致所有對他人的壓迫、改造和殺戮等行徑所顯示的塵世性罪孽也就無關宏旨了。這也就是數個世紀以來，西方人多方排斥異教徒，並隨同或鼓勵殖民主義去侵略他國，以及興作資本主義四處掠奪財富（以便自我可藉以榮耀上帝且優先獲得赦罪而重返天國）和耗用資源等，而種下能趨疲深重危機的原因所在。顯然面對現實世界這一長期以來由西方人所帶出的盲目犯行，純粹的諫諍恐怕已嫌不夠，而得有足以取代它的仁愛／兼愛觀念復振且寄望瀰效應的發生，才能延緩能趨疲危機的到來（周慶華，2021a：102～104）。

　　向來有知識論興趣的莫過於名家所從事的一些思辨。這在傳統上常被視為好辯或狡辯（郭慶藩，1978：480；王先謙，1978：59；司馬遷，1979：3291；班固，1979：1737），而忽略了它也是因為權力欲望的一種展現。這可從行為心理學一個相當具有普遍性的命題「*如果做某件事得到鼓勵，那麼做件事的次數就會增加*」（Kay Deaux 等，1990）說起。如果把前面所提到的名家的好辯或狡辯一事帶進來，那麼它就可以形成這樣一個演繹論證：

　　一種鼓勵對個人的價值愈高，那麼他採取行動
取得這一鼓勵的可能愈大。在某一假設情況下
，名家認為好辯或狡辯有很大的價值。所以名
家會不顧一切的好辯或狡辯。

所謂「在某一假設情況下」，則可以將現實中的反饋
向度可能涵蓋的謀取利益、樹立權威和行使教化等
三大範疇（詳見第五章第一節）填入而看出名家的
好辯或狡辯的多重變數。換句話說，名家興起的背
景最終都得歸結到相關的心理易動（外在的社會環
境只是刺激源而無法保證該好辯或狡辯行為的必然
成形）。因此，整個完整性的論證形式就會是這樣的
：

　　一種鼓勵對個人的價值愈高，那麼他採取行動
取得這一鼓勵的可能愈大。在可以藉為謀取利
益或樹立權威或行使教化的情況下，名家認為
好辯或狡辯有很大的價值。所以名家會不顧一
切的好辯或狡辯。

這比起前人的「為了違常而競相啓辯」、「為了教化
而窮於辯術」和「為綜覈名實，而總歸於治道的緣
故」等說法（不論它們彼此是否有不盡相容的地方
）（周慶華，2008：129～130），顯然多顧及謀取利

益和樹立權威等層面而可以成為一種解釋的典範（
上述的「為了違常而競相啓辯」、「為了教化而窮於
辯術」和「為綜覈名實，而總歸於治道的緣故」等
，照理只是行使教化一項的「自我必須認定」和「
他人肯認定或不肯認定」的差異而已，大抵上都還
未明為連結好辯或狡辯行為跟謀取利益或樹立權威
的因果關係）。也正因為名家興起的背景終究是在為
謀取利益／樹立權威／行使教化等心理易動上，所
以連帶的它的流派分衍也可以順著這個脈絡而來理
解它的可能性。倘若從一些跡象來比對，那麼約略
可以看出名家有以惠施為首長於綜合而主張合同異
和以公孫龍為首長於分析而主張離堅白以及墨家後
學亟欲綜合前二家而提出別同異／盈堅白的主張等
三大派別（馮耀明，2000：30）；他們的論說可分別
見於《莊子・天下》所載「歷物十事」／「辯者二
十一事」和《公孫龍子》以及《墨子・經》／《墨
子・經說》等。這除了說他們的思想立場有異以外
，很難不想及他們所以要這樣互別苗頭也是跟上述
的謀取利益／樹立權威／行使教化等密切相關。也
就是說，如果沒有謀取利益／樹立權威／行使教化
這些誘因，那麼名家也不太可能會勇闖辯域而跟他
人捉對廝殺或各樹旗幟。而檢視謀取利益／樹立權
威／行使教化的涉外關他取向，又都可以被權力欲
望所統攝而成為名家一心三用的實質展現。大家知
道，權力這一影響力或支配力形式所體現的不論是

「一種所有物」還是「人們互動模式的結果」或是
「一種被統治者和統治者間的網絡」（Tim Jordon，
2001：13～23），都已經是人深著為欲望而成了一切
行為的終極的促動力（周慶華，2005；2006a；2007a
；2007b）。因此，可以說權力深著為欲望後，謀取
利益／樹立權威／行使教化等就成了它在伸展上的
三種形態。當中謀取利益涉及利益的多沾或多得（
相對的別人就少沾或少得），可以說是權力欲望的變
相發用；樹立權威則無異是該權力欲望的遂行；而
行使教化更是該權力欲望的恆久性效應。如果不把
名家的興起及其流派分衍歸諸權力欲望這一終極的
驅力，就不知道還有什麼更好的連繫方式。雖然該
權力欲望可能會有集體性的標誌（由學派中人共同
把持言說的生產、傳播和接受的機制），但在集體性
的權力欲望中還可見想要支配該集體的欲望的必然
存在時，個別的權力欲望就得讓它永遠具有優先地
位而可以用來解釋包括名家的興起及其流派分衍在
內的所有行為。這樣相關後續的體制性的管控以及
我個人的歧出式的後設論述，也都不出這一權力氛
圍的籠罩；它的貌似客觀性或絕對性的偽裝伎倆終
究會被覷破而得自我回返來審慎因應繼起的支配的
合理性問題（周慶華，2008：130～132）。但這種權
力欲望相對西方同類且更為繁複的邏輯思辨所見那
種強性權力欲望（企圖支配所有人／強迫大家都來
學習）來說顯然是弱性的，以致近代雖然有人為因

應西學的挑戰，想要藉它來扳回一點民族顏面而對它有過相當程度的關愛（詳見第二章第四節），卻緣於該邏輯思辨不及人家的規模宏大而導致美夢無望實現，這毋乃是雙重的受挫！就以名家代表人物公孫龍自己最得意的「白馬非馬」論（謝希聲，1978：1）為例：這把專稱（白馬）和泛稱（馬）分開，跟一般人所持的泛稱包含專稱（白馬也是馬），很明顯是立足點不同所導致的差異，彼此無從對話；而公孫龍也沒有理由說一般人都闇昧無知（從他不屑時流的「不予析辯」話語，可以推知他會這樣評斷）。再說依「白馬非馬」這一理路繼續推衍，會出現「綠樹非樹」、「藍海非海」、「黃種人非人」、「你我非你也非我」這些折煞人或傷人感情的言說（如果把「非」解作「不是」的話）。這樣我們可以反問：以「你我非你也非我」來說，那「你我」又是什麼？相同的，原論點「白馬非馬」如果成立，那麼「白馬」又是什麼？公孫龍或當今學界的碩彥要如何回答？難怪歷來許多有知見的人都不隨著公孫龍起舞；而如今也沒有因為學者的詮解推崇而引發時人廣為去再製更生！畢竟該一論點本身已經給自己埋下了難以圓說的弊病，大家終究會興趣缺缺！縱是如此，公孫龍所代表名家學說的受挫（惠施和墨家後學所代表另二系也是），應該還可以從別的角度來看它的歷史意義和現代意義。換句話說，歷來國人所以不喜歡這種詭辯，理當還有更深層的原因在；

而將這一更深層的原因予以掀揭開來，也才知道大家究竟要的是什麼！這所涉及的已經不純是知識的旨趣，它還關連我們今後是否要棄己從人的情感依歸問題。以邏輯思辨一事來說，這是創造觀型文化中的人仰體造物主的所造物各自有別的精神而發展成的；相對的，氣化觀型文化中的人所稟氣化的周流不定意識，根本不可能無緣無故的改向去窮為辨物析理（終而也發展出有如西方人那般的綿密慮度）。以致凡事「隨便」、「差不多」就可以了、「馬馬虎虎」啦等近似混沌接物的心態，也就充斥在我們的周遭。這本是中國古來的習尚，大家也都安於這種不知也不必精於計較的生活形態。但無奈從近代以來，西方人以他們的政經優勢和武力威嚇等，迫使國人接受改造而變成他們的影子，導致近百年來都還處在莫明前景的困折中！這時歷史上那丁點有如靈光一現的名辯，它的突如其來性也就毋須再強援引來充場面（說我們原來也有邏輯思辨呀）。現今我們所需要的可能是返回如常居主流卻未被真切重視的儒家那種亟欲正名實以體現氣化觀下綰合倫常的情境（強調「君君，臣臣，父父，子子」名分上的實在性並予以類推），而不是再趁勢抬出名家這種近於耍嘴皮的詭辯以為滿足隨波逐流撿拾西方人的唾餘度日的接軌妄想。因此，《公孫龍子》中的後設認知在當今無法跟西方的邏輯學匹敵（另一種形式的受挫）而還有那麼一點意義的，就是它可以促使

我們思考從新召喚自我傳統原有的一些獨特的東西
而不是再行盲目的追隨他者文化。換句話說,《公孫
龍子》中的後設認知的歷史功過已了,而它的現代
假借啟迪才要開始,我們無妨以行動見證可能的效
益(周慶華,2008:140～142)。

　　刑名法術為法家人物所強力主張,實乃一半起
於干祿私心;以致得逞者後多反受自挺刑戮(如商
鞅被秦惠王車裂以殉/李斯遭秦二世腰斬於市等就
是)(司馬遷,1979:2237、2562),不復解套。當
中利害在於法行處慘礉少恩,據以繩衡人的必受人
反繩衡;同時為了干祿保位也容易對人主阿順苟合
,馴致自失立場而動輒得咎罹罪!人心澆薄,莫不
從法出刻酷開始。孔子所說的「*道之以政,齊之以
刑,民免而無恥。道之以德,齊之以禮,有恥且格*
」(邢昺,1982:16)此一為政至理,罕有人理會!
即使如此,法家人物所執著的刑禁(另有信賞),頂
多及於「*禁姦之法,太上禁其心,其次禁其言,其
次禁其事*」(王先慎,1978:347)而為氣化觀型文
化相應人存所行治道的一部分(另一部分在德政)
,跟西方創造觀型文化相應神存所行還多出政道(
重視憲法/理性,以保證法治/民主政體)大異其
趣!該政道未必如論者所研判是我方亟待補足的(
牟宗三,1979),畢竟那裏面有不可共量的機制在起
作用!也就是說,西方人所以要制定憲法來保障大
家的權利義務(其餘刑法、名法和各科別法等都承

此母法再訂），只因一項原罪的存在（詳見第三章第三節、第七章第二節）致使彼此要互相防範以免權益分配不公；而最被看重的正義準則終於也成了西方人在信仰上帝以外不可或缺的形上理念（John B. Rawls，1988；Herbert L. A. Hart，2010；Robert Alexy，2020）：集體共同立法，也一致守法，有問題讓正義進場仲裁（劉增泉編著，2005；林立樹，2005；吳錫德編著，2010；蕭曦清，2013；蔡慶樺，2020）。相對的，中國傳統社會不時興這些東西（也不知道有這些東西／再加上西方人駭怕不守法會間接被上帝懲罰而自絕救贖路的更非所能想像），如今大家棄我從他也學人家那套制度，結果卻是「現代國家以人民為『理性之立法者』的立憲精神，在臺灣顯然是徒具虛文。法律和國家的基本精神一樣遭到政客和商人的任意踐踏，國家公器淪為權力鬥爭的手段，司法尊嚴如失貞的皇后，望之儼然卻人人鄙夷，我們的司法體制真的跟社會脫了節」（Herbert L. A. Hart，2010：何飛鵬〈出版緣起〉），這要怪誰？現今與其呼籲揚湯止沸式的司法改革，不如勸大家釜底抽薪從新立法，才可能反轉已成西方國家附庸的命運而有所裨益後全球化時代生活的開啟。

　　神仙觀念的形成，據文獻所載當不晚於黃帝時代。相傳黃帝曾問道於廣成子（廣成子也被葛洪《神仙傳》列為首傳）（葛洪，1988：1520），且嘗「采首山銅，鑄鼎於荊山下。鼎既成，有龍垂胡髯下迎」，

最終則捨世屍解仙去（司馬遷，1979：468～473）。
此後為求長生而孺慕尋索不死藥的風氣漸開，王公
貴冑流行或茹芝草或餌丹鉛，儘冀能倖免一死。同
時自詡為方士而競相奔走於公門的中介者（如秦時
的韓終／侯公／石生／盧生等）（司馬遷，1979：252
），也不絕如縷，從而益加促進此一觀念在社會中形
成強抵凡俗的風尚。察考率先為該羣社真能脫俗者
圖繪形象的，首推《莊子》書。《莊子》書誌記有神
人／真人／至人等，他們都是一派得道者的姿態，
並且幾乎同稟只有教中人才能見著的超卓本事：

> 藐姑射之山，有神人居焉，肌膚若冰雪，淖約
> 若處子。不食五穀，吸風飲露。乘雲氣，御飛
> 龍，而遊乎四海之外。（郭慶藩，1978：15）

> 古之真人……入水不濡，入火不熱……不知說
> 生，不知惡死；其出不訢，其入不距；翛然而
> 往，翛然而來而已矣……天與人不相勝也。（郭
> 慶藩，1978：103～104）

> 至人神矣！大澤焚而不能熱，河漢沍而不能寒
> ，疾雷破山風振海而不能驚。若然者，乘雲氣
> ，騎日月，而遊乎四海之外。死生無變於己，
> 而況利害之端乎！（郭慶藩，1978：45～46）

這不論是不食五穀還是乘風御龍或是水火無妨，一
概顯現出凡眾所無能為力的一面，而著實徵候著一
旦入道就有機會晉昇為此般人上人。《莊子》書的這
一發微，無異成了後世追求神仙美夢的先聲：凡是
嚮往不死境界的人，莫不以此類能耐為所崇尚標的
，因而引出了甚夥可以致效的成仙方術（詳見第七
章第二節）。神仙術所以會被國人多方崇仰，乃有一
命限／境限亟待克服的想望在背後支持著。這一方
面緣自對得道者的反觀而誘引出該意欲；另一方面
則因己身實有困處蹇運經驗而難免要如此耽念。前
者可仿效的脫卸者盡是這般模樣：

> 仙人者，或竦身入雲，無翅而飛；或駕龍乘雲
> ，上造天階；或化為鳥獸，游浮青雲；或潛行
> 江海，翱翔名山；或食元氣，或茹芝草；或出
> 入人間而人不識；或隱其身而莫之見。（葛洪，
> 1988：1521）

> 若夫仙人，以藥物養身，以術數延命，使內疾
> 不生，外患不入，雖久視不死，而舊身不改。
> 苟有其道，無以為難也。（葛洪，1983：3〜4）

二則文中所描繪的不是除卻境限就是已了命限（跟
前引《莊子》書所述神人／真人／至人的情況類似），
豈能不讓人既羨且慕而以同蹈晉昇路為所蘄嚮？後

者則雅不願掉入「死生存亡，窮達貧富，賢與不肖
毀譽，饑渴寒暑，是事之變，命之行也」（郭慶藩，
1978：96）此一遭控深淵，終身累累纏礙，以致戀
著仙道只是適切而已！這一信念，歷經明清兩代因
政治抑制或俗迫壓力或承繼失當而轉隱性沈寂，一
直到清末民初才再見神仙術的振興。當時有以陳攖
寧為首的體證參究團隊在倡導新仙學，旗幟甚為鮮
明：它把原道教所一致關心的「與道同不朽」理念
特為標出，企圖自立一門新的學問（李養正，1993；
胡海牙編著，1998；田誠陽編著，1999）。宣導人陳
攖寧在所屬的《揚善半月刊》和《仙道月報》等刊
物撰文發微，且頻獲時人的迴響。該新仙學的提出
，多有以對治來自西方的科學禍害為出發點（武國忠
主編，2006：899～923），很明顯是一波救國論的新
風潮。但它比起同時代國人的救亡圖存作法，卻又
有著更切實際而反不被抬高檔次的憾恨在！大家知
道，西方強權從近世理性啟蒙連帶工業革命後，就
一直以船堅炮利轟開他方世界的大門而取得支配剝
削的主宰權；國人原不是同一個思路而無法跟進，
就始終處於挨打的局面。值此存亡危急的時刻，誰
都不忍看到國格淪喪、生靈塗炭，於是有改革家發
出「師夷之長技以制夷」的籲請；有實務家另謀「中
學為體，西學為用」的蹊徑；有新儒家力主「道德
主體轉出知性主體」的生路，皇皇言論，無不打動
更多趨新或嗜動人士的心（詳見第三章第二節）。然

而，這些反制／仿效／融鑄外來文化等策略，輾轉演變至今，在西方強權主導的全球化浪潮下，海峽兩岸都被收編成為世界經濟體系的一環，再也沒有可以說「不」的本錢或餘地。這時誰會想到當年新仙學宣導者如何的要以成仙理想來徹底擺脫西方強權的壓迫和牢籠呢！因此，從這一點看，新仙學的提出才真正是拯救自我兼避免舉世一起步上能趨疲臨界點而使地球陷於一片死寂末路的好對策。縱然它的成效還有待大力提高；但不順著這個方向去考慮，似乎也沒有更妥適的辦法可以自救濟世。這種具有高度價值的文化情懷，理應深受重視卻始終未被後人悉心採納而勉為踐行（只有新仙學家的接班人選擇狹路在一博喝采），馴致越後越淪為一體西化且不知止境的難堪下場（周慶華，2013：221～225）。追踪至此，已經可知神仙術發展到新仙學階段本最迫切或應機要開啟新猷的（緣於自我社會遭逢即將全面陷溺的千古大劫難），但不意相關學說及其教派集聚卻因中共政權竄起予以打壓而重挫（吳亞魁，2005：155～160）；更有唯物科學被強行引入迫使仙道思想轉向一般練功養生而造成不死術強項莫名消沈。這種志業未竟所能給我們的省思在於：新仙學家晚年或因畏禍而不再續彈成仙舊調，而所有繼志的跟隨者和研究者憚於西方科學威勢也避談神仙美夢，使得新仙學的成仙理想在當今是無由再行彰顯了。但事情又不能如此不明不白的任它長久闇默下

去，我們總得想點辦法看看有什麼出路可以勉力一
試。而這不妨藉一位論者解釋神話背後的意義來發
微：

> 在原始思維中，死亡絕對沒有被看成是服從一
> 般法則的一種自然現象。它的發生並不是必然
> 的而是偶然的，是取決於個別的和偶然的原因
> ，是巫術、魔法或其他人的不利影響所導致的
> ……在某種意義上，整個神話可以被解釋為就
> 是對死亡現象的堅定而頑強的否定。（Ernst
> Cassire，1989：131～132）

這在往後的變化狀況，除了中國傳統氣化觀型文化
還保有這一不死的信仰，其餘如現存的西方創造觀
型文化和印度佛教所開啟緣起觀型文化等都退化成
對肉體必死的堅信和焦慮。但遺憾的是，叫囂者眾
多，氣化觀型文化傳統難得一見的不死信仰也日漸
渙散，只剩下相關的文獻記載在聊供人憑弔。這麼
一來，大家將會發現幾個事實：第一，從不死信仰
的正面意義來看，擁有這種信仰的人都知道長生久
視不容易，所以各種作為（包括環境的營造和手段
的採用等）都要不斷地成長，並且要向生命的深層
面去開拓（如懷德不深或行善不多可能有礙求道之
類），而展現出一種雍容自若、氣度不凡又能進取的
生命形態。過去的人，我們縱然不能目睹，但也無

妨想像確有這個可能。而這一切如今不復可見後，
所有的理想也就草草的隨著沈進歷史記憶的底層。
第二，當我們無意再從前人所採行的方術中精鍊一
種較好的方術或別為開發新的方術，長生久視將更
不可能。這樣我們所面臨的，就不是單純的一個成
仙美夢的幻滅，而是某種潛能（可以用來成仙）的
退化或永久的埋沒。第三，當我們把注意力轉移到
死亡的課題上時，美其名是要大家正視死亡且更珍
惜生命。但死亡既然不可避免，那麼活著時豈不更
增加一分急迫感（或危機感）？我們看當今人心所
顯現熱中急功近利，難道不是來日所剩不多的恐懼
心理在作祟？因此，關心死亡不但不能減低對未來
的駭怕，而且還會更容易懷憂喪志。第四，政府的
各種施政策略，倘若不能一悟而把為使人民的長生
久視的因素考慮在內，那麼人民將不只是覺得成仙
無望或更添死亡恐懼，還很可能會憤而走上極端（不
合作或存心破壞），跟他人同歸於盡。證諸當今人民
的許多抗爭活動（不全是為了爭取眼前的權益），以
長治久安為最大訴求，不難預見將來一旦生存機會
減少或失去保障，一場全面性的動亂勢必不可避免。
可見成仙的理想固然很難達到，而以能夠成仙的觀
點來規畫人生更不容易；但如果不死信仰在當今式
微後確是像上述這麼不堪，那麼期待一個嶄新思路
（足以改善目前的狀況）的開闢，也就成了我們從
現在起最不可或忘的緊要事。而緬懷當年新仙學家

的讜論，還有得我們好好的三致其思，才不致平白錯過可以從新出發締勝的機會（周慶華，2013：226～227）。所以會有神仙術的出現，乃因為先存在靈肉分離觀及其靈體部分被認定為精氣的關係。這精氣（有別於一般駁雜的氣）主式具思感能力，為純體時稱作神；經過人身而後出去的稱作鬼；游離於物身間的稱作妖或魅（周慶華，2006a：9）。它進駐人或物體內，人或物就依它賦形（也就是精氣殊類，有人或物形狀的，得著機緣隨受胎進駐人或物體內，就可以促成人或物長成相同形狀）。凡是先天備具或後天開啟靈眼的人，都可以如實感應瞧見（Michael Newton，2003；Sasha Fenton，2007；Mary Roach，2019；廖雨辰，2011；櫻井識子，2017；陶貓貓，2019）。至於有關它的來源，或歸諸上帝賜予，或歸諸無盡緣起，或歸諸陽精陰精化合（周慶華，2011b：128～134），全無準的且多矛盾（彼此都無法解決那第一序的創造／緣起／氣化如何可能的問題），不如加以擱置而只根據可察覺的現實情狀給予論說（此地也不及細辨當中氣化觀在理則上最接近該精氣的存續卻又尚差一間）。由於古代國人早就意識到靈體在人身內會有脫離的可能（脫離不返肉體就死亡），而人又沒有別的本事足以使自己恆久活著，因此就試著煉丹來服食，以便從中收束護住靈體不讓它逸失，肉體就不會死亡。至於該丹藥多採自密度特高的金、銀、鉛、汞等金屬，當是看重它們結合在一

塊可以產生強吸附力（一如磁石或犀牛角粉末那般），而給靈體緊相縛著。這點本經試驗有成（才會有那麼多致效者相繼在吐屬心路歷程），卻未見於史上相關典籍的點撥摹寫，而今人摻和討論又不知有此一關節（張覺人，1985；徐儀明，1997；陳國符，1997）；以致連帶遺誤到一些西方漢學家的錯會：他們滿以為「**對上清派宗師陶弘景的煉丹活動的研究表明，它們跟末世信仰有連繫（也就是說在末日災難到來之際，有拯救道士的煉丹方法）。似乎上清派煉丹家也完全明白他們的產品（含汞、鉛和砷等）有毒，他們中的一些人要透過一種儀式性的自殺，升到上清派天堂的星官的高位**」（Seidel Anna，2002：58）。其實全是望文生義；殊不知服丹全為了長生，怎會是求速死！換句話說，古人不可能不知道那些材料含有劇毒會要人命，但在經過不斷燒煉後（每燒煉一次叫一轉）已然去毒，根本無妨服食者的性命安全。倘若有人服後不適而發生暴斃或癱瘓現象，那就得追究燒煉工序是否有誤或嗑食是否得法，不必橫生枝節倒過來怪罪丹藥無效。正因為丹藥的功能在護住靈體，而一旦靈體不脫離很可能也會帶動輕舉肉體，逐漸在變化飛昇上展現實力（變化是因為可以快速移動而隱現自如；飛昇則是身輕如燕而能夠高翔遠蹈），所以大家要前仆後繼的來本範域問津仿效。但當這種只靠服丹的便宜行事反易奪命或傷殘例子一開，難免就會有人想到或可另起爐竈，

嘗試其他一樣有效的長生方案。而內丹，應該就是這項努力的成果。它以擬比金丹燒煉作法，勤練氣功到身內結丹丸強攀靈體或靈體自我成丹緊附肉體，終而得到相同的久視不朽和來去自適等效應。上述這個理路，諒必是由新仙學應驗於現實生活的（畢竟是它在近代率先喚起大家的成仙美夢），卻因戰亂人禍世途多阻而短少正績，不能不致以嘆憾！差堪告慰的是：總的來看，新仙學在中土的倡議推行，跟整個時代國族因應外來文化的衝擊有密切的關係；它的力拚拒外自主的作為，也很明顯帶有傳統文化「創造性轉化」欲求的印記。換句話說，新仙學專挑成仙一理對治西方科學的逞威致禍，在先天上就有不可退卻的防衛機制在起作用；而相較於其他救亡對策的形塑，新仙學在後天上雖然緩不濟急卻又是最有可能竟功的一支。今後只要有需要思考「國家往何處去」的課題，新仙學道地的民族色彩依然會站在高處向我們招手。而連此整體上所顯示出來的作為，也已經自蘊了一種可稱為全護型生態觀。這種生態觀在面對西方創造觀型文化所興作帶動全球化造成的能趨疲危機時刻特別有對治化解的功效：它已在中國傳統氣化觀型文化中醞釀秀出，將來還要大為倚賴它一起拯救世界危殆而重現自我所屬文化先前尤能維護生態的榮光。這樣就可以總攝新仙學全護型生態觀：在起點上，個人修鍊到能克服命限和境限等，形體束縛將不再成為懸念；而

進入終點，則自成一片最少需求物質以致最少擾動
生態的諧和優著景象；然後此一完存生態的作為可
以從新推廣轉為救渡世界而延緩地球陷於死寂臨界
點的到來，因而堅實或具結了點線面兼備的益世啟
示（周慶華，2021a：221～236）。

參考文獻

于國欽（2006），《巨變中的臺灣經濟》，臺北：商訊。

大前研一著，李宛蓉譯（1996），《民族國家的終結：區域經濟的興起》，臺北：立緒。

王　充（1978），《論衡》，新編諸子集成本，臺北：世界。

王　弼（1978），《老子道德經注》，新編諸子集成本，臺北：世界。

王一川（1988），《意義的瞬間生成》，濟南：山東文藝。

王文洋（2007），《重建美麗的臺灣》，臺北：天下遠見。

王成勉主編（2014），《傳教士筆下的大陸與臺灣》，桃園：中央大學。

王先慎（1978），《韓非子集解》，新編諸子集成本，臺北：世界。

王先謙（1978），《荀子集解》，新編諸子集成本，臺北：世界。

王岳川（1994），《藝術本體論》，上海：三聯。

王海山主編（1998），《科學方法百科》，臺北：恩楷。

王順民（1999），《宗教福利》，臺北：亞太。

王萬邦（2008），《最後機會》，臺北：商訊。

毛子水（1986），《論語今註今譯》，臺北：臺灣商務
　　。

丹尼爾（2005），《當神祕學來敲門》，臺北：尖端。

丹青藝叢編委會編（1987），《當代美術論集》，臺北
　　：丹青。

方東美（1981），《中國哲學之精神及其發展》，臺北
　　：聯經。

孔穎達等（1982a），《禮記正義》，十三經注疏本，
　　臺北：藝文。

孔穎達等（1982b），《春秋左傳正義》，十三經注疏
　　本，臺北：藝文。

孔穎達等（1982c），《毛詩正義》，十三經注疏本，
　　臺北：藝文。

孔穎達等（1982d），《周易正義》，十三經注疏本，
　　臺北：藝文。

水島治郎著，林詠純譯（2018），《民粹時代：是邪
　　惡的存在，還是改革的希望？》，臺北：先覺。

永　瑢等（1985），《合印四庫全書總目提要及四庫
　　未收書目禁燬書目》（三），臺北：臺灣商務。

古允文等譯（1988），《社會福利發展——經濟與理
　　論》，臺北：桂冠。

古明地正俊等著，李仁惠譯（2018），《AI 人工智慧
　　的現在・未來進行式》，臺北：遠流。

司馬遷（1979），《史記》，臺北：鼎文。

尹啟銘（2006），《斷鏈：前瞻臺灣經濟新未來》，臺

北：天下遠見。

田誠陽編著（1999），《仙學詳述》，北京：宗教文化
　　。

包遵信（1989），《批判與啟蒙》，臺北：聯經。

矢內原忠雄著，張漢裕譯（1992），《基督教入門》
　　，臺北：協志。

史威登堡研究會編著，王中寧譯（2010），《通行靈
　　界的科學家：史威登堡獻給世人最偉大的禮物
　　》，臺北：方智。

宇　色（2011），《我在人間與靈界對話》，臺北：柿
　　子。

朱　熹編（1978），《河南程氏遺書》，臺北：臺灣商
　　務。

朱　熹編（1986），《近思錄》，臺北：臺灣商務。

朱建民（2003），《知識論》，臺北：空中大學。

朱錦忠（2003），《環境生態學》，臺北：新文京。

朱耀偉（1994），《後東方主義──中西文化批評論
　　述策略》，臺北：駱駝。

向立綱（2009），《靈體、靈性、靈媒：活靈活現第
　　三部》，臺北：萬世紀身心靈顧問。

向立綱（2010），《人與神：活靈活現第四部》，臺北
　　：萬世紀身心靈顧問。

牟宗三（1970），《生命的學問》，臺北：三民。

牟宗三（1971），《智的直覺與中國哲學》，臺北：臺
　　灣商務。

牟宗三（1977），《佛性與般若》，臺北：學生。

牟宗三（1979），《名家與荀子》，臺北：學生。

牟宗三（1985），《才性與玄理》，臺北：學生。

牟宗三（1986a），《中國哲學十九講》，臺北：學生
　　。

牟宗三（1986b），《心體與性體》（全三冊），臺北：
　　正中。

牟宗三（1986c），《中國哲學的特質》，臺北：學生
　　。

江亮演等（2001），《老人與殘障福利》，臺北：空中
　　大學。

行政院內政部編（1995），《宗教論述專輯（二）：社
　　會教化篇》，臺北：行政院內政部。

行政院文化建設委員會編（2007），《臺灣製造：文
　　化創意向前走》，臺北：允晨。

何　休（1982），《公羊傳解詁》，十三經注疏本，臺
　　北：藝文。

何秀煌（1988），《文化‧哲學與方法》，臺北：東大
　　。

何清漣等（2017），《中國：潰而不崩》，新北：八旗
　　。

何清漣（2019），《紅色滲透：中國媒體全球擴張的
　　真相》，新北：八旗。

邢　昺（1982），《論語注疏》，十三經注疏本，臺北
　　：藝文。

呂　澂（1985），《中國佛教源流略講》，臺北：里仁
　　。

呂大吉（1993），《宗教學通論》，臺北：博遠。

阮玉梅等（1999），《長期照護》，臺北：空中大學。

李匡武主編（1989），《中國邏輯史》（全五卷），蘭
　　州：甘肅人民。

李亮恭主編（1974），《中山自然科學大辭典》（第七
　　冊），臺北：臺灣商務。

李清志等主編（2011），《臺北學》，臺北：馬可孛羅
　　。

李翔海（2000），〈尋求宗教、哲學與科學精神的統
　　一──論現代儒學的內在向度〉，刊於《孔孟學
　　報》第 78 期（283～284），臺北。

李養正（1993），《當代中國道教》，北京：中國社會
　　科學。

李鴻源（2014），《臺灣如何成為一流國家》，臺北：
　　時報。

李鴻源（2019），《臺灣必須面對的真相》，臺北：時
　　報。

余治平（2016），《哲學的中國本土化敘事》，上海：
　　上海交通大學。

余英時（1984），《中國知識階層史論：古代篇》，臺
　　北：聯經。

余英時（1988），《歷史與思想》，臺北：聯經。

希拉蕊（2007），《非死即傷的惡靈實錄》，臺北：可

道書房。

吳亞魁（2005），《生命的追求：陳攖寧與近現代中國道教》，上海：上海辭書。

吳柄松（2003），《生死簿的物語》，桃園：吳柄松。

吳垠慧（2003），《臺灣當大美術大系媒材篇：科技與數位藝術》，臺北：藝術家。

吳錫德（2010），《法國製造：法國文化關鍵詞 100》，臺北：麥田。

汪信硯（2010），〈全球化與反全球化──關於如何走出當代全球化困境問題的思考〉，刊於《北京大學學報（哲學社會科學版）》第 47 卷第 4 期（33～35），北京。

沈國鈞（1987），《人文學的知識基礎》，臺北：水牛。

沈清松（1986），《解除世界魔咒──科技對文化的衝擊與展望》，臺北：時報。

沈清松（1987），《物理之後：形上學的發展》，臺北：牛頓。

沈清松主編（2002），《哲學概論》，臺北：五南。

杜維明主編（1997），《儒學發展的宏觀透視》，臺北：正中。

佛光山文教基金會主編（1996a），《一九九五年佛學研究論文集：佛教現代化》，臺北：佛光。

佛光山文教基金會主編（1996b），《一九九六年佛學研究論文集：當代臺灣的宗教與社會》，臺北：

佛光。

周　非（2012），《中國知識分子淪亡史》，臺北：遠流。

周文欽（2002），《研究方法——實徵性研究取向》，臺北：心理。

周陽山等編（1981），《近代中國思想人物論：保守主義》，臺北：時報。

周敦頤（1980），《周子全書》，臺北：臺灣商務。

周慶華（1997a），《佛學新視野》，臺北：東大。

周慶華（1997b），《語言文化學》，臺北：生智。

周慶華（1999a），《佛教與文學的系譜》，臺北：里仁。

周慶華（1999b），《新時代的宗教》，臺北：揚智。

周慶華（2000），《中國符號學》，臺北：揚智。

周慶華（2002a），《死亡學》，臺北：五南。

周慶華（2002b），《故事學》，臺北：五南。

周慶華（2003），《閱讀社會學》，臺北：揚智。

周慶華（2004a），《創造性寫作教學》，臺北：萬卷樓。

周慶華（2004b），《語文研究法》，臺北：洪葉。

周慶華（2004c），《文學理論》，臺北：五南。

周慶華（2005），《身體權力學》，臺北：弘智。

周慶華（2006a），《靈異學》，臺北：洪葉。

周慶華（2006b），《語用符號學》，臺北：唐山。

周慶華（2007a），《語文教學方法》，臺北：里仁。

周慶華（2007b），《走訪哲學後花園》，臺北：三民。

周慶華（2008），《轉傳統為開新──另眼看待漢文化》，臺北：秀威。

周慶華（2009），《文學詮釋學》，臺北：里仁。

周慶華（2010），《反全球化的新語境》，臺北：秀威。

周慶華（2011a），《語文符號學》，上海：東方。

周慶華（2011b），《生態災難與靈療》，臺北：五南。

周慶華（2012a），《華語文文化教學》，新北：揚智。

周慶華（2012b），《文化治療》，臺北：五南。

周慶華（2013），《微雕人文──歷世與渡化未來的旅程》，臺北：秀威。

周慶華（2016），《走上學術這條不歸路》，新北：生智。

周慶華（2017），《解脫的智慧》，臺北：華志。

周慶華（2020a），《新說紅樓夢》，臺北：華志。

周慶華（2020b），《跟君子有約：在全球化風險中找出路》，臺北：華志。

周慶華（2020c），《靈異語言知多少》，臺北：華志。

周慶華（2020d），《《莊子》一次看透》，臺北：華志。

周慶華（2021a），《君子學：後全球化時代的希望工程》，臺北：華志。

周慶華（2021b），《《周易》一次解密》，臺北：華志。

周震歐主編（1992），《兒童福利》，臺北：巨流。

林天民（1994），《基督教與現代世界》，臺北：臺灣商務。

林立樹（2005），《美國文化史》，臺北：五南。

林明玉（2009），《少年小說的人物刻畫——以紐伯瑞兒童文學獎得獎作品為例》，臺北：秀威。

林品章（2008），《方法論：解決問題的思考方法》，臺南：中華民國基礎造形學會。

林基興（2016），《在信仰以外——從科學角度談信念》，臺北：獨立作家。

林富士（1995），《孤魂與鬼雄的世界：北臺灣的厲鬼信仰》，臺北：臺北縣立文化中心。

林萬億（1994），《福利國家——歷史比較的分析》，臺北：巨流。

林鎮國（1999），《空性與現代性：從京都學派、新儒家到多音的佛教詮釋學》，臺北：立緒。

林顯宗等（1995），《社會福利與行政》，臺北：五南。

邱天助（1998），《布爾迪厄文化再製理論》，臺北：桂冠。

岳友熙（2007），《生態環境美學》，北京：人民。

金性堯（2012），《都是文字惹的禍──清代文字獄
　　》，北京：故宮。

武國忠主編（2006），《中華仙學養生全書──陳攖
　　寧先生對健康長壽學說作出的獨特貢獻》，北京
　　：華夏。

屈萬里（1984），《屈萬里全集⑫・古籍導讀》，臺北
　　：聯經。

長孫無忌（1979），《隋書》，臺北：鼎文。

帕米爾書店編輯部編（1980），《科學玄學論戰集》
　　，臺北：帕米爾。

紀　昀等編（1986），《四庫全書》，臺北：臺灣商務
　　。

韋　昭（1974），《國語注》，臺北：藝文。

胡　適（1986），《中國古代哲學史》，臺北：遠流。

胡自逢（1980），《先秦諸子易說通考》，臺北：文史
　　哲。

胡海牙編著（1998），《仙學指南》，北京：中醫古籍
　　。

胡楚生（1980），《訓詁學大綱》，臺北：蘭臺。

范　錡（1987），《哲學概論》，臺北：臺灣商務。

段玉裁（1978），《說文解字注》，臺北：南嶽。

施正鋒（1994），《臺灣民族主義》，臺北：前衛。

施正鋒（2000），《臺灣人的民族認同》，臺北：前衛
　　。

施正鋒（2003），《臺灣民族主義》，臺北：前衛。

姜汝祥（2004），《差距：從中國一流企業與世界第一的距離，思考臺灣企業的競爭力》，桃園：良品文化館。

洪秀瑛報導（2017.11.19），〈傅達仁父子深擁等那善終一刻〉，刊於《中國時報》第 A2 版，臺北。

洪鎌德（2003），《民族主義》，臺北：一橋。

俞建章等（1990），《符號：語言與藝術》，臺北：久大。

柳詒徵（1978），《中國文化史》（全三冊），臺北：正中。

容肇祖（1987），〈占卜的源流〉，收於《古史辨》（第三冊）（252～308），臺北：藍燈。

馬鄰翼（1996），《伊斯蘭教概論》，臺北：臺灣商務。

郁慕鏞（1994），《科學定律的發現》，臺北：淑馨。

香港聖經公會（1996），《聖經》，新標點和合本，香港：香港聖經公會。

香港嶺南學院翻譯系編（1996），《學科‧知識‧權力》，香港：牛津大學。

海　天（2014），《2020 中國與美國終須一戰──當中國的復興之路遇上美國的重返亞洲》，臺北：如果。

班　固（1979），《漢書》，臺北：鼎文。

班　固（1988），《白虎通》，增訂漢魏叢書本，臺北：大化。

徐　彥等（1982），《春秋公羊傳注疏》，十三經注疏本，臺北：藝文。

徐儀明（1997），《外丹》，香港：中華。

孫　奭（1982），《孟子注疏》，十三經注疏本，臺北：藝文。

孫　震等主編（2007），《危機臺灣》，臺北：渤海堂。

孫詒讓（1978），《墨子閒詁》，新編諸子集成本，臺北：世界。

殷　鼎（1990），《理解的命運》，臺北：東大。

殷海光（1989），《思想與方法》，臺北：水牛。

席汝楫（2003），《社會與行為科學研究方法》，臺北：五南。

唐君毅（1965），《中國文化之精神價值》，臺北：正中。

唐君毅（1974），《說中華民族之花果飄零》，臺北：三民。

唐翼明（1992），《魏晉清談》，臺北：東大。

袁定安（1996），《猶太教概論》，臺北：臺灣商務。

個人新聞臺（2009.8.11），〈八八水災，明天過後……〉，網址：http://mypaper.pchome.com.tw/ctot/post/1313600948，點閱日期：2011.5.1。

張　載（1979），《張子全書》，臺北：臺灣商務。

張　灝（1989），《幽暗意識與民主傳統》，臺北：聯經。

張巨青等（1994），《邏輯與歷史——現代科學方法論的嬗變》，臺北：淑馨。

張世雄（1996），《社會福利理念與社會安全制度》，臺北：唐山。

張伯行輯訂（1982），《朱子語類》，臺北：臺灣商務。

張君炎（1986），《中國文學文獻學》，南昌：江西人民。

張岱年等（1991），《中國思維偏向》，北京：中國社會科學。

張京育（1987），《從臺北看世界》，臺北：幼獅。

張政偉（2013），《網路／數位文學論》，花蓮：慈濟大學。

張家銘（1987），《社會學理論的歷史反思》，臺北：圓神。

張開基（2000），《飛越陰陽界》，臺北：新潮社。

張漢良（1986），《比較文學理論與實踐》，臺北：東大。

張曙光（1995），《外王之學：荀子與中國文化》，開封：河南大學。

張鏡湖等（2002），《環境與生態》，臺北：中國文化大學。

張覺人（1985），《中國古代煉丹術——中醫丹藥研究》，臺北：明文。

陳　壽（1979），《三國志》，臺北：鼎文。

陳光興（2006），《去帝國——亞洲作為方法》，臺北
　　：行人。

陳秉璋等（1988），《邁向現代化》，臺北：桂冠。

陳秉璋等（1990），《價值社會學》，臺北：桂冠。

陳信聰（2010），《幽明得度——儀式的戲劇觀點：
　　臺南市東嶽殿打城法事分析》，臺北：唐山。

陳國符（1997），《中國外丹黃白法考》，上海：上海
　　古籍。

陳瑞麟等（2016），《知識臺灣：臺灣理論的可能性
　　》，臺北：麥田。

陳榮捷（1995），《新儒學論集》，臺北：中央研究院
　　中國文哲研究所。

陸九淵（1979），《象山先生全集》，臺北：臺灣商務
　　。

馮友蘭（1967），《中國哲學史》，香港：文蘭。

馮友蘭（1985），《三松堂全集》（第一卷），鄭州：
　　河南人民。

馮友蘭（1991），《中國哲學史新編》（全七冊），臺
　　北：藍燈。

馮耀明（2000），《公孫龍子》，臺北：東大。

郭有遹（1985），《創造心理學》，臺北：正中。

郭慶藩（1978），《莊子集釋》，新編諸子集成本，臺
　　北：世界。

許信良（1995），《新興民族》，臺北：遠流。

陶貓貓（2019），《見鬼之後：通靈港女陰陽眼實錄

與靈譯告白》，臺北：時報。

國立編譯館主編（1989），《科學與科技》，臺北：國立編譯館。

焦　桐主編（2009），《味覺的土風舞：「飲食文學與文化國際學術研討會」論文集》，臺北：二魚。

賀　麟（2005），《賀麟集》，北京：北京大學。

傅大為（1991），《知識與權力的空間──對文化、學術、教育的基進反省》，臺北：桂冠。

傅偉勳（1990），《從創造的詮釋學到大乘佛學──「哲學與宗教」四集》，臺北：東大。

須文蔚（2003），《臺灣數位文學論》，臺北：二魚。

湯用彤（1987），《漢魏兩晉南北朝佛教史》（上冊），臺北：駱駝。

曾仰如（1987），《形上學》，臺北：臺灣商務。

曾慶豹（2004），《信仰的（不）可能性》，香港：文字事務。

勞思光（1980），《中國哲學史》（第二卷），香港：友聯。

黃紹倫編（1992），《中國宗教倫理與現代化》，臺北：臺灣商務。

黃漢耀譯著（1991），《文明也是災難》，臺北：張老師。

黃慶明（1991），《知識論講義》，臺北：鵝湖。

童慶炳（1994），《文體與文體的創造》，昆明：雲南人民。

森田松太郎等著，吳承芬譯（2000），《知識管理的基礎與實例》，臺北：小知堂。

路　況（1990），《後／現代及其不滿》，臺北：唐山。

路　況（1993），《虛無主義書簡——歷史終結的游牧思考》，臺北：唐山。

葛　洪（1983），《抱朴子》，新編諸子集成本，臺北：世界。

葛　洪（1988），《神仙傳》，增訂漢魏叢書本，臺北：大化。

葛　荃（2002），《立命與忠誠——士人政治精神的典型分析》，臺北：星定石。

楊士勛等（1982），《春秋穀梁傳注疏》，十三經注疏本，臺北：藝文。

楊孝濚（1999），《跨世紀老人福利政策》，臺北：中國國民黨中央委員會政策研究工作會。

楊端志（1997），《訓詁學》，臺北：五南。

楊儒賓等編（1996），《中國古代思維方式探索》，臺北：正中。

葉乃嘉（2006），《研究方法的第一本書》，臺北：五南。

葉謹睿（2005），《數位藝術概論：電腦時代之美學、創作及藝術環境》，臺北：藝術家。

賈公彥等（1982），《儀禮注疏》，十三經注疏本，臺北：藝文。

董仲舒（1988），《春秋繁露》，增訂漢魏叢書本，臺北：大化。

《新周刊》主編（2013），《臺灣最美的風景是人》，臺北：華品文創。

慈誠羅珠堪布著，索達吉堪布譯（2007），《輪迴的故事》，臺北：橡樹林。

廖雨晨（2011），《我的通靈經驗》，臺北：采竹。

趙雅博（1979），《知識論》，臺北：幼獅。

趙毅衡（2012），《符號學》，臺北：新銳文創。

慧　皎（1987），《高僧傳》（第一集），臺北：彙文堂。

劉　熙（1988），《釋名》，增訂漢魏叢書本，臺北：大化。

劉又銘（2019），《一個當代的、大眾的儒學──當代新荀學論綱》，北京：中國人民大學。

劉孝標（1978），《世說新語注》，新編諸子集成本，臺北：世界。

劉述先（2000），《儒學思想意涵之現代闡釋論集》，臺北：中央研究院中國文哲研究所籌備處。

劉述先（2008），《論儒家哲學的三個大時代》，香港：中文大學。

劉軍寧（1992），《權力現象》，臺北：臺灣商務。

劉清彥譯（2000），《死後的世界》，臺北：林鬱。

劉清彥譯（2001），《特異功能》，臺北：林鬱。

劉福增主編，胡品清譯（1988），《羅素論中西文化

》，臺北：水牛。

劉增泉編著（2005），《羅馬文化史》，臺北：五南。

劉還月（1996），《臺灣民間信仰小百科》（靈媒卷）
　　，臺北：臺原。

蔡文輝（2006），《社會學理論》，臺北：三民。

蔡仁厚（1984），《孔孟荀哲學》，臺北：學生。

蔡佩如（2001），《穿梭天人之際的女人──女乩童
　　的性別特質與身體意涵》，臺北：唐山。

蔡慶樺（2020），《德語是一座原始森林：我的德國
　　觀察筆記》，新北：臺灣商務。

蔣伯潛編著（1984），《諸子通考》，臺北：正中。

鄭樹森編（1984），《現象學與文學批評》，臺北：東
　　大。

鄭麗嬌主編（1995），《中西社會福利政策與制度》
　　，臺北：中央研究院歐美研究所。

黎靖德編（1987），《朱子語類》，臺北：華世。

黎明文化公司編輯部編（1988），《王陽明傳習錄及
　　大學問》，臺北：黎明。

錢　穆（1983），《國學概論》，臺北：臺灣商務。

錢　穆（1987），《中國近三百年學術史》，臺北：臺
　　灣商務。

盧建榮（1999），《分裂的國族認同：1975～1997》
　　，臺北：麥田。

盧勝彥（2006），《輪迴的祕密──六道輪迴的真面
　　目》，桃園：大燈。

鮑黎明（1998），《驚異的「陰間之旅」》，臺北：林鬱。

戴　旭（2010），《肢解中國——美國的全球戰略和中國的危機》，香港：新點。

戴　德（1988），《大戴禮記》，增訂漢魏叢書本，臺北：大化。

《聯合報》（2020.10.5），〈社論：政府狂撒幣後，要開始掏老百姓的口袋〉，《聯合報》第 A2 版，新北。

謝冰瑩等（1987），《新譯四書讀本》，臺北：三民。

謝希聲（1978），《公孫龍子注》，新編諸子集成本，臺北：世界。

謝貴安（1995），《中華雜術》，臺北：文津。

蕭登福（1990），《先秦兩漢冥界及神仙思想探原》，臺北：文津。

蕭新煌等（2005），《綠色藍圖：邁向臺灣的「地方永續發展」》，臺北：天下遠見。

蕭曦清（2013），《英國人入門》，臺北：博雅。

魏承思（2010），《中國知識分子的浮沉》，臺北：老古。

羅竹風主編（2001），《宗教學概論》，上海：華東師範大學。

譚國根（2000），《主體建構政治與現代中國文學》，香港：牛津大學。

嚴可均校輯（1991），《全上古三代秦漢三國六朝文

》，北京：中華。

蘇永明（2006），《主體的爭議與教育——以現代和
　　後現代哲學為範圍》，臺北：心理。

蘇碩斌（2010），《看不見與看得見的臺北》，臺北：
　　群學。

顧炎武（1978），《日知錄》（第三冊），臺北：臺灣
　　商務。

櫻井識子著，龔婉如譯（2017），《與神連結：靈能
　　世家親身實證！這樣聽見神的聲音》，臺北：方
　　智。

Aaron Chaze 著，蕭美惠等譯（2007），《印度：下一
　　個經濟強權》，臺北：財訊。

Aaron Lynch 著，張定綺譯（1998），《思想傳染》，
　　臺北：時報。

Adam Smith 著，謝林宗譯（2007），《道德情感論》
　　，臺北：五南。

Alan Bullock 著，董樂山譯（2000），《西方人文主義
　　傳統》，臺北：究竟。

Alex Callinicos 著，陳文輝等譯（2007），《反第三條
　　路》，臺北：韋伯。

Alexander von Schönburg 著，闕旭玲譯（2008），《窮
　　得有品味——沒錢也能搞格調，再窮也要扮高
　　雅》，臺北：商周。

Alfred J. Ayer 著，佚名譯（1987），《語言、真理與
　　邏輯》，臺北：弘文館。

Alfred L. Webre 著，許淑媛譯（2017），《多次元宇宙》，臺中：一中心。

Allen Rubin 等著，趙碧華等譯（2003），《研究方法：社會工作暨人文科學領域的運用》，臺北：學富。

Alvin J. Schmidt 著，汪曉丹等譯（2006），《基督教對文明的影響》，臺北：雅歌。

Amartya Sen 著，陳信宏譯（2008），《好思辯的印度人》，臺北：先覺。

André Fourçans 著，武忠森譯（2007），《這就是你面對的全球化》，臺北：博雅。

Andrew Vincent 著，羅慎平譯（1999），《當代意識形態》，臺北：五南。

Anselam Strauss 等著，吳芝儀等譯（2001），《紮根理論研究方法》，嘉義：濤石。

Ariel A. Roth 著，鄧婷等譯（2014），《起源，宇宙究竟是誰創作的》，臺北：時兆。

Aristotle 著，李真譯（1999），《形而上學》，臺北：正中。

Benoît Vermander 著，楊麗貞等譯（2006），《新軸心時代》，臺北：利氏。

Bill Mckibben 著，曾育慧譯（2011），《地球·地球：如何在質變的地球上生存？》，臺北：高寶國際。

Brian Wilson 著，傅湘雯譯（1999），《基督宗教的世

界》，臺北：貓頭鷹。

Bruce Schneier 著，韓沁林譯（2016），《隱形帝國：
　　誰控制大數據，誰就控制你的世界》，臺北：如
　　果。

Candace Savage 著，蘇有薇譯（2005），《魔法師：
　　科學之父眼中的魔法世界》，臺北：三言社。

Cathy O'Neil 著，許瑞宗譯（2017），《大數據的傲慢
　　與偏見：一個「圈內數學家」對演算法霸權的
　　警告與揭發》，臺北：大寫。

Christopher Hitchens 著，劉永毅譯（2009），《上帝沒
　　什麼了不起：揭露宗教中的邪惡力量》，臺北：
　　小異。

Christopher Norris 著，劉自荃譯（1995），《解構批評
　　理論與應用》，臺北：駱駝。

Claude Delmas 著，吳錫德譯（1994），《歐洲文明》
　　，臺北：遠流。

C. S. Lewis 著，汪詠梅譯（2016），《反璞歸真──
　　純粹的基督教》，臺北：五南。

Dan Sperber 等著，莊嚴譯（2008），《關聯：交際與
　　認知》，北京：中國社會科學。

Daniel Goleman 著，張美惠譯（2010），《綠色 EQ》
　　，臺北：時報。

Daniel A. Bell 等著，吳萬偉譯（2012），《城市的精
　　神：為什麼城市特質在全球化時代這麼重要？
　　》，臺北：財訊。

Dasie Radner 等著，安寶明譯（1991），《科學與偽科學》，臺北：久大。

David Fromkin 著，王瓊淑譯（2000），《世界之道：從文明的曙光到 21 世紀》，臺北：究竟。

David Harvey 著，王志宏等譯（2008），《新帝國主義》，臺北：羣學。

David Held 等著，林佑聖等譯（2005），《全球化與反全球化》，臺北：弘智。

David Perkins 著，林志懋譯（2001），《阿基米德的浴缸——突破性思考的藝術與邏輯》，臺北：究竟。

David McLellan 著，施忠連譯（1991），《意識形態》，臺北：桂冠。

David Runciman 著，梁永安譯（2019），《民主會怎麼結束》，新北：立緒。

David C. Hoy 著，陳玉蓉譯（1988），《批評的循環》，臺北：南方。

David Van Reybrouck 著，甘歡譯（2019），《反對選舉》，臺北：聯合文學。

Deborah Stevenson 著，李東航譯（2015），《城市與城市文化》，北京：北京大學。

Debra M. Amidon 著，陳勁等譯（2008），《高速創新》，臺北：博雅。

Denis F. Owen 著，蔡伸章譯（2006），《生態學的第一堂課》，臺北：書泉。

Diane Macdonell 著，陳墇津譯（1990），《言說的理論》，臺北：遠流。

Dionysius 著，包利民譯（1996），《神秘神學》，香港：漢語基督教研究所。

Doreen Massey 等著，王志宏譯（2009），《城市世界》，臺北：羣學。

Earl Babbie 著，邱泯科等譯（2004），《研究方法：基礎理論與技巧》，臺北：雙葉書廊。

Edward Shils 著，傅鏗等譯（1992），《論傳統》，臺北：桂冠。

Edward Shils 著，傅鏗等譯（2004），《知識分子與當權者》，臺北：桂冠。

Elizabeth Freund 著，陳燕谷譯（1994），《讀者反應理論批評》，臺北：駱駝。

Eric Grzymkowski 著，王定春譯（2015），《這些話，為什麼這麼有哏？──名人毒舌語錄1200句》，臺北：本事。

Eric Hobsbawm 等著，陳思仁譯（2002），《被發明的傳統》，臺北：貓頭鷹。

E. M. Foster 著，李文彬譯（1993），《小說面面觀》，臺北：志文。

Francis X. King 著，何修宜等譯（1996），《心靈神祕百科》，臺北：故鄉。

Françoise Waquet 著，陳綺文譯（2007），《拉丁文帝國》，臺北：貓頭鷹。

Françoise A. Leherpeux 著，曾義治譯（1989），《迷信》，臺北：遠流。

Frank Furedi 著，戴從容譯（2012），《知識分子都到那裏去了——對抗 21 世紀的庸人主義》，南京：江蘇人民。

Freddy Silva 著，賴盈滿譯（2006），《麥田圈密碼》，臺北：遠流。

Friedrich W. Nietzsche 著，陳芳郁譯（1987），《道德系譜學》，臺北：水牛。

Fritz Wallner 著，王榮麟等譯（1997），《建構實在論》，臺北：五南。

Geoffrey Cornelius 等著，丁致良譯（2004），《占星學》，臺北：立緒。

Georg Ritzer 著，王雲橋等譯（2006），《虛無的全球化》，上海：上海譯文。

Gideon Rachman 著，洪世民譯（2017），《東方化：中國印度將主導全球》，臺北：時報。

Hans-Georg Gadamer 著，洪漢鼎譯（2007），《真理與方法》，北京：商務。

Henrik Müller 著，張淑惠等譯（2009），《全球七大短缺》，臺北：商周。

Herbert L. A. Hart 著，許家馨等譯（2010），《法律的概念》，臺北：商周。

Huston Smith 著，梁永安譯（2000），《超越後現代心靈》，臺北：立緒。

Ian Burton 等著，黃朝恩等譯（2010），《環境也是災害：你準備好面對了嗎？》，臺北：聯經。

Ian Buruma 等著，林錚顗譯（2010），《西方主義：敵人眼中的西方》，臺北：博雅。

Ian Tattersall 著，孟祥森譯（1999），《終極的演化——人類的起源與結局》，臺北：先覺。

Isaiah Berlim 著，陳曉林譯（1990），《自由四論》，臺北：聯經。

Jacques Derrida 著，張寧譯（2004），《書寫與差異》，臺北：麥田。

James Gleick 著，林和譯（1991），《混沌——不測風雲的背後》，臺北：天下遠見。

James Kynge 著，陳怡傑等譯（2007），《中國撼動世界：飢餓之國崛起》，臺北：高寶國際。

James H. Kunstler 著，郭恆祺譯（2007），《沒有石油的明天：能源枯竭的全球化衝擊》，臺北：商周。

Jared Diamond 著，廖月娟譯（2006），《大崩壞：人類社會的明天？》，臺北：時報。

Jason Brennan 著，劉維人譯（2018），《反民主：選票失能、理性失調，反思最神聖制度的狂亂與神話！》，新北：聯經。

Jean Servier 著，吳永昌譯（1989），《意識形態》，臺北：遠流。

Jeff Booth 著，費克森譯（2021），《明日的代價》，

新北：好優。

Jeremy Rifkin 著，蔡伸章譯（1988），《能趨疲：新世界觀——二十一世紀人類文明的新曙光》，臺北：志文。

Jeremy Rifkin 著，李文昭譯（1999），《第三個創世紀》，臺中：晨星。

Jerry E. Bishop 等著，楊玉齡譯（2000），《基因聖戰——擺脫遺傳的宿命》，臺北：天下遠見。

Jim Tucker 著，林羣華譯（2008），《當你的小孩想起前世：兒童前世記憶的科學調查檔案》，臺北：人本自然。

Joel A. Barker 等著，高子梅譯（2006），《遇見五種未來科技：掌握未來二十五年的商機》，臺北：臉譜。

Joel Kotkim 著，謝佩妏譯（2012），《城市的歷史》，臺北：左岸。

John Briggs 等著，王彥文譯（1994），《渾沌魔鏡》，臺北：牛頓。

John Briggs 等著，姜靜繪譯（2000），《亂中求序——混沌理論的永恆智慧》，臺北：先覺。

John Bowker 著，商戈令譯（1994），《死亡的意義》，臺北：正中。

John B. Judis 著，李隆生等譯（2017），《民粹大爆炸：公民不服從，羣眾上街頭，歐美政局風雲變色的反思與警示》，臺北：聯經。

John B. Rawls 著，何懷宏譯（1988），《正義論》，北京：中國社會科學。

John Hick 著，鄧元尉譯（2001），《第五向度——靈性世界的探索》，臺北：商周。

John Howkins 著，李明譯（2010），《創意生態——思考產生好點子》，臺北：典藏藝術家庭。

John Plender 著，陳儀譯（2017），《資本主義：金錢、道德與市場》，臺北：聯經。

John Naisbitt 等著，潘東傑譯（2006），《奈思比 11 個未來定見》，臺北：天下遠見。

John Naisbitt 等著，侯秀琴譯（2009），《中國大趨勢：八大支柱撐起經濟強權》，臺北：天下遠見。

John R. McNeill 等著，張俊盛等譯（2007），《文明之網：無國界的人類進化史》，臺北：書林。

Joseph Rosner 著，鄭泰安譯（1988），《精神分析入門》，臺北：志文。

Joshua Kurlantzick 著，湯錦臺譯（2015），《民主在退潮：民主還會讓我們的世界變得更好嗎？》，臺北：如果。

Joyce Appleby 等著，薛絢譯（1996），《歷史的真相》，臺北：正中。

Juan P. Cardenal 等著，譚家瑜譯（2013），《中國悄悄占領全世界》，臺北：聯經。

Julia Kristeva 著，吳錫德譯（2005），《思考之危境：克莉絲蒂娃訪談錄》，臺北：麥田。

Juliet B. Schor 著，陳琇玲譯（2010），《新富餘：人類未來 20 年的生活新路徑》，臺北：商周。

Karen Armstrong 著，蔡昌雄譯（1999），《神的歷史》，臺北：立緒。

Karen Armstrong 著，林宏濤譯（2016），《血田：暴力的歷史與宗教》，臺北：如果。

Karen Farrington 著，謝佩妏譯（2006），《超自然的歷史》，臺北：究竟。

Kay Deaux 等著，程實定譯（1990），《當代社會心理學》，臺北：結構羣。

Ken Wilber 著，龔卓軍譯（2000），《靈性復興——科學與宗教的整合道路》，臺北：張老師。

Larry Downes 等著，羅耀宗譯（2015），《大爆炸式創新：在更好、更便宜的世界中成功競爭》，臺北：遠見天下。

Len Fisher 著，林俊宏譯（2009），《剪刀、石頭、布：生活中的賽局理論》，臺北：天下遠見。

Lester C. Thurow 著，齊思賢譯（2000），《知識經濟時代》，臺北：時報。

Louis Dupré 著，傅佩榮譯（1996），《人的宗教向度》，臺北：幼獅。

L. James Hammond 著，胡亞非譯（2001），《西方思想抒寫》，臺北：立緒。

Malcolm Waters 著，徐偉傑譯（2000），《全球化》，臺北：弘智。

Manuel Castells 著，夏鑄九等譯（1998），《網絡社會之崛起》，臺北：唐山。

Marc Dugain 等著，翁德明譯（2018），《裸人：數位新獨裁的世紀密謀，你選擇自甘為奴，還是突圍而出？》，臺北：麥田。

Margaret Wertheim 著，蘇絢譯（2000），《空間地圖——從但丁的空間到網路的空間》，臺北：臺灣商務。

Mark Blyth 著，陳重亨譯（2014），《大緊縮：人類史上最危險的觀念》，臺北：聯經。

Martin Dodge 等著，江淑琳譯（2005），《網路空間的圖像》，臺北，韋伯。

Martin Heidegger 著，王慶節等譯（1993），《存在與時間》，臺北：久大等。

Max Weber 著，于曉等譯（1988），《新教倫理與資本主義精神》，臺北：谷風。

Michael Backman 著，吳國卿譯（2008），《亞洲未來衝擊：未來 30 年亞洲新商機》，臺北：財訊。

Michael O'Sullivan 著，李斯毅等譯（2020），《多極世界衝擊：終結全球化，改變世界金融與權力中心的新變局》，新北：聯經。

Michael Woodin 等著，鄧伯宸譯（2005），《綠色全球宣言》，臺北：立緒。

Michael Newton 著，曾怡菱譯（2003），《靈魂的旅程》，臺北：十方書。

Michel Foucault 著，劉北成等譯（1992），《瘋癲與文明》，臺北：桂冠。

Mikhail M. Bakhtin 著，白春仁等譯（1998），《文本、對話與人文》，石家莊：河北教育。

Mortimer J. Adler 著，劉遐齡譯（1986），《六大觀念》，臺北：國立編譯館。

Naomi Oreskes 等著，陳正芬譯（2016），《西方文明的崩潰：氣候變遷，人類會有怎樣的未來？》，臺北：經濟新潮社。

Neil Postman 著，吳韻儀譯（2000），《通往未來的過去》，臺北：臺灣商務。

Nicholas Negroponte 著，齊若蘭譯（1998），《數位革命》，臺北：天下遠見。

O'MARA Foundation 著，佚名譯（2005），《人類極限》，臺北：晶石。

Pankaj Ghemawat 著，胡瑋珊譯（2009），《$\frac{1}{10}$ 與 4 之間：半全球化時代》，臺北：大塊。

Pater Kunzmann 等著，黃添盛譯（2007），《dtv 哲學百科》，臺北：商周。

Paul de Man 著，李自修等譯（1998），《解構之圖》，北京：中國社會科學。

Paul Feyerbend 著，周昌忠譯（1996），《反對方法》，臺北：時報。

Peter Brooker 著，王志弘等譯（2003），《文化理論詞彙》，臺北：巨流。

Plato 著，侯健譯（1989），《柏拉圖理想國》，臺北：
　　聯經。

Philip Jankins 著，梁永安譯（2006），《下一個基督
　　王國》，臺北：立緒。

Pierre-Antoing Donnet 著，洪祖玲譯（2021），《中美
　　爭鋒：誰將左右世界領導權》，臺北：時報。

Raymond Aron 著，蔡英文譯（1990），《知識分子的
　　鴉片》，臺北：聯經。

Reinhold Niebuhr 著，關勝渝等譯（1992），《基督教
　　倫理學詮釋》，臺北：桂冠。

Rich Gold 著，郭彥銘譯（2008），《夠了！創意》，
　　臺北：馬可孛羅。

Richard A. Posner 著，韓文正譯（2004），《公共知識
　　分子》，臺北：聯經。

Richard Dawkins 著，趙淑妙譯（1995），《自私的基
　　因》，臺北：天下遠見。

Richard D. Precht 著，錢俊宇譯（2010），《我是誰？
　　──如果有我，有幾個我？》，臺北：啟示。

Robert Alexy 著，王鵬翔譯（2020），《法概念與法效
　　力》，臺北：五南。

Robert B. Reich 著，周徵譯（2017），《拯救資本主義
　　：在大翻轉年代，照顧多數人的福利，不是少
　　數者的財富》，臺北：聯經。

Ronald Dworkin 著，梁永安譯（2016），《沒有神的
　　宗教》，新北：立緒。

Sandra Vandermerwe 著，齊思賢譯（2000），《價值行銷時代——知識經濟時代獲利關鍵》，臺北：時報。

Sasha Fenton 著，朱玫菁譯（2007），《通靈教戰手冊——開發你的通靈潛能》，臺北：萊韻。

Sean Carroll 著，蔡承志譯（2017），《詩性的宇宙：一位物理學家尋找生命起源、宇宙與意義的旅程》，新北：八旗。

Seiled Anna 著，呂鵬志等譯（2002），《西方道教研究編年史》，北京：中華。

Sharon Zukin 著，王志弘等譯（2010），《權力地景：從底特律到迪士尼世界》，臺北：群學。

Simon Parker 著，王志宏等譯（2007），《遇見都市：理論與經驗》，臺北：群學。

Sonja K. Foss 等著，林靜伶譯（1996），《當代語藝觀點》，臺北：五南。

Steven Cohan 等著，張方譯（1997），《講故事——對敘事虛構作品的理論分析》，臺北：駱駝。

Stephen D. King 著，吳煒聲譯（2018），《大退潮：全球化的終結與歷史的回歸》，臺北：日月。

Steven Lukes 著，林葦芸譯（2006），《權力——基進觀點》，臺北：商周。

Steven R. Conkin 著，黃語忻譯（2004），《超自然的神祕世界》，臺北：亞洲。

Susan Buckingham 等著，蔡依舫譯（2010），《理解

環境議題》，臺北：韋伯。

Susan Sontag 著，程巍譯（2003），《反對闡釋》，上海：上海藝文。

Terry Eagleton 著，聶振雄等譯（1987），《當代文學理論導論》，香港：旭日。

Thomas Kida 著，陳筱宛譯（2010），《別掉入思考的陷阱！》，臺北：商周。

Thomas L. Friedman 著，蔡繼光等譯（2000），《了解全球化：凌志汽車與橄欖樹》，臺北：聯經。

Thomas L. Friedman 著，丘羽先等譯（2008），《世界又熱、又平、又擠》，臺北：天下遠見。

Tim Cresswell 著，徐苔玲等譯（2006），《地方：記憶、想像與認同》，臺北：羣學。

Tim Holt 著，陳信宏譯（2016），《世界為何存在？》，臺北：大塊。

Tim Jordon 著，江靜之譯（2001），《網際權力：網際空間與網際網路的文化與政治》，臺北：韋伯。

Tony Schirato 等著，游美齡等譯（2009），《全球化觀念與未來》，臺北：韋伯。

ULRIKE HERRMANN 著，賴雅靜譯（2018），《資本主義的世界史：財富那裏來？經濟成長、貨幣與危機的歷史》，新北：遠足。

Van Jones 著，鄭詠澤等譯（2010），《綠領經濟：下一波景氣大復甦的新動力》，新北：野人。

Walter M. Brugger 編著，項退結編譯（1989），《西洋哲學辭典》，臺北：華香園。

Wendell Bell 著，陳國華等譯（2004），《未來學導論──歷史、目的與知識》，臺北：學富。

William Broad 等著，張馳譯（1990），《科學的騙局》，臺北：久大。

William C. Tremmel 著，賴妙淨譯（2000），《宗教學導論》，臺北：桂冠。

William James 著，蔡佳怡譯（2004），《宗教經驗之種種》，臺北：立緒。

William Poundstone 著，葉家興譯（2007），《囚犯的兩難：賽局理論與天才馮紐曼的故事》，臺北：左岸。

William McDonough 等著，中國 21 世紀議程管理中心等譯（2008），《從搖籃到搖籃：綠色經濟的設計提案》，桃園：良品文化館。

Zygmunt Bauman 著，谷蕾等譯（2018），《廢棄社會：過剩消費、無用人口，我們都將淪為現代化的報廢物》，臺北：麥田。

國家圖書館出版品預行編目資料

諸子臺北學／周慶華著. -- 初版. --
臺北市：華志文化事業有限公司，
2022.04
　面；　公分. -- (後全球化思潮；7)
ISBN 978-626-95720-5-2(平裝)

1.CST: 現代哲學
128　　　　　　　　　111002730

ꐑ 華志文化事業有限公司

書名／諸子臺北學
系列／後全球化思潮07

作者　周慶華
執行編輯　楊雅婷
美術編輯　簡煜哲
封面設計　王志強
文字校對　陳欣欣
企劃執行　康敏才
總編輯　黃志中
社長　楊凱翔
出版者　華志文化事業有限公司
電子信箱　huachihbook@yahoo.com.tw
地址　116台北市文山區興隆路四段九十六巷三弄六號四樓
電話　0937075060

總經銷　旭昇圖書有限公司
地址　235新北市中和區中山路二段三五二號二樓
電話　02-22451480
傳真　02-22451479
郵政劃撥　戶名：旭昇圖書有限公司（帳號：12935041）
書號　G407
出版日期　西元二○二二年四月初版第一刷

華志文化